L'INITIATION
DES FEMMES

Franc-Maçonnerie
Humanisme et Tradition

Collection dirigée par
Paul Gourdot et Sylvestre Clancier

André Combes, *Histoire de la franc-maçonnerie au XIXe siècle*, tomes I et II.
Paul Gourdot, *Les Sources maçonniques du socialisme français. Le Combat social des francs-maçons.*
Albert Jonchery, *Puissance du symbolisme.*
Mildred J. Headings, *La Franc-Maçonnerie française sous la IIIe République.*
Françoise Jupeau Réquillard, *La Grande Loge Symbolique Écossaise – 1880-1911 – ou les avant-gardes maçonniques.*

Sylvestre Clancier, écrivain et philosophe, est également éditeur et membre de l'Institut d'Études et de Recherches Maçonniques.

Son goût prononcé pour l'histoire et l'étude des mouvements de pensée nourrit son cours de civilisation française à l'Université de Paris I. Il est par ailleurs fondateur et directeur d'un institut de formation permanente pour adultes, l'Institut Transphère.

Paul Gourdot, Docteur d'État en histoire, est auteur de deux thèses de doctorat et de nombreux articles et études sur la franc-maçonnerie : il a été chargé de conférences complémentaires à l'École des Hautes Études en Sciences Sociales où il animait un groupe d'études sur l'histoire de l'institution maçonnique. Ancien Grand Maître du Grand Orient de France, il est vice-président de l'Institut d'Études et de Recherches Maçonniques (IDERM) dont le Grand Maître en exercice est président de droit et où il préside la commission d'Histoire. Il a été également conservateur au musée du Grand Orient de France et de la franc-maçonnerie européenne, seul musée maçonnique existant en France.

FRANÇOISE JUPEAU RÉQUILLARD

L'INITIATION DES FEMMES

ou
le souci permanent
des francs-maçons français

Franc-Maçonnerie
Humanisme et Tradition

ÉDITIONS DU ROCHER
Jean-Paul Bertrand

Tous droits de traduction, de reproduction et d'adaptation réservés pour tous pays.

© Éditions du Rocher, 2000.

ISBN : 2 268 03735 5

À ma mère,
Reine Jupeau Riolland

« Tout cela sent la nation, et toujours Messieurs les Français ont un fond de galanterie qui se répand partout. »

Molière, *Le Sicilien ou l'Amour peintre*

« Et pour chérir le nom de frère
Je sens qu'il faut avoir des sœurs. »

Loge d'adoption Sainte-Joséphine
Daniel Ligou, *Chansons maçonniques*

INTRODUCTION

Malgré l'interdit inscrit dans les textes fondateurs de l'Ordre * maçonnique [1], les femmes sont reçues dans les loges * françaises, peu après leur création, dans les premières années du XVIIIe siècle. Cette présence des femmes et la poursuite de cette pratique sous des formes diverses constituent l'une des originalités de la franc-maçonnerie française.

Pour l'historien, cette spécificité génère des questions. Pourquoi, en dépit des textes, les femmes sont-elles reçues dans les ateliers ? Pourquoi en France et pas ailleurs ? Quelle est leur place réelle et que retirent-elles de leur participation aux réunions maçonniques ? Leur présence a-t-elle permis l'émergence d'un nouveau discours sur elles et sur les rapports entre les sexes ? Pourquoi cette particularité a-t-elle perduré et suscite-t-elle encore des réactions si passionnées ?

En France, et depuis longtemps, les femmes sont partout. Nul ne sait qui imagine, au XVIIIe siècle, de les inviter dans les loges maçonniques, ni quand a lieu l'événement. Mais il se produit. En 1774, le Grand Orient de France organise cette pratique qui existe déjà depuis des années et lui donne le nom de loges d'adoption. Ces ateliers * prolongent la sociabilité vécue par l'élite de ce siècle. Ils éclairent de leur brillance les dernières années de l'Ancien Régime, mais leur lustre voile d'autres préoccupations. Après Thermidor, les loges d'adoption ouvrent à nouveau, avec faste. Rien n'aurait-il changé ? Avec la Restauration, les initiations s'imprègnent de romantisme. À la grande Dame morte en 1789 succède bientôt la femme-comme-il-faut, confinée dans le mariage. Elle n'en doit pas moins être émancipée.

Il reste à savoir ce que les francs-maçons mettent derrière le mot. Ils entendent que les femmes soient éduquées dans la morale maçonnique et dans les limites strictes de leurs devoirs « d'épouses et de mères gardiennes du foyer ». Mais ils expriment aussi la ferme volonté de les délivrer de leurs préjugés afin qu'elles œuvrent à la régénération de l'ensemble de la société. Que font les femmes de ce discours préparé pour elles ? Elles l'intériorisent et le répètent au sein des ateliers où les tenues blanches * remplacent désormais les fêtes d'adoption *.

Dans la seconde moitié du XIXe siècle, happées, sollicitées, exhortées des deux côtés, les femmes deviennent un enjeu entre la franc-maçonnerie et l'Église catholique au moment où s'affrontent les deux idéologies qui dominent cette période : la conception laïque et la conception confessionnelle de l'État. D'une guerre à l'autre, elles assistent, de plus en plus actrices mais toujours sous tutelle, à de nouvelles perspectives souvent suivies de désenchantements. L'histoire des femmes ne poursuit pas une avancée linéaire : progrès et rétroactions se succèdent. Durant toutes ces périodes, les francs-maçons leur offrent le modèle maçonnique d'une femme vouée à son foyer et à ses enfants, mais émancipée ; une épouse et mère, certes, mais laïque et républicaine qu'ils immergent dans leurs luttes politiques.

Au XIXe siècle, lorsque des francs-maçons, très minoritaires, soutiennent les revendications féminines et qu'ils demandent pour elles l'initiation * maçonnique, quand des femmes veulent bousculer les règles du jeu légitime fixées par l'ordre social, la grande majorité d'entre eux se montre unanime pour leur barrer la route. Même s'ils sentent que leur position est difficile à tenir en raison de leurs appels constants à l'aide, les femmes doivent rester des femmes.

Cependant, ils ont ouvert pour elles des espaces qu'elles investissent pour s'en faire une tribune. L'initiation de Maria Deraismes le 14 janvier 1882, la création de l'obédience mixte du Droit Humain en 1893, le choix de la mixité par la Grande Loge Symbolique Écossaise n° 2 en 1901 constituent des actes politiques. Les femmes pensent stratégies et alliances. Elles échouent dans cette voie, mais la démarche mérite considération.

Elles occupent les créations offertes, se les approprient pour les muer en grandes obédiences, l'une mixte, le Droit Humain, l'autre féminine, la Grande Loge Féminine de France, qui rayonnent depuis longtemps sur le plan international. Après la Seconde Guerre mondiale, les francs-maçons se retirent de la scène politique. Ils abandonnent un domaine auquel avec constance ils avaient associé les femmes, une entreprise qui tantôt les rapproche, tantôt les éloigne, les unit ou les divise. Le Grand Orient de France, depuis des années, s'interroge sur une possible mixité de ses ateliers. Envisagent-ils à nouveau de conduire, avec les femmes, un projet politique ?

L'histoire des obédiences maçonniques illustre l'idée que l'Histoire se construit, bâtie par les hommes comme par les femmes, dans un lieu de mémoire qu'il s'agit de sortir de l'ombre.

Pour ce livre, tout est archive, et des femmes, il est beaucoup parlé. Les francs-maçons empruntent les moyens les plus divers : discours et conférences, poèmes, chansons, compliments, articles de presse maçonnique ou profane *, pamphlets, brochures, lettres, rapports, réponses... Au cours de ces trois siècles de présence féminine, sont produits des centaines de textes qui requièrent la prise de conscience préalable de leur caractère. Ils se présentent naïfs, maladroits, emphatiques, brillants, virulents, généreux, désobligeants, tendres, déraisonnables. Ils dépassent le cadre strict de l'histoire des faits pour offrir une peinture des époques et de leurs mentalités, des états d'esprit et de leurs évolutions. La question de la présence des femmes dans les loges livre sans difficulté toute la dimension passionnelle qui l'entoure. Maçons et antimaçons, partisans ou adversaires des femmes se rejoignent dans le registre du discours, dans son irrationalité, sa démesure, sa violence, appelant à l'appui de leurs thèses les détours les plus sophistiqués. Puis, dans l'entre-deux-guerres, les écrits maçonniques sur et pour les femmes se raréfient. Après la Seconde Guerre mondiale, ils se tarissent. Un tel silence, une telle absence après une si grande profusion surprennent. Il faut se rendre à l'évidence, des femmes, il n'est plus parlé.

Les lecteurs constateront que les termes utilisés et les transformations de leur emploi constituent les indices précieux des changements de mentalité et de pratique liés à la présence des femmes dans les loges. Dans l'histoire des femmes, les mots prennent une importance insoupçonnée. Il leur est donc accordé une attention toute particulière. À travers l'interrogation des hommes – faut-il ou non accueillir les femmes ? Selon quelles modalités ? Faut-il ou non les initier ? – c'est la place des femmes, leurs représentations, leurs rôles, leurs paroles ou leurs silences qu'il convient de saisir dans leurs continuités et leurs ruptures.

L'historien se trouve situé au point de jonction de l'individuel et du collectif, du temps long et du quotidien, de l'inconscient et de l'intentionnel, entre les forces contradictoires du progressisme et du conservatisme, du mouvement et du sur-place. Les réactions des francs-maçons face à la question des femmes se nourriraient-elles de leçons séculaires, d'acquis inconscients, d'héritages ? La lecture des textes maçonniques du XVIIIe à la fin du XXe siècle réveille de lointains échos. Quels que soient les chemins empruntés, l'hypothèse première est que ces textes s'inscrivent dans le champ des mentalités et traduisent les comportements originaux de la communauté nationale.

La volonté des francs-maçons de peser sur les choix politiques de la France, la spécificité du discours maçonnique fondé sur l'idée de progrès et d'universalisme incitent-elles les francs-maçons à s'interroger sur la situation des femmes dans une société définie en termes de domination culturelle et de pouvoir et à inviter leurs compagnes à la remettre en cause ? Là réside la question.

Le présent ouvrage propose trois siècles d'initiation et de présence féminine dans les loges maçonniques françaises. Après cette introduction, il a semblé nécessaire, dans un liminaire, d'expliquer pourquoi, à travers cette question, l'histoire maçonnique ne peut être séparée du fait culturel. Dans les chapitres, le déroulement des faits suit la chronologie avec, en raison de la volonté de replacer les événements dans le contexte général, un parallélisme établi entre le monde maçonnique et la société. La situation des femmes dans l'Ordre maçonnique est exposée en lien avec des étapes décisives telles que Révolution et Code civil, féminisme des années 1848, crise de l'identité masculine au tournant du siècle dernier, bilan de l'époque actuelle.

Le lecteur se rendra compte qu'il existe des chevauchements et que le découpage du temps ne s'accorde pas toujours à la périodisation classique de l'Histoire de France. La fin des loges d'adoption correspond aux débuts de la Révolution ; un tournant dans l'évolution du féminisme se produit après 1870 ; les deux guerres mondiales découpent le XXe siècle. Mais pour la construction de la plupart des chapitres, ce sont les faits maçonniques qui sont choisis : créations originales comme le Temple des Familles ou événement important tel que l'initiation de Maria Deraismes. Ce choix s'est imposé car le temps historique des hommes, ouvert ou fermé sur des bouleversements politiques, des troubles ou des guerres, n'est pas le même que celui des femmes.

De fait, dans cette étude complexe qui requiert la nécessité d'en montrer tous les aspects, il s'agit de voir comment, à travers la pérennité de l'accueil des femmes dans les loges maçonniques, chacun s'en accommode et s'en sert, dans quel but, et comment les modalités de leur présence évoluent et s'insèrent dans la culture française.

---

1. Les astérisques renvoient au lexique maçonnique.

LIMINAIRE

Les femmes ont toujours provoqué des sentiments complexes oscillant de l'attirance à l'hostilité. L'imaginaire médiéval les place très haut ; en même temps, prêtres et chevaliers finissent par s'entendre pour les circonscrire en organisant et en imposant, au cours des derniers siècles du Moyen Âge, la pratique d'un mariage qui les dépouille de la place qu'elles occupent et de leurs droits. Cette affirmation de la domination masculine prend appui sur un courant violemment misogyne promu par l'Église : les femmes sont la source et l'instrument du mal, une abomination [1].

La Renaissance achève de les déposséder et les exclut d'une culture très valorisée. « Analphabète et incapable, rejetée du travail professionnel par des lois, des interdictions sévères et un durcissement des écarts de salaire, privée d'enfance, écartée de plus en plus des successions et soumise étroitement, dans l'intérieur du foyer, à l'impérialisme marital, telle apparaît la femme de la Renaissance, aussi éloignée que possible d'une femme renaissante [2]. » Le fossé entre le développement intellectuel des hommes et des femmes se creuse au cours de cette période où tout est mis en œuvre pour instruire de façon parfaite les jeunes garçons appelés à devenir honnêtes hommes tandis que les filles restent à la maison et se révèlent incapables de signer leur contrat de mariage. Aux bonheurs des Grandes Découvertes, les femmes ne sont pas conviées. Le discours misogyne se déchaîne au cours des XVIe et XVIIe siècles et atteint des sommets. « La femme engendre des réactions de peur panique qui débrident les imaginations et dérèglent les rapports humains [3]. »

Cependant, l'inégalité instaurée leur acquiert des partisans, produit ses rébellions et ses figures emblématiques : au Moyen

Âge, l'amour courtois, les femmes troubadours, Christine de Pisan, Aliénor d'Aquitaine ou Agnès Sorel dont Bernard de Fontenelle dira : « Voyez combien la France est obligée à l'amour et combien ce royaume doit être galant quand ce ne serait que par reconnaissance [4]. » Ces subversions, au cours des siècles suivants, s'organisent dans les ruelles, prennent le nom de Précieuses et de Précieux, de Carte de Tendre ; madame de La Fayette, Marie de Gournay ou Ninon de Lenclos, à titres divers, marquent ces périodes. Car les femmes prennent la parole. Et elles imposent une parole non pas contre les hommes, mais avec eux. Dans les cours d'amour ou dans les salons, elles débattent et elles disputent, non entre elles, mais avec leurs compagnons. En réponse à la condition qui leur est faite, la querelle des femmes ne cesse jamais vraiment depuis que Christine de Pisan revendiqua l'égalité des hommes et des femmes devant le savoir. Néanmoins, il apparaît que ce goût immodéré de l'échange verbal crée un climat d'amitié et de respect entre les deux sexes attesté par de multiples témoignages de contemporains. Les voyageurs étrangers principalement relèvent combien la société française où les femmes sont partout et se mêlent de tout apparaît libre. Ils soulignent la richesse et les vertus de leur présence reconnue et recherchée. Ils établissent des comparaisons avec l'Espagne ou l'Italie, avec les pays germaniques. Quand les femmes, toujours entre elles comme les Anglo-saxonnes, sont confinées dans leurs domaines spécialisés, préoccupées de leur seule respectabilité, elles manquent de charme et de piquant. Lorsqu'elles sont inaccessibles comme dans les pays latins, les échanges ne peuvent se développer. Si le temps est compté pour monter à l'assaut d'une belle, les rapports sont forcément violents. « La plus grande des douceurs de notre France, est celle de la liberté des femmes » écrit l'abbé de Pure dans *La Prétieuse (sic) ou le mystère des ruelles* [5].

Il ne s'agit pas d'idéaliser cette liberté conquise. Il importe, pour le propos de ce livre, d'en souligner les racines profondes et de conserver à l'esprit combien le jeu subtil des mots et des sentiments ouvre la voie aux ambivalences et à l'ambiguïté. Ces comportements courtois et chevaleresques issus de l'aristocratie ne concernent qu'une élite intellectuelle et sociale. Ils défient néanmoins la loi du temps, concourent, n'en déplaise à quelques esprits, à modeler un caractère national, définissent une mystique féminine et arrivent jusqu'à nous.

Il n'empêche que les femmes doivent lutter pour s'assurer, souvent elles-mêmes, une éducation et une culture dont elles sont privées par ceux-là mêmes qui leur reprochent de n'en pas posséder. L'argument va courir des siècles. Elles doivent continuer à faire face, malgré les voix en leur faveur, à des misogynes qui rivalisent de zèle pour les dénigrer. Prises entre les injures et les louanges, entre les images de la sérénissime élue ou de la sorcière, de la rose ou du ventre putride, elles sont l'objet d'un esprit de système qui ne connaît ni modération ni rationalité.

Le milieu du XVIIIe siècle marque un tournant dans la manière de les penser et de les dire. Si des misogynes virulents font toujours des émules, le siècle des Lumières rationalise et diversifie le discours sur les femmes. Toute femme, même bonne, même soumise, représente un danger qu'il faut circonscrire. Cette antienne ne change pas. Cependant, le contrôle des rapports entre les hommes et les femmes qui relevait jusqu'alors de la prérogative de l'Église passe désormais aux mains des laïques. Médecins, philosophes, écrivains en tous genres se fondent sur des raisonnements présentés comme rationnels, sur des découvertes prétendument scientifiques, sur une perception nouvelle de l'enfant pour attribuer aux femmes un domaine restreint limité aux fonctions de la nature : procréation, allaitement, soins domestiques. Les femmes, faibles, malades et infantiles sont investies de leur corps que l'on exalte à travers l'hommage rendu aux attributs physiques et au charme pour mieux les en déposséder, pour les maintenir coûte que coûte dans l'état de nature. Ce concept nouveau s'appuie sur l'idée qu'il existe un ensemble de caractères originels et fondamentaux propres à un être et qui le déterminent. Le parallélisme homme-femme et la notion de complémentarité qui en dérive conduisent à la conclusion selon laquelle l'organisation physiologique différente des hommes et des femmes oblige à un rôle spécifique et distinct. La nature assigne ainsi à chaque sexe une place déterminée, extérieure et active pour l'homme, intérieure et passive pour la femme investie de la mission de mère, d'éducatrice et de consolatrice.

Car c'est bien de cela qu'il s'agit. Maintenir les femmes dans l'état de nature pour les empêcher de penser au pouvoir au cas où cette idée leur viendrait. Trompées par la subtilité du discours, elles emboîtent le pas de ces nouveaux stratèges et donnent à fond dans les traités d'hygiène et d'éducation. Au XVIIe siècle, François Poullain de la Barre avait repensé les rapports entre les hommes et les femmes. Abandonnant le primat de la supériorité masculine, il avait introduit la notion d'égalité entre les êtres et affirmé que l'esprit n'a pas de sexe. En conséquence, les femmes devaient jouir des mêmes droits et de la même éducation que les hommes. Ses œuvres, rééditées tout au long du XVIIIe siècle, inspirent nombre de philosophes et d'écrivains. Mais Denis Diderot avec l'essai *Sur les femmes*, Voltaire, Charles de Montesquieu, Claude Helvétius ne sont pas entendus. *Sur l'admission des femmes au droit de cité*, rédigé par Marie-Jean de Condorcet à la veille de la Révolution, arrive trop tard. Jean-Jacques Rousseau, le docteur Pierre Roussel et leurs épigones représentent l'attitude opposée, largement majoritaire. Au milieu du XVIIIe siècle triomphe l'idée qu'il existe une nature féminine spécifique qui induit, pour les femmes, un comportement, une éducation, un rôle social différenciés. Même leur raison ne peut être de même type que la raison masculine.

Or, de la part des femmes comme de leurs partisans, cette idéologie ne suscite que très peu de réactions. Quelques revendications viennent d'une avant-garde de la petite et moyenne bourgeoisie, instruite et engagée dans la vie active. Par l'intermédiaire de pétitions ou des journaux, elle tente de convaincre les législateurs de s'intéresser à ses souhaits. En revanche, les femmes de premier plan interviennent peu. Avec hardiesse et constance, le XVIIIe siècle reprend la question fondamentale de l'éducation des femmes. Avec passion, le siècle se penche sur les différentes difficultés issues de l'inégalité entre les hommes et les femmes. Mais il en reste au plan théorique. Là gît le paradoxe des Lumières. Dans une société où la mixité est de chaque instant, où hommes et femmes débattent des notions d'universalité et d'égalité fondée sur le droit naturel, se propage l'idée d'une nature féminine différente, *donc* inférieure [6]. Au moment où l'espoir dans les progrès de la raison et de l'éducation constitue le pivot de toute réflexion sur l'être humain et l'un des moteurs de l'histoire, les femmes, déterminées par leur physiologie, incapables par là même d'évolution, sont situées en dehors de l'Histoire. Et pourtant – ce siècle n'est pas à un paradoxe près –, c'est également à cette époque qu'apparaît une nouvelle vision des relations entre les hommes et les femmes et du couple pensé comme lieu d'harmonie, d'épanouissement personnel, de contrat librement consenti. Nobles compagnes, mais pas égales...

Ce nouveau discours conquiert toute la société au milieu du XVIIIe siècle au moment où les loges maçonniques décident d'accueillir les femmes. Faut-il voir dans ce désintérêt face à la réalité qui leur est faite l'une des raisons pour lesquelles elles ne gagneront rien à la Révolution que de reculer sur deux fronts : leur pouvoir d'influence sur la société et leur statut juridique ?

La Révolution française soulève en effet la question de la place des femmes dans la Cité. Reconnues comme individus pourvus de droits pendant un court moment, elles ouvrent une brèche dans le monopole masculin du domaine politique. Ce fait alimente aussitôt le discours réactionnaire. Les femmes, pendant la période où elles acquièrent une personnalité juridique civile, recueillent en même temps l'image de la Femme subversive qui pénètre sur des terres interdites. Donc, elles gênent. Leur exclusion se trouve contemporaine de celle du peuple, autre trublion du nouvel ordre bourgeois. Le discours médical, religieux, politique développe la crainte, sentiment qui se concrétise dans les textes juridiques. Et parallèlement, transparaît une sorte de vertige devant la force que les hommes pressentent. Ils ont peur que les femmes deviennent incontrôlables s'ils leur donnent une bribe de pouvoir. Ils vont s'employer à les contenir en les décrétant fragiles, en s'autoproclamant leurs protecteurs, leurs « tuteurs naturels ». Tout cela dans l'intérêt des femmes. Le XIXe siècle va parachever l'œuvre de la Révolution en les dépouillant de toute identité.

Lorsque les loges d'adoption ouvrent à nouveau après Thermidor, entre-temps se sont produits de grands bouleversements politiques, sociaux, culturels, comportementaux. Ils modifient les mentalités et les idées, influencent la façon d'être, changent les relations entre les hommes et les femmes.

Dans des centaines de textes, les francs-maçons vont tous répéter la même chose : ce que les femmes doivent être selon eux, ce qu'elles doivent faire, toujours selon eux et dans leur propre intérêt, reprenant en cela l'idéologie dominante. Les normes édictées au début du siècle désignent les femmes comme un groupe social uniforme ou qui doit être uniformisé, définissent une fonction sociale assortie de devoirs. Cette représentation totalisante se traduit par la formule : la Femme épouse et mère qui doit plaire et servir. Répétée, reprise, sempiternelle, elle envahit le discours pléthorique consacré aux femmes. Cette construction idéologique s'organise autour de deux pivots : l'un est la morale, ou plutôt un ensemble d'idées moralisantes, dont la circulation se trouve relayée, jusqu'au XXe siècle, par tous les aspects de la vie quotidienne : école, justice, santé, administration et associations telles que la franc-maçonnerie. L'autre est la nouvelle conception de la famille limitée au couple et à l'enfant, et de l'État pensé comme une accumulation de familles.

Ces idées prévalent dans le milieu maçonnique. Les femmes étant déclarées mineures et incapables, leur liberté ne peut s'entendre que dans le domaine moral. Il faut les réduire à une sorte d'objet transparent qui s'insère, sans le troubler, dans l'ordre de l'univers. Pourtant, les femmes sont là, dans les loges, et les francs-maçons sont pris dans un jeu délicat entre l'invite et le rejet. Les textes maçonniques surabondants du XIXe siècle perpétuent l'habitude déjà ancienne de montrer les femmes à travers le prisme des fantasmes. Elles ne sont ni décrites ni racontées : elles sont inventées pour tenter de les modeler selon les critères souhaités, pour répondre à une nécessité sociale et politique dont les hommes sont les ordonnateurs et dont les femmes ne sont pas les bénéficiaires. Afin qu'elles ne franchissent jamais la sphère du privé pour investir la Cité, ce qui constituerait la source d'un probable désordre, les frères s'ingénient à leur répéter que leur félicité et leur salut résident dans les petits bonheurs clos du foyer.

Soustraites à elles-mêmes par ce regard masculin qui les dépossède, les femmes reprennent à leur tour ce même discours et le font leur. Toutefois, certaines s'élèvent contre leur condition et créent leurs journaux. Les revendications féminines d'avant la Révolution resurgissent aux alentours de 1830. Apparaît alors nettement dans la presse, en particulier dans *Le Journal des Femmes*, l'idée de leur régression : les femmes sont plus privées de droits que sous l'Ancien Régime. Le féminisme est né, tout au moins le mot dû à Charles Fourier en 1837, puisqu'en France les revendications féminines remontent loin dans le temps. La IIe République fait naître des espoirs, mais les partisans des femmes cherchent surtout à peser sur l'ordre social. Ils échouent. Les quelques libertés acquises ne concernent que les hommes. En outre, les révolutions sont toujours suivies de restaurations qui remettent de l'ordre dans les mœurs rendues responsables des débordements, et la subordination des femmes en constitue un invariant. Aux côtés des hommes pendant les révolutions, elles ne gagnent pourtant jamais rien. La prise de conscience de leur position ira en s'accentuant, au fur et à mesure que les hommes obtiendront pour eux-mêmes des droits civils et civiques, tandis que le siècle donne dans l'optimisme progressiste et positiviste.

Quels que soient les événements profanes et maçonniques, les loges demeurent ouvertes aux femmes. Dans la seconde moitié du XIXe siècle, leur présence va même être appelée à grands cris. Accueillez-les, faites-leur entendre le discours maçonnique, associez-les à notre œuvre de progrès par tous les moyens possibles. Les frères se montrent alors débordants d'imagination pour créer de nouvelles formules d'accueil, des fêtes, des rites *. Les loges s'ouvrent au maximum et perpétuent leur tradition de mixité. Certes, une mixité particulière où les femmes privées de parole écoutent des discours préparés pour elles ; un accueil et non une initiation comme au XVIII siècle, mais une mixité malgré tout. Elles en retirent le sentiment d'un privilège, car elles sont l'objet de toutes les attentions, même si les formes d'émancipation offertes se révèlent strictement bornées. Les frères pensent-ils à la théorie d'Alexis de Tocqueville selon laquelle un début d'affranchissement excite le désir d'en obtenir plus ? Bientôt, la pression va s'exercer, de plus en plus forte. Les francs-maçons qui soutiennent les aspirations féminines expriment le souhait, pour les femmes, d'une initiation identique à celle des hommes. Cette revendication les divise. Elle soulève la question tout particulièrement maçonnique de l'universalité du symbolisme ; cette pratique introduirait une égalité de fait en remplaçant une forme de mixité marginale par une mixité entière. Dans les débats, il apparaît que c'est bien la modalité d'admission des femmes qui est en jeu et non l'admission elle-même acquise depuis longtemps. Devant le refus réitéré des frères, les femmes créent une obédience mixte, puis deux.

Les hommes politiques refusent toujours de faire de la question des femmes une question de droit. Elles ont l'amour, la tendresse, le respect. Que veulent-elles de plus ? Lorsque quelques femmes brillantes et cultivées de l'élite prennent le pouvoir politique ou intellectuel, parfois les deux en même temps, comme ce fut le cas au Moyen Âge ou pendant l'Ancien Régime, les hommes n'y trouvent rien à redire. En revanche, si la République, au nom du principe démocratique de l'égalité, donne à quelques-unes, elle doit donner à toutes. Il semble bien que ce soit là que le bât blesse : les hommes craignent l'invasion. Au tournant du siècle, la capacité des femmes à s'organiser déclenche une crise de l'identité masculine. Le moment tant redouté où elles vont échapper aux hommes déchaîne les peurs et les réflexes les plus primaires. Devant la preuve qu'elles n'ont pas besoin de dépendre d'un homme et qu'elles peuvent gérer seules leurs rapports aux autres, francs-maçons ou non s'acharnent contre elles dans une violence inouïe, mêlant injures et grossièretés. Ils montrent ainsi combien d'obstacles les préjugés opposent à la conscience.

Les différentes études consacrées à l'histoire des féminismes français font apparaître des phases de régression durable après 1870, dans l'entre-deux-guerres, puis après 1945 alors que le mouvement fut longtemps à l'avant-garde sur le plan mondial. Les femmes paient au prix fort le désastre humain et politique, l'effondrement moral induit par ces conflits et les dividendes de la victoire ne sont pas pour elles. Elles affrontent des campagnes natalistes sans précédent par leur ampleur et leur violence, le triomphe de la division sexuelle du travail et des modèles sociaux. La Garçonne fait long feu, vaincue par la femme épouse et mère sans profession, objet des sollicitudes d'un État-Providence qui opte en faveur d'une femme au foyer tout entière livrée aux mains des nouveaux hygiénistes, des publicitaires et des psys qui investissent sa psyché pour mieux la persuader de ses spécificités. Les francs-maçons font allégeance au pouvoir. D'ailleurs, ils se taisent de plus en plus.

Le très emblématique droit de suffrage n'est accordé aux Françaises qu'en 1945, trois quarts de siècle après les Américaines, un demi-siècle après les Australiennes, les Finlandaises, les Norvégiennes ; vingt-cinq ans après les Anglaises, les Canadiennes, les Polonaises. Bien des historiens se sont demandé la raison de cette situation. Beaucoup trouvent une explication dans la mystique féminine : les Françaises, du haut de leur piédestal où les ont placées leurs compagnons, glorieuses et respectées, tellement aimées et désirées, en oublient leurs misères et la nécessité d'un combat pour un sort dont elles ne sont pas sûres qu'il soit meilleur. Cependant, un constat s'impose. Si les droits politiques sont octroyés très tard, si les Françaises n'obtiennent leur pleine capacité juridique qu'en 1938, si elles ne sont délivrées de toute tutelle maritale qu'en 1983, en revanche, elles bénéficient dès le XIXe siècle et progressivement d'une législation sociale et professionnelle très avantageuse, souvent due à l'initiative ou au soutien des francs-maçons et que, notamment, les Anglo-Saxonnes leur envient même encore aujourd'hui.

Des années 1960 à la décennie 1980, un long chapelet de lois entament peu à peu, dans la vie privée, la tutelle des femmes. Non sans échecs, non sans efforts, relayés par l'irruption inopinée et bruyante de la jeunesse dans les rues. L'autocratie maritale et l'image de la ménagère modèle en mourront. Du moins, leur décès est-il proclamé. Mais est-ce bien sûr ? L'arrivée massive des femmes dans l'éducation et le salariat ne change toujours rien à la division sexuelle du savoir, des emplois et de la société. Les images fortifient les mots : celles de la star au visage lisse qui répète sans cesse et sans relâche que son bonheur réside dans l'amour ; celles de la ménagère, épouse et mère, qui confie, *ad nauseam*, qu'elle trouve son épanouissement dans son dévouement à sa famille et son abnégation ; celles de la superwoman, entre téléphone et biberon, qui se dit prête à délaisser métier, carrière et rémunérations substantielles pour un enfant ou un amant. Ainsi la Femme est-elle voulue par la société et par les hommes, figure revisitée par la modernité mais figure éternelle. Pas de déviance, surtout, pas de rébellion, pas de remous ni de discours autres. Le reflet, pur et sans tache, doit toujours répondre à l'attente. Toujours épouses et mères, toujours égales mais différentes, égales et complémentaires, toujours fêtées mais sacrifiées. Néanmoins, l'addition des événements bouscule la rigidité et la permanence des schémas traditionnels. Et il paraît à propos de se demander s'il ne faut pas mettre au crédit de l'obstination des femmes à travailler, malgré les obstacles accumulés sur leur route, les brèches de plus en plus grandes ouvertes dans les bastions masculins et dans l'image de la Femme rêvée par les hommes.

Après 1975, les féministes se détournent de la lutte, abandonnent leurs conquêtes à leur sort. Or, non seulement elles restent fragiles et imparfaites, mais elles demandent à être complétées. La présence des femmes dans les sphères de décision politique ou économique reste exceptionnelle. Actuellement, les nombreuses mesures gouvernementales prises en faveur de la famille depuis la fin de la Seconde Guerre mondiale, aux objectifs différents voire opposés, aboutissent à des incohérences et renforcent non seulement l'inégalité entre les hommes et les femmes mais entre les femmes elles-mêmes, entre qualifiées et non qualifiées. Les inégalités entre les sexes ne se résorbent pas d'elles-mêmes par les effets d'un progrès continu. Certaines d'entre elles diminuent ; d'autres se creusent ou émergent. Il serait temps que le législateur revoie cet ensemble législatif absurde et prenne en compte des célibataires de plus en plus nombreux. Les francs-maçons observent le silence. S'ils débattent, au Grand Orient de France, d'une possible mixité de leurs ateliers, c'est pour renvoyer la question dans un futur improbable avec des arguments vieux de deux cents ans. Pourtant, les ambiguïtés actuelles ne méritent-elles pas de s'interroger ? Quels dangers dissimulent-elles dont le principal serait de laisser dans l'ombre la question politique des rapports entre les hommes et les femmes.

Dans le monde maçonnique comme dans la société civile, quel que soit l'angle d'approche, la question des femmes n'en finit pas de faire passer les unes et les autres de l'autre côté du miroir.

Le lecteur l'aura compris. Les pratiques et les discours des francs-maçons, du XVIIIe siècle à la fin du XXe siècle, livrent une pensée à nu. Ils offrent les interrogations essentielles, les contradictions, les tâtonnements des Hommes. À l'accueil des femmes dans les loges maçonniques et à leur présence durable s'attachent exemplarité et singularité. Les francs-maçons français font le choix de vivre et de construire, à leur manière, leur histoire maçonnique. La question des femmes montre que la franc-maçonnerie ne peut se dissocier du fait culturel français.

NOTES

1. Duby Georges, *Le Chevalier, la femme et le prêtre*, éd. Hachette, coll. « Pluriel », Paris, 1981, 312 p.
2. Sarde Michèle, *Regard sur les Françaises*, éd. Stock, coll. « Points Actuels », Paris, 1983, 591 p. ; p. 318.
3. Darmond Pierre, *Mythologie de la femme dans l'Ancienne France*, éd. du Seuil, Paris, 1983, 221 p. ; p. 11.
4. Sarde Michèle, *op. cit.*, p. 291.
5. Abbé de Pure, *La Prétieuse (sic) ou le mystère des ruelles*, éd. Droz, Paris, 1938-1939, 2 tomes.
6. Souligné par l'auteur.

L'ACCUEIL GALANT

Les loges maçonniques du XVIIIᵉ siècle, où hommes et femmes se côtoient et qui fonctionnent selon des modalités particulières, portent le nom de loges d'adoption.

Il s'agit d'une franc-maçonnerie d'exception issue de la conjonction de faits multiples et de la tradition chevaleresque française. L'examen minutieux des rituels * et des archives va à l'encontre des idées reçues, permet de découvrir des pratiques maçonniques riches et vivantes, et suscite de multiples questions.

Une maçonnerie d'exception

Une aimable tutelle

L'article III des Constitutions d'Anderson de 1723 précise que seuls les hommes de bien et loyaux, nés libres et suffisants, d'âge mûr peuvent être admis dans les loges. Les esclaves, les femmes, les hommes immoraux et scandaleux sont écartés de l'initiation.

Cependant, quelques années après la création des loges maçonniques en France au début du XVIIIᵉ siècle, les femmes sont reçues dans les ateliers à une date qu'il est difficile de préciser, mais vraisemblablement entre 1730 et 1740. « On ignore qui en fut l'inventeur [...] et c'est bien évidemment un produit de l'esprit français [1]. » Ces réunions qui s'organiseront sous le nom de loges d'adoption apparaissent d'abord de façon isolée.

Les documents les plus anciens relatifs à la franc-maçonnerie d'adoption datent des années 1755-1760. Avant cette période, les archives qui font allusion à des initiations féminines [2] ne permettent pas de savoir s'il s'agit de véritables loges ou de sociétés badines qui les parodient. Les loges d'adoption sont fondées dans les ports (Brest, Dieppe, Calais, Lorient, Bordeaux), dans les villes de garnison, dans les capitales parlementaires (Dijon, Rennes, Besançon), dans des villes de moyenne importance comme Orléans, Caen, Narbonne, Saumur, Confolens, Nevers, Abbeville, Château-Thierry. Les grandes villes telles que Lyon, Marseille, Rouen ne semblent pas avoir institué d'ateliers d'adoption se réunissant de façon régulière, mais seulement des fêtes ou des banquets et des bals au cours desquels les femmes sont admises. De plus, la pratique des loges d'adoption reste étrangère à certaines régions : le Sud-Ouest, le Sud-Est, le Massif central, le Limousin, l'Auvergne, la Corse. Les loges d'adoption se situent plutôt dans l'ouest, la Lorraine, la Normandie. Elles sont créées par des militaires, des bourgeois, de riches négociants, des avocats, des intendants, des conseillers et par la noblesse de robe ou d'épée. Contrairement à ce qui se passe d'ordinaire, ce n'est pas la capitale qui impose une nouveauté à la province. Le mouvement semble concomitant.

À partir des années 1770, les loges masculines parisiennes créent une dizaine d'ateliers d'adoption qui vont réunir les hommes et les femmes de la haute aristocratie, la noblesse de Cour et l'entourage des membres des Parlements. Face à l'importance prise par les loges d'adoption et à l'engouement des Françaises et des Français pour ces réunions, le Grand Orient de France décide dans sa 8e assemblée, le 10 juin 1774 [3], de dicter des règles et organise ainsi une nouvelle pratique maçonnique.

Chaque loge d'adoption est placée sous la responsabilité d'un atelier masculin régulier * et dans son étroite dépendance. C'est le vénérable * et les officiers * de la loge masculine qui décident des initiations, des dates et de l'opportunité des tenues *, envoient les convocations et signent les documents officiels. Le frère secrétaire rédige les comptes rendus des réunions. Lors des tenues, près du vénérable qui préside, siège la Grande Maîtresse de la loge. Tous les offices * sont assurés à la fois par un frère et une sœur, mais les loges d'adoption ne disposent ni d'un secrétariat ni d'une administration qui leur soient propres. De plus, il est interdit aux femmes de se réunir avec des francs-maçons irréguliers, c'est-à-dire non reconnus comme des francs-maçons respectant la tradition de l'Ordre par le Grand Orient de France, et dans d'autres conditions que celles édictées.

À deux exceptions près, les loges d'adoption la Félicité de Dieppe et d'Hesdin [4], toutes les loges d'adoption doivent porter le nom des ateliers masculins auxquels elles se rattachent. Bien souvent, elles se réunissent hors des locaux habituels de l'atelier masculin comme les Neuf Sœurs qui tient loge au Cirque Royal ou au Vaux-Hall de la foire Saint-Germain. L'affluence des participants peut expliquer ce choix, mais aussi le doublement de chacun des postes d'officier, assuré à la fois par un frère et une sœur. Les titres ne doivent pas faire illusion. Celui de Grande Maîtresse particulière d'une loge attribué à la duchesse de Chartres [5] ou à la princesse de Lamballe [6] ou même de Grande Maîtresse de toutes les loges d'adoption décerné à la duchesse de Bourbon [7] par le duc de Chartres, Grand Maître du Grand Orient de France et reconnu par l'obédience en 1781, ne sont qu'honorifiques et ne recouvrent aucune réalité. Initiées ou non – certaines viennent en tant qu'invitées –, les femmes portent le titre de « sœurs ». La loge d'adoption dépend entièrement de l'activité et de la pérennité de la loge masculine. Sa mise en sommeil * ou sa radiation entraîne, *ipso facto*, celle de la loge d'adoption. Les loges d'adoption ne constituent ni une obédience ni des ateliers autonomes.

En dépit de ces dispositions générales, le fonctionnement des loges d'adoption offre quelques différences de l'une à l'autre. Le Contrat Social, autour de la princesse de Lamballe, donne surtout des fêtes à but philanthropique. Les archives de la Candeur révèlent des tenues régulières, des travaux dirigés avec rigueur par les sœurs elles-mêmes [8]. Ses pratiques et la fréquence de ses tenues la rapprochent d'un atelier masculin. L'atelier les Neuf Sœurs ouvre d'abord les travaux des hommes. Puis, une fois ces travaux terminés et clos de façon rituelle, les francs-maçons accueillent les femmes, initiées ou non, reçues sur invitation écrite et avec la caution d'un frère. Cette loge, célèbre pour les scientifiques et les artistes qu'elle compte dans ses rangs, fondée par Lalande avec le concours de madame Helvétius dont le salon est, pendant un demi-siècle, l'un des foyers intellectuels les plus puissants d'Europe, organise deux fêtes particulièrement brillantes en mars 1779 pour la naissance de Madame Royale, fille de Marie-Antoinette, et en août 1779, pour sa réouverture après une affaire qui poussa le Grand Orient à la fermer de façon arbitraire. Le Grand Orient de France veille sur les prérogatives qui lui reviennent de droit et sur les règles qu'il a choisies. L'affaire des Neuf Sœurs en constitue la preuve. La présence de deux profanes, madame Denis et la marquise de Villette [9], la publicité donnée à une fête maçonnique chez madame Helvetius et aux actes de bienfaisance de la loge, une tenue d'anniversaire au cours de laquelle les maladresses s'accumulent, où joue peut-être la malchance, font condamner la loge par le Grand Orient de France. L'atelier résiste, prouve sa bonne foi et évite la sanction. Cependant, les comptes rendus des tenues des Neuf Sœurs et de la Candeur montrent que peu à peu les sœurs s'imposent dans la direction des travaux. Quel que soit le mode de travail choisi, les loges d'adoption offrent ensuite banquet, bal, pièces de théâtre ou concerts ; des spectacles toujours somptueux.

La loge-mère * d'adoption de la Haute Maçonnerie Égyptienne fondée par Guiseppe Balsamo, dit comte de Cagliostro, et sa compagne Lorenza Feliciani présente un cas tout à fait particulier et intéressant. Les *Statuts, Règlements et Grades de la Loge Mère d'adoption de la Haute Maçonnerie Égyptienne* [10] offrent la première place aux femmes et une organisation démocratique. Les femmes occupent toutes les fonctions sauf celle de secrétaire de la loge-mère de Paris (article 17). Les apprenties prêtent serment devant la Grande Maîtresse (art. 10) ; elles sont soumises aux compagnonnes et les compagnonnes aux maîtresses (art. 16). À ces dernières reviennent la direction et l'inspection des travaux, le régime et l'administration générale (art. 17). Les sœurs règlent toutes les questions à la pluralité des voix et elles occupent tous les postes (art. 22).

Si l'organisation des loges d'adoption paraît simple, les rituels, en revanche, demandent une lecture attentive.

Lumières plurielles

Il existe un nombre assez important de rituels d'adoption contemporains des loges du XVIIIe siècle, très souvent adjoints aux recueils destinés aux loges masculines.

D'un livre à l'autre, des différences apparaissent. Selon les rituels, le nombre de grades * pratiqués dans les loges d'adoption varie. Certains présentent les trois grades symboliques *, apprentie, compagnonne, maîtresse ; d'autres un ensemble de hauts grades * de quatre, cinq, six ou neuf degrés aux noms divers. Les passages introductifs, les préambules, les discours d'accueil parfois se retrouvent d'un manuel à l'autre, parfois diffèrent de bout en bout. Dans les années 1780, Louis Guillemain de Saint-Victor produit un rituel d'adoption dont les multiples rééditions en 1783, 1786, 1787, 1789 attestent la faveur considérable dont jouit la franc-maçonnerie d'adoption avant la Révolution, mais d'autres manuels subsistent, bien antérieurs, et il n'est guère possible de conclure de ces multiples éditions tardives à une harmonisation des pratiques.

La participation des femmes est plus ou moins requise. Parfois, elles semblent peu agir au cours des tenues. Parfois, frères et sœurs, c'est le cas dans le rituel français *Pour l'Apprentif* (sic) [11], ou du *Livre contenant tous les grades de la Véritable maçonnerie depuis l'apprenti maçon libre jusques au Rose-Croix et parfaits maçons ; maçonnerie des Dames ou la Maçonne d'adoption*, par le Prince de Clermont, Grand Maître des Orients de France [12], font vivre ensemble et indifféremment l'initiation à l'impétrante. « À côté du vénérable, un frère ou une sœur avec un sabre dans la main droite et, dans la main gauche, une longue chaîne de fer [13]. » « La Surveillante ou celui qui en fait la fonction répond cinq coups [14]. » Les frères et les sœurs forment la voûte d'acier en mettant le genou droit en terre et en croisant. « Puis tous, l'épée tendue vers elle [l'impétrante], on lui fait voir la lumière [15]. » « Le frère ou la sœur terrible va chercher la récipiendaire [16]. » L'importance de la place et du rôle des femmes change selon le poste occupé. D'après Louis Guillemain de Saint-Victor, les sœurs inspectrices et dépositaires sont munies du maillet du commandement, comme le vénérable car « ce sont ces deux dernières, avec la sœur introductrice, qui font presque tout l'office, les frères qui les secondent n'étant là, le plus souvent, que pour les aider surtout dans les premiers grades. Il n'en est pas de même de la grande maîtresse qui a peu de chose à dire, n'étant qu'une compagne honorable du grand maître qui a mérité, par sa vertu, d'être élevée au plus haut rang [17] ».

Certains rituels se montrent assez avares d'explications en ce qui concerne les initiations mais présentent une instruction étoffée. C'est le cas du rituel du frère Gautier [18], par exemple, où les explications des grades se révèlent plus riches que ceux qui accompagnent les initiations. Il ne faut pas en conclure que les francs-maçons expédient les cérémonies. Le rituel donne un cadre que les loges interprètent selon leur goût, de façon plus ou moins dépouillée ou théâtrale. Les mots, signes et gestes diffèrent de ceux des loges masculines, mais en sont parfois très proches, parfois très éloignés comme de « se pincer la narine gauche avec le pouce et l'index de la main droite » ou « se frotter l'estomac en montant et en descendant [19] ».

Les loges d'adoption, à chaque degré, présentent un décor approprié, avec des symboles, des accessoires, des tabliers, des bijoux, des couleurs propres, dont la plupart des rituels donnent une description détaillée et minutieuse. Les nombreuses pages qui leur sont consacrées montrent l'importance accordée par les francs-maçons à l'atmosphère matérielle et morale propre à susciter la réflexion philosophique offerte aux femmes.

Un rapprochement des rituels des loges d'adoption et des loges masculines permet de conclure, sur le fond, à de multiples similitudes. Hommes ou femmes se présentent à l'initiation ni nu ni vêtu ; leurs jarretières, leurs gants, leurs bijoux, leurs manchettes, leur argent, parfois une chaussure et, pour les hommes, leur épée, leur sont retirés. Il est insisté sur l'état de surprise et de faiblesse dans lequel ils se trouvent alors. « Que pensez-vous de l'état dans lequel vous êtes maintenant ? [...] Ne craignez-vous pas que nous n'abusions de l'état de faiblesse et d'aveuglement dans lequel vous vous êtes laissé réduire ? [20] », est-il demandé aux futurs frères comme aux futures sœurs le jour de leur initiation. Pour être reçu franc-maçon, il convient de posséder, d'ores et déjà, un certain nombre de qualités. Des hommes, il est exigé « la plus grande sincérité, une docilité absolue et une constance à toute épreuve [21] ». Aux femmes, il est demandé les mêmes qualités.

Les trois premiers grades d'adoption présentent un grand nombre d'allégories issues de la Bible, et plus précisément de l'Ancien Testament. Le symbolisme des hauts grades, Chevalière de la Colombe, Rose-Croix des Dames, Chevalière de la Bienfaisance, se rattache au mysticisme chrétien. Le grade de Chevalière de la Lune fait référence à l'hermétisme et à l'alchimie. L'échelle de Jacob à sept échelons occupe une place importante dans tous les rituels, masculins ou d'adoption. Contrairement à ce qui fut affirmé, les symboles, les outils et le discours liés à la construction se révèlent présents et nombreux dans les initiations comme dans les instructions données aux femmes. Le carré, le ciseau, le marteau, la truelle, la pierre blanche, l'équerre, le compas sont du domaine de la maçonnerie. Les femmes utilisent l'épée ou le glaive, la branche d'olivier ou de figuier, les flambeaux, méditent sur la tête de mort, le tombeau et vivent le rituel du dépouillement des métaux. « À quoi sert la truelle ? demande le vénérable. – À réunir et à lier dans mon âme les sentiments d'honneur et de vertu et à les employer de façon qu'il s'y élève un édifice digne de la plus noble société [22]. » La récipiendaire a « des ciseaux et un marteau et frappe une pierre blanche de cinq fois cinq coups [23] ». « Le premier jour, elle a appliqué les ciseaux et a retranché les faux préjugés ; [...] le deuxième jour, elle a donné la forme à son ouvrage et elle a connu l'excellence de notre Ordre ; le troisième jour a produit un cœur généreux et juste puisque le grand Art des francs-maçons est de changer le cœur des hommes [24]. » Aux mythes bibliques s'ajoutent donc les outils et les symboles maçonniques pour former un ensemble très créatif.

Les rituels d'adoption offrent un enseignement moral et les éléments d'une réflexion philosophique fondés sur un ensemble symbolique. Justice, force, prudence, tempérance figurent au nombre des vertus les plus appréciées. L'accent est mis sur des défauts considérés comme majeurs : la confusion et la curiosité. Par ailleurs, la représentation de la condition humaine et de la mort tient une grande place dans les initiations dès le grade d'apprentie. « Faites-lui voir l'horreur de son état, l'origine du péché, ce qu'elle a été, ce qu'elle deviendra [25]. » Les francs-maçons, hommes ou femmes, doivent aimer Dieu et leur prochain, rechercher la perfection et réaliser par la pratique des vertus le rêve du paradis terrestre et de l'innocence primordiale.

De plus, dans le rituel du prince de Clermont [26], le passage intitulé « Histoire de la maçonnerie des Dames » attribue à la franc-maçonnerie d'adoption de lointains et prestigieux ancêtres : les premiers chevaliers partis pour les croisades accompagnés de leurs épouses. Il met en avant la mixité de la communauté qu'ils créent sur le mont Arrarat et donne le premier rôle aux femmes chargées de la construction du Temple et des bâtiments nécessaires à leur communauté. Qu'ils remontent au Déluge ou même avant, en fait, l'identification constante, par les francs-maçons spéculatifs, du commencement de la franc-maçonnerie aux racines du monde et de l'humanité ne répond pas seulement à la seule ambition de se forger une histoire, aussi glorieuse soit-elle. C'est la volonté d'une recherche philosophique, d'un questionnement sur l'Homme et son destin. La franc-maçonnerie a toujours existé, répond Falk à son ami Ernst [27] dans un dialogue contemporain de ces rituels. En offrant aux femmes ces légendes liées aux mystères des origines, leurs rituels les invitent à une réflexion fondamentale.

Par ailleurs, il importe de noter les absences qui existent dans ces recueils, qu'il s'agisse des rituels d'adoption ou des rituels masculins. En effet, bien peu précisent si la Bible ou l'Évangile doivent figurer sur la table du vénérable ou ailleurs dans la loge. L'un ou l'autre de ces livres serait-il absent ? Sa présence serait-elle si évidente que le rédacteur du rituel n'a pas pris soin de la préciser ? Cette lacune peut être rapprochée du fait qu'il est rarement dit sur quoi les sœurs prêtent serment. Le rituel du prince de Clermont spécifie que la sœur se met à genou, « le genou droit sur le compas tracé et la pointe du compas qu'elle tient de la main gauche sur le cœur, la main droite sur l'Évangile [28] ». Plus loin, il est question de la Bible [29]. Les autres rituels restent muets ou soulignent que la sœur prête serment par ces mots : « en mon honneur et ma conscience devant cette honorable assemblée [30] » ou encore « sur la connaissance que j'ai du grand soleil de lumière qui a tiré du chaos les quatre éléments pour renfermer la grande architecture de l'univers [31] ». Pas ou peu de prières, pas de devoirs envers Dieu. De plus, et sauf encore pour le rituel du prince de Clermont et celui de la Haute Maçonnerie Égyptienne, il n'est pas demandé aux femmes qui briguent l'initiation quelle est leur religion. Elles doivent décliner leurs nom, prénom ou surnom, leurs lieu et date de naissance, leurs qualités. Enfin, les symboles utilisés et tout particulièrement l'Échelle de Jacob, qui invite les femmes à une ascension graduelle, ainsi que l'autre représentation de la verticalité ascensionnelle fournie avec l'Arche de Noé, l'une des images les plus riches de la tradition chrétienne, paraissent vidés de leur sens par les auteurs de ces rituels. Ces éléments sont à rapprocher des précédents et de l'existence de deux groupes de recueils dont l'un paraît plus laïcisé que l'autre. Qu'en penser d'autant que les mêmes caractéristiques se retrouvent pour les rituels masculins ? Qu'un certain nombre de frères sont déjà tellement déchristianisés que l'enseignement biblique se résume pour eux à quelques commentaires indigents ? Faut-il lire, à travers ces rituels différents, une rivalité entre des francs-maçons détachés de la religion et ceux qui restent fidèles à leur croyance ?

Enfin, au cours des travaux, les frères s'associent constamment à leurs sœurs. Il n'y a pas, d'un côté, des francs-maçons qui feraient exécuter des rituels, inculqueraient des messages ou des préceptes moraux à leurs sœurs, des frères qui s'adresseraient à elles en utilisant le pronom « vous », qui se placeraient en retrait et, de l'autre, les femmes. Il y a des francs-maçons qui disent « nous », des officiers qui profitent des cérémonies d'adoption pour répéter à leurs frères quelques vérités bonnes pour eux, mais aussi pour tous et qui forment, avec les femmes, un groupe, une communauté vivant ensemble les travaux de l'atelier. « Quels sont les devoirs d'un maçon et d'une maçonne, est-il demandé à l'impétrante ? – Obéir, travailler et se taire, répond la récipiendaire. – Obéissons, travaillons et taisons-nous », reprend le vénérable [32]. Tous les commentaires qui accompagnent les symboles s'adressent aux femmes comme aux hommes. Souvenons-nous que nous ne devons pas agir avec confusion, précise le vénérable, et que nous devons « nous soumettre à nos devoirs [33] ». « Nous devons nous ressouvenir du crime de nos premiers parents mais ne le faire que pour nous inspirer la défiance où nous devons être contre nos propres défauts [34]. » Le recueil du rite français *Pour l'Apprentif* se distingue parmi les autres en présentant une exception en ce domaine et un discours plus rude. « Femme, vous mordîtes autrefois dans le fruit. Mordez-y encore aujourd'hui par obéissance, pour apprendre combien vous devez être en garde contre tous les vices et les maux que cette première désobéissance a causés dans le genre humain et pour vous donner réellement la juste connaissance du bien et du mal, pour suivre le premier et éviter l'autre [35]. » Hormis ce bref passage, les rituels s'adressent indistinctement à des frères et à des sœurs qui travaillent en parfaite harmonie à un même but : « L'objet de la maçonnerie est de rendre les hommes aussi heureux qu'ils puissent l'être » grâce à « la vertu et l'obéissance que notre société exerce avec la justice et la charité envers ses semblables [36] », qualités « qui servent de guide à tout bon maçon et maçonne [37] ». Conviées à une réflexion et à un travail sur elles-mêmes, les femmes, comme les hommes, sont exhortées à « aspirer à la félicité parfaite », à rechercher, « l'honneur, la raison, la force [38] ».

Pour les femmes, il existe moins de grades que pour les hommes. Alors, « tous ceux des frères qui ont des grades sont obligés d'en donner les ornements aux Sœurs, sans rien en réserver qui puisse leur laisser quelque distinction de rang sur celles qui sont reçues car la courtoisie défend à l'honnête homme de marquer une supériorité quelconque sur une femme, par cela même qu'elle est femme [39] ».

L'enseignement moral et philosophique destiné aux sœurs se fonde sur une composition dont les éléments culturels et les références religieuses sont familiers aux hommes et aux femmes de l'époque. La société de l'Ancien Régime repose sur la docilité ou l'obéissance à laquelle chacun doit se soumettre pour plaire à Dieu et au roi. Le citoyen [40] du XVIIIe siècle, franc-maçon par ailleurs, est homme bienfaisant, soucieux de combattre vices et préjugés, vertueux et sociable, ennemi de l'orgueil, respectueux des mystères de la religion comme de la franc-maçonnerie, étranger aux excès. Placées sous le signe d'Épicure, ces qualités teintées de désinvolture le conduisent tout naturellement à un état de plaisir dont il fait sa finalité et qui répond aux aspirations de la France des Lumières. Il n'est pas demandé autre chose aux femmes.

Une sagesse point trop sévère

Les archives des loges masculines et des loges d'adoption révèlent que les unes et les autres présentent le même type de travaux. Fêtes exceptionnelles ou réunions plus ordinaires ne diffèrent pas du tout au tout. Les initiations et les élévations de grades * occupent l'essentiel des réunions qui se terminent toujours par un banquet. Les cérémonies des loges d'adoption ménagent la sensibilité et la pudeur des femmes. Celles des hommes ne brillent pas toujours par le raffinement s'il faut en croire le prince de Ligne qui rapporte quelques anecdotes dans ses *Mémoires, lettres et pensées.* Pour l'initiation du prince François Pignatelli de Strongoli, à Mousseau, dans une loge du duc de Luxembourg, les frères préparent un glissoir qu'ils appuient à une fenêtre d'un étage supérieur afin d'y pousser l'impétrant qui doit atterrir sur le tas de fumier situé dans la cour. Lors de son arrivée, gêné par ce matériel qui lui barre le passage, le prince de Ligne l'appuie contre le mur comme une gouttière. Au moment de son initiation, le malheureux prince de Strongoli, poussé sans ménagement dans le glissoir censé être en place, fait une chute perpendiculaire et plutôt rude sur le sol. Selon l'auteur, il en gardera la tête dérangée pour le restant de ses jours [41].

Les travaux consistent en relations avec les frères ou les loges des autres pays d'Europe. Les comptes rendus de la Candeur donnent l'exemple d'une mission confiée à la comtesse d'Ailly en faveur d'un frère étranger recommandé par les loges d'Hambourg. « La T∴ C∴ S∴ comtesse d'Ailly s'employa avec le zèle le plus touchant auprès de Monsieur le comte de Falkenstein en faveur de ce frère [42]. » Elle remplit ses obligations délicates avec succès. « Rien de plus intéressant que la correspondance à laquelle cet acte de fraternité obligea la S∴ comtesse d'Ailly : son exactitude et son activité sont un modèle pour tous les maçons [43]. » Ces femmes sont habituées à entretenir des relations avec l'élite européenne.

Les travaux consistent encore en compliments joliment tournés, en discours affables. Les formes rimées constituent un mode d'expression familier aux personnes cultivées, pratique qui se poursuivra au siècle suivant. Les francs-maçons, que ce soit dans les loges masculines ou dans les ateliers d'adoption, utilisent donc abondamment la poésie sous des formes diverses : bouts rimés, bouquets d'adoption, impromptus, odes, cantiques et chansons composés et lus par les membres des ateliers. Témoignages d'allégeance aux grands de ce monde, discours pour le rétablissement de la santé du Grand Maître ou du vénérable de l'atelier, éloge de la franc-maçonnerie, compliments pour une élévation de grade, santés, dédicaces. L'heure est à l'autosatisfaction, à l'emphase et à l'hyperbole qui caractérisent l'expression des sentiments et des opinions au XVIIIe siècle. Lorsqu'ils tiennent loge ensemble, frères et sœurs se congratulent, se félicitent, vantent leur société choisie et poursuivent dans leurs ateliers la tendre complicité dont ils sont coutumiers dans les salons. Pour leurs sœurs, les francs-maçons remplacent Hiram par le dieu Cupidon ; aux paroles moralisantes des rituels succèdent les hommages. Vous êtes le sexe aimable qui devez partager la lumière avec nous, dit l'orateur. « Depuis longtemps exilées de nos assemblées, nous avons senti le vide que votre absence y laissait et il était temps de rappeler dans nos sociétés des sœurs aimables, propres à en faire tout l'agrément et les délices. [...] Soyez désormais aussi exactes à remplir ces devoirs que vous êtes aimables et que vous êtes aimées [44]. »

Mais frères et sœurs s'attachent aussi à des questions plus sérieuses. La marquise de Bercy, initiée le jour où arrive une lettre adressée par des nécessiteux à « MM. les Francs-Maçons rue des Petites-Écuries du Roi », est chargée de cette affaire. « Tous les mouvements de son âme se développèrent dans l'exécution de cet emploi, et il est resté incertain, si la sensibilité de cette jeune sœur n'excita pas autant la générosité des FF∴ et SS∴ que l'état des malheureux qu'il fallait secourir [45]. » Toutes ces femmes fortunées apportent des aides pécuniaires ponctuelles à des familles en détresse, dotent des jeunes filles sans ressources ou leur assurent un métier, aident des prisonniers, des orphelins, des vieillards. Frères et sœurs s'adonnent à la philanthropie et s'intéressent à la question de la pauvreté : recherches sur l'éducation et le meilleur moyen d'élever les enfants trouvés, gratifications à des académies qui réfléchissent à la manière de soulager les pauvres, récompense pour des actes de courage individuels.

Dans le jardin d'Éden, confondu avec l'île de Cythère, doivent régner le bonheur, le plaisir et le charme. Une aimable vertu, une désinvolture teintée de sagesse point trop sévère président, dans les loges, aux relations d'hommes et de femmes qui possèdent toutes les qualités d'êtres humains élégants et policés.

« *Tout le monde en est* »

Exceptionnelle par son organisation et la qualité de ses travaux, la franc-maçonnerie d'adoption l'est encore par les personnes qui la composent. En province, les ateliers réunissent la meilleure société de la ville et des environs : les femmes titrées, la noblesse d'administration ou des Parlements, l'entourage des intendants ou des officiers de haut rang, la grande bourgeoisie souvent alliée à l'aristocratie. À Paris, dans la décennie qui précède la Révolution, fréquentent les loges la haute aristocratie de la Cour, l'ancienne noblesse d'épée ou de robe, les plus grands noms du royaume et des cours souveraines, les princes et les princesses de la Maison de France, la branche cadette des Orléans ou la branche légitimée des Condé, Conti, Penthièvre et Lamballe. La location de vastes locaux, comme ceux du Cirque Royal ou du Vaux-Hall de la foire Saint-Germain, les décors toujours somptueux, les parures, les spectacles représentent des dépenses importantes. Seule l'élite du royaume peut se permettre des distractions aussi coûteuses. Est-ce pour cette raison que les loges d'adoption, tout au moins dans la capitale, ne comptent pas de femmes de la moyenne ou de la petite bourgeoisie ou que les loges d'artisans, de médecins, de clercs ne créent pas d'ateliers d'adoption ?

Combien de femmes sont reçues dans les ateliers à titres divers, initiées, membres associés ou invitées ? Les tableaux de loges * sont rares. Les archives de la Candeur montrent que l'atelier compte trente-sept sœurs. Selon la police ou les contemporains comme Louis Guillemain de Saint-Victor, les loges sont très fréquentées, mais pas encore assez au goût de cet auteur. Les journaux tels que *Le Courrier de l'Europe* rendent compte des activités d'une franc-maçonnerie qui ne se dissimule pas. Ils font leurs articles sur les fêtes, les actes de bienfaisance et les hauts personnages, publient des chansons à propos des femmes et des bals très courus organisés par les ateliers [46]. À Paris, il existe environ dix loges d'adoption. Le duc de Luxembourg inaugure, en 1785, Isis sous la présidence de Lorenza Feliciani.

Dans l'Ordre des Élus Coëns, Martinez de Pasqually se fait supplier par Jean-Baptiste Willermoz pour créer une loge d'adoption car il y est hostile, mais ce dernier parviendra à ses fins. Il est difficile d'avancer des chiffres exacts : il est permis, d'ores et déjà, de recenser une soixantaine de loges d'adoption pour l'ensemble du territoire, mais il en existe sans doute davantage.

Si « tout le monde en est » selon le mot de Marie-Antoinette, qui sont ces femmes ? Les épouses, les sœurs, les filles et l'entourage des francs-maçons. Certes, mais pas d'une manière générale comme l'affirment certains historiens. Les tableaux des loges d'adoption qui subsistent, la Candeur ou la Concorde de Dijon, apportent un démenti. À Dijon, sur douze sœurs (en 1782), trois seulement sont des épouses de francs-maçons.

Cela n'est qu'un aspect. Qui sont-elles véritablement ? En province, en raison de leur rang, il est possible de penser que les femmes initiées ou qui fréquentent les loges tiennent salon, jouissent d'une vie intellectuelle et sociale brillante. Les mémoires des femmes de la haute aristocratie permettent de cerner celles de leurs contemporaines qui, comme elles, appartiennent au premier ordre. Ces femmes vivent et pensent comme les hommes. Seul le fait d'être enceintes de temps en temps les distingue de leurs compagnons écrit en substance, dans ses lettres, la princesse Palatine. Qu'elles fument la pipe, s'habillent en homme pour monter à cheval ou voyager, n'étonne personne. Elles reçoivent, tiennent salon, occupent des fonctions à la Cour, possèdent leurs propres réseaux d'amitié ou de clientèle. Les femmes les plus considérables par leur rang et leur position à la Cour sont « [...] des esprits forts, des philosophes [47] ». De l'éducation des enfants, y compris des filles, la religion est souvent absente. Nièce d'un archevêque chez qui elle habite, la marquise de la Tour du Pin rapporte qu'elle ne connaît pas le catéchisme. « Il n'y avait pas de chapelain dans cette maison d'un archevêque. [...] Jamais je n'avais reçu aucune instruction morale ou religieuse [48]. » Pour sa mère mourante, « personne ne parla de sacrements ou de lui faire voir un prêtre [49] ». Les principes de Voltaire, de Rousseau, de Condorcet, de Suard sont acceptés avec empressement. La duchesse de Bourbon, Grande Maîtresse des loges d'adoption, « en politique [...] a adopté des principes démocratiques, ou qui en approchent, et très singuliers chez une princesse de son sang [50] ». Beaucoup de ces femmes, curieuses de tout, rencontrent le comte de Cagliostro, le docteur Mesmer et autres « sorciers [dont] chacune a le sien [51] ». La duchesse de Bourbon « parlait souvent de Martinez de Pasqualis, ce théosophe, ce chef d'illuminés qui a établi une secte et qui se trouvait à Paris en 1778. Elle l'a beaucoup vu, beaucoup écouté ; elle est martiniste ou à peu près. Elle reçoit dans son cabinet, et fort souvent, Monsieur de Saint-Martin [52] ».

Le Régent, avec l'application qu'il mettait aux choses politiques comme aux plaisirs et l'aide remarquable de son épouse, avait introduit des réformes importantes poursuivies sous le règne de Louis XV et que certains aristocrates souhaitaient continuer. La spectaculaire libération des mœurs marche de pair avec celle des esprits, avec la fermentation de nouvelles idées politiques et sociales de plus en plus subversives, dans un fertile mélange de rationalisme et d'empirisme, de logique et de passion. « Quelles seront donc les dernières années de ce centenaire qui commença si brillamment, qui usa tant de papier pour prouver ses utopies matérialistes, et qui maintenant ne s'occupe plus que de l'âme, de sa suprématie sur le corps et sur les instincts ? On n'ose y penser [53]. » La pensée des Lumières s'épanouit, portée par l'aristocratie et par des femmes exceptionnelles, répandue par les salons et les ateliers maçonniques. Bon nombre d'entre elles appartiennent aux loges d'adoption qui, en réunissant des personnalités aussi diverses et opposées que la duchesse de Polignac, la duchesse de Bourbon ou madame de Genlis, reflètent, comme les ateliers masculins, toutes les nuances de l'opinion. Leurs manières de vivre et de penser, la diffusion des idées nouvelles sont-elles suffisantes pour expliquer leur engouement pour la franc-maçonnerie ? Qu'est-ce qui pousse donc encore les femmes à fréquenter les loges ?

Les spécificités françaises

Le souhait des femmes

Lorsque la franc-maçonnerie est créée en France au début du XVIIIe siècle, elle est introduite avec les traditions nationales de non mixité de la société britannique. Exclues des loges, les Françaises se trouvent bousculées, choquées dans leurs habitudes ancestrales et leurs pratiques quotidiennes. Elles ne sont pas les seules. Beaucoup d'hommes rejettent l'anglomanie ambiante qui se développe à partir de 1783. « On veut être anglais à tout prix et cette prétention efface chez nous l'esprit national. J'entendais quelques jours avant celui-ci le maréchal de Biron et quelques autres [...] s'en plaindre amèrement. Ils ont raison. [...] On cherche à effacer nos modes et nos coutumes pour devenir semblables à nos voisins que nous haïssons. C'est bien peu conséquent[54]. »

En France, les femmes sont partout présentes. « L'espace français est un espace mixte où hommes et femmes se sont côtoyés, combattus et aimés depuis la nuit des temps[55]. » Mixtes la rue, le café, la boutique, l'Opéra et la Comédie, la chasse, la promenade, le jeu, les dîners, la Cour, les salons et la conversation. Les femmes fréquentent les cercles, les académies, les musées, les sociétés, les cabinets de lecture, assistent aux cours et aux conférences au Collège de France ou ailleurs. Leur instruction leur permet de faire partie de cette République des lettres dont les grandes figures telles que la marquise de Pompadour, mesdames Helvétius et Geoffrin ou Émilie du Châtelet sont connues dans l'Europe entière. La quantité, la variété et surtout la qualité des salons frappent tous les observateurs.

Cette situation a pour corollaire l'intervention des femmes dans les affaires courantes. Un visiteur dit de Versailles qu'il « n'était dame ni évêque ni chat qui se privât de parler de politique », observation confirmée par Charles-Louis de Montesquieu. « Ces femmes ont toutes des relations les unes avec les autres, et forment une espèce de république dont les membres toujours actifs se secourent et se servent mutuellement ; c'est comme un nouvel État dans l'État [56]. » Enfin, elles ne se limitent pas à réunir les talents, à régner sur une compagnie d'hommes. Elles ont la parole et le pouvoir d'en disposer, de l'organiser. Elles haussent l'art de la conversation à un degré de perfection inégalé. Elles produisent aussi, moins il est vrai que leurs devancières de l'âge classique, et continuent de faire vivre le journalisme féminin apparu avec la Fronde. L'élite forme alors la « parfaitement bonne compagnie » selon l'expression de l'époque, désignant ainsi l'association distinguée des deux sexes dans « cette France si fière d'elle-même, d'une grâce si accomplie, d'une si rare élégance [...] qui jusqu'en 1789 allait apparaître au-dessus de toute l'Europe, comme la patrie du goût de tous les États, comme l'école des usages de toutes les nations, comme le modèle des mœurs humaines [57] ».

Personne ne leur conteste leur rôle et leur importance et chacun doit compter avec les femmes. Habituées à ce qu'aucun domaine ne leur soit refusé, leur caractère les pousse à vouloir accéder à tout et, tout particulièrement, à la franc-maçonnerie à partir du moment où elle leur est fermée. Des sources diverses attestent cette insistance féminine. Il semble invraisemblable aux femmes d'être exclues de ces nouveaux lieux d'échange et de rencontre que sont les loges. Aux frères, « laisser les femmes hors de la Maçonnerie finit par paraître impossible [58] ». En effet, « une Anglaise admet que son mari passe au club une partie de ses heures de loisir ; une Allemande trouve tout naturel qu'il la quitte après le dîner pour rejoindre ses amis à la brasserie ; une Française est, en général, moins accommodante [...]. Les femmes qui veulent être partout où il y a des hommes ont été extrêmement scandalisées de se voir constamment bannies de la Société des Francs-Maçons [59] ». Solliciter leur initiation leur paraît naturel. Pour la Candeur, leurs noms sont connus. « Ce fut [le zèle] des SS∴ marquise de Courtebonne, comtesse Charlotte de Polignac, comtesse de Choiseul-Gouffier, vicomtesse de Faudoas qui enflamma celui du T∴ C∴ F∴ marquis de Saisseval et de plusieurs autres frères [60]. » Les soins et l'éloquence du chevalier Bacon de la Chevalerie font le reste. Les femmes demandent ; elles obtiennent.

Cependant, leur insistance n'aurait-elle pas d'autres causes ? La parole des femmes se fait rare. C'est à travers celle des francs-maçons que des aspirations émergent. Union et fraternité proclament-ils dans les loges. « Tout citoyen s'approche avec confiance du Prince qui l'accueille ; l'un oublie son élévation ; l'autre n'oublie rien et tous deux sont égaux par les vertus [61]. » Il s'agit bien d'une égalité de principe entre les ordres de la société d'Ancien Régime, situation toute nouvelle sur laquelle se referme la porte du temple. Qu'attendent les femmes de leur présence dans les loges, que recherchent-elles ? À leur demande d'initiation semble répondre une invitation de la part des frères. Qu'elles viennent dans les loges « y jouir de cette précieuse égalité, le seul bonheur qui leur manque dans le rang où le sort les a placées [62] ». Bien des textes (en particulier les Épîtres aux Dames du *Manuel des Franches-maçonnes* des années 1787 et suivantes attribués à Louis Guillemain de Saint-Victor) les proclament « aussi libres et aussi raisonnables que les hommes ». Les francs-maçons veulent sans doute attirer à eux des femmes douées, des intellectuelles. Certains d'entre eux souhaitent-ils pour leurs compagnes, outre le profond respect et l'estime exigés pour elles, plus que cela ? L'expression ne s'en fait jamais de manière directe mais que signifie cette « précieuse égalité » ? Un principe, une parole ou le signe que point l'idée d'une véritable égalité juridique à construire ?

Si le XVIIIe siècle s'intéresse passionnément aux questions posées par l'inégalité entre les hommes et les femmes, il le fait de façon théorique. « Madame du Châtelet s'intéressait plus à la physique qu'au droit des femmes [63]. » Cependant, des revendications existent dans la franc-maçonnerie comme au-dehors et le *Journal des Dames* exprime leurs insatisfactions. « Qu'importe à notre gloire qu'ils [les hommes] adorent les charmes que la nature nous a donnés s'ils veulent dénigrer les vertus et les talents que le ciel nous a départis [64]. »

À Toulouse, des sœurs se plaignent de recevoir une lumière différente de celle de leurs frères [65]. Dans son discours après son passage au grade de compagnon, la Présidente de Daix conteste les comportements masculins de fausse soumission, de condescendance apparente, attitudes qui cachent orgueil et sentiment de puissance. Elle s'insurge contre la fatalité de nature dans laquelle les Églises et les pouvoirs enferment les femmes. Dans l'accueil de la franc-maçonnerie, elle désire voir l'invitation à une association, à un partage « signes précieux de l'estime et de l'égalité », l'occasion de laver les femmes des injures passées. Elle affirme leur capacité à prouver qu'elles sont autres que l'image imposée de créatures faibles, intellectuellement inaptes et amorales. L'exercice des vertus et les travaux sévères de la raison « peuvent aussi devenir notre partage ». La Présidente de Daix demande une estime véritable : les femmes sont des êtres humains à part entière, libres et non déterminés [66]. Jean-Pierre Louis de Beyerlé reproche aux francs-maçons qui organisent la franc-maçonnerie d'adoption de ne pas tenir compte de leurs aspirations [67]. Quelles que soient les attentes des femmes, les raisons de leur présence se révèlent multiples.

Hiram et Vénus : les raisons de l'alliance

Dès sa création, l'obédience doit faire face aux détracteurs, aux plumes acérées des abbés Lefranc et Barruel, aux quolibets, aux attaques, aux scandales autour d'affaires, vraies ou fausses, qui lui sont attribuées comme celle de la demoiselle Carton ou de la danseuse Marie-Madeleine Guimard. Il est vrai que les francs-maçons ont l'habitude de convier à la fin de leurs tenues de belles visiteuses, que les filles de l'Opéra se mêlent aux descendantes des grandes familles et que les femmes agrémentent de leur présence les banquets qui se déroulent après les tenues. La calomnie autour des mystères, vrais ou faux eux aussi, trouve toujours des oreilles complaisantes. Sur ce terrain, il semble bien que les adversaires des francs-maçons et les femmes s'entendent pour faire peser des soupçons sur l'Ordre. Ou que les adversaires de l'Ordre tentent d'utiliser les femmes. Quoi qu'il en soit, en avril 1737, le commissaire Dubuisson écrit au marquis de Caumont que toutes les femmes « croient que l'Ordre des Freemassons est originaire de Sodome [68] ». L'année suivante, sur la musique de Louis Nicolas Clérambault, on chante « À quel soupçon imaginaire, Sexe charmant vous livrez-vous ? [69] ». De toute façon, disent les frères, si nous recevons les femmes nous sommes accusés de mœurs dépravées ; si nous les refusons, de pratiques antinaturelles. Exclues, elles se montreraient hostiles, autant se les concilier.

Il est également possible que les dirigeants de l'obédience se soient trouvés dans l'obligation de prendre en considération les loges d'adoption en raison de l'engouement pour cette formule. Empêcher ou ignorer le phénomène aurait présenté plus d'inconvénients que d'avantages. Dans ce pays, rien ne saurait réussir sans la participation des femmes. En 1777, un gazetin souligne que l'enthousiasme pour la franc-maçonnerie des dames ne cesse pas, que l'Ordre en général en est soutenu. « L'association des femmes n'a pas peu contribué à la ranimer [70]. » Tout le monde s'accorde à penser qu'elles mettent de la beauté, de l'esprit, du pétillant, du raffinement à chaque réunion. Elles sont l'agrément de la société, les ordonnatrices de l'art de vivre. Seul leur charme peut assurer le succès d'une fête, d'une réunion, d'un souper, d'un spectacle. Fiers de leurs compagnes, les hommes aiment se montrer à leurs côtés.

S'il se fait tolérant, le pouvoir est souvent soupçonneux et conserve la possibilité d'intervenir contre l'Ordre. La liberté d'association n'existe pas et bien que les deux bulles papales excommuniant les francs-maçons ne soient pas enregistrées par le Parlement, la prudence s'impose. Ses dirigeants ont donc à cœur de protéger l'institution en confiant la Grande Maîtrise et les offices importants aux personnages les plus influents du royaume. Ils pensent également qu'il n'est pas mauvais de gagner les bonnes grâces de la Cour en recevant les grandes dames qui se partagent les faveurs de la reine.

Et puis, pour se faire connaître et reconnaître, quel meilleur drapeau que celui de la bienfaisance, surtout quand les femmes en ont la charge ? Cette activité, utile et assortie de considérations morales, semble être à l'origine de la complaisance dont font preuve les pouvoirs successifs vis-à-vis de la franc-maçonnerie. Pourquoi interdire une société qui fait le bien ?

L'organisation des loges d'adoption par le Grand Orient de France est suivie de la création d'ateliers dans la capitale et de l'entrée, dans ces ateliers, des femmes de la haute aristocratie. Cet engouement subit surprend d'autant qu'il se révèle relativement tardif. Il importe de se demander si les francs-maçons partisans de la présence des femmes dans les loges répondent à leur requête pour leur plaire ou s'ils agissent également avec l'intention de servir à la fois l'Ordre maçonnique et l'aristocratie.

En effet, Louis XV le Bien-Aimé a fini sa vie et son règne bien malmené par ses sujets. L'espoir suscité par le début du règne de Louis XVI fait vite place à la déception puis à un mécontentement de plus en plus grand attisé par des libelles, des pamphlets et des nouvelles à la main de plus en plus virulents. Ils dénoncent l'entourage du roi et critiquent ouvertement les habitudes de vie dispendieuses de Versailles. Marie-Antoinette devient leur cible privilégiée. Le rapport du ministre des Finances Jacques Necker, *Compte rendu au roi*, publié en 1781, révèle une situation financière désastreuse tandis que la Cour est la proie des coteries et des factieux. Une haine réciproque oppose la reine et le duc de Chartres, devenu duc d'Orléans, dont la disgrâce est consommée en 1785 [71]. C'est au XVIIIe siècle que le terme de philanthropie tend à remplacer celui de charité et à perdurer en raison de son caractère de généralité. Il y a bien, dans les années qui précèdent la Révolution, chez un certain nombre d'aristocrates, la prise de conscience de la nécessité d'une réflexion générale sur la situation du peuple. Les loges, avec le concours des femmes, soutiennent les recherches conduites par des académies sur les solutions à apporter à la misère. Il est généralement admis que la loge Saint-Jean-de-la-Candeur n'est créée que pour permettre le fonctionnement de la loge d'adoption la Candeur, la plus aristocratique de toutes, qui se remarque par ses actes de bienfaisance éclatants. Si la philanthropie ne paraît pas dénuée d'arrière-pensées, rien ne permet cependant de soutenir que les loges d'adoption, à travers ces actions, soient utilisées dans un but défini. Néanmoins, leur ostentation surprend. Le fait que de grandes dames se penchent avec tant de publicité sur la misère du peuple constitue-t-il, de la part de l'aristocratie consciente des difficultés du royaume et du changement des mentalités, une tentative de faire oublier ses privilèges et ses abus ? Est-ce une manière de restaurer sa réputation profondément atteinte ? La présence des femmes dans les loges revêtirait alors des préoccupations d'ordre politique.

L'ambivalence du discours masculin

Quelles qu'en soient les raisons, les femmes sont là, mais leur présence dans les loges ne recueille pas l'agrément de tous.

« Nous ne sommes pas assez injustes pour regarder le sexe comme incapable du secret. Mais sa présence pourrait altérer sensiblement la pureté de nos maximes et de nos mœurs. » Ainsi s'exprime Michel-André de Ramsay dans le chapitre intitulé « Le secret » de la première partie de son *Discours* de 1736[72]. Tout tient dans le « mais ». Il attribue la décadence des mystères antiques à la présence des femmes et justifie par là l'idée selon laquelle il faut les tenir éloignées des loges. Bien d'autres enrichiront ce raisonnement et le poursuivront bien après que les loges d'adoption ne furent créées[73]. Les diverses apologies éditées à la fin des années 1730 et au début des années 1740, dates auxquelles se situe approximativement la création des premières loges d'adoption, développent de longues séries de bonnes raisons de refuser les femmes dans les loges.

À l'indiscrétion congénitale dont elles sont atteintes et qui leur valut des déconvenues rapportées sur des modes divers, les frères déclinent les autres défauts des femmes : leur démoniaque séduction, leur inconstance, leur superficialité. Elles sont toutes prêtes à croquer la pomme et l'homme en même temps. Les attraits féminins présentent de graves dangers pour la Société fraternelle : risque d'accusation de libertinage que, reconnaissent-ils, son absence n'empêche d'ailleurs pas ; risque de décadence de l'Ordre à cause de la galanterie ; dangers de l'amour qui ne manquera de naître dans les ateliers et qui mettra à mal la sublime, l'indéfectible amitié virile. En fait, plus que leurs défauts ou les troubles provoqués par leur présence, l'argument de nature, dû à Jean-Jacques Rousseau, constitue la raison majeure de leur exclusion de l'Ordre maçonnique. Quel que soit leur état, fille, épouse, veuve ou mère, les femmes ne jouissent d'aucune indépendance. Par voie de conséquence, la franc-maçonnerie s'adressant à des personnes libres, elle doit leur rester fermée. Certains vont plus loin encore. Martinez de Pasqually considère les femmes comme des êtres inférieurs et leur dénie le pouvoir de commander aux esprits. Elles sont impures et ne représentent pour l'homme que des objets de jouissance. Leur caractère démoniaque à l'effet dissolvant altère la vertu spirituelle des hommes [74]. Pour protéger leur noble fraternité, les adversaires des femmes appellent à la rescousse les pères de l'Église, la Bible, saint Paul et la tradition maçonnique.

Adversaires ou partisans des femmes arrivent à ce paradoxe : sur bien des points, ils se rejoignent. Les partisans des femmes protestent de leur estime, de leur tendresse, de leur volonté de les servir. Mais, que ce soit en vers ou en prose, ils reprennent tous les poncifs ordinaires. À travers des compliments habilement tournés, ils leur confirment chaque fois leur statut d'éternelles mineures et la nécessité pour elles de se montrer raisonnables. Les défauts féminins rédhibitoires d'autrefois deviennent des vertus cardinales, des charmes supplémentaires propres à distraire les hommes. C'est l'époque où les attaques abruptes des siècles précédents sont transformées par la nouvelle idéologie en raisonnements d'autant plus redoutables qu'ils sont travestis.
Les idées du courant en faveur des femmes ne se retrouvent pas chez les francs-maçons. Venez chercher en loge l'égalité qui vous manque, disent les frères, mais ils ne font aucune allusion à Denis Diderot, aucune évocation de Voltaire qui confond l'homme et la femme dans une même identité intellectuelle. Les propos de Charles de Montesquieu demandant leur émancipation semblent ignorés. Tout comme ceux de Marie-Jean de Condorcet, le plus

profondément féministe de tous les philosophes. Il dénonce le cercle vicieux dans lequel les adversaires des femmes enferment la question féminine : « Il est injuste d'alléguer, pour refuser aux femmes la jouissance de leurs droits naturels, des motifs qui n'ont une sorte de réalité que parce qu'elles ne jouissent pas de ces droits [75]. » Nous vous respectons, nous vous aimons, écrivent, proclament et chantent les francs-maçons mais leur engagement en faveur des femmes s'arrête là. Ne pas les accepter dans les loges, outre une grossière erreur de goût, eût été en contradiction avec ce que vivent quotidiennement, à l'époque, les Français et leurs compagnes. Afin de ne pas contrevenir aux lois de l'Ordre, le subterfuge consiste à les recevoir de manière biaisée.

Dans l'espace mixte reconstitué, les femmes retrouvent leur place en même temps que le plaisir, l'amitié et les conversations. Mais les francs-maçons sont-ils à demi ennemis des femmes ou partisans à demi ?

Le triomphe de la courtoisie

Quoi qu'il en soit, à travers les écrits des francs-maçons de l'époque, l'esprit galant l'emporte sur toutes les autres considérations.

Les femmes doivent leur admission dans l'Ordre maçonnique à la tradition chevaleresque française. Le 10 juin 1774, auprès du Grand Orient de France, le Grand Orateur Jean-Pierre Bacon de la Chevalerie gagne la cause des femmes grâce à des arguments qui relèvent du domaine de la galanterie. « Pourquoi les maçons de France qui sont pères, époux, fils et frères ne feraient-ils pas participer à l'esprit d'ordre, d'égalité, de bienfaisance la moitié la plus belle, la plus intéressante, la plus sensible du genre humain [76] ? », demande-t-il. « Nous avons osé vous exclure de nos Assemblées ; mais, trop éclairés et trop punis par l'isolation et l'ennui que votre absence nous a fait éprouver, nous sommes convaincus que le but de notre existence est de vivre avec vous, que nous devons être vos Amis et vous, nos Chères Compagnes [77]. » Les Français aiment les femmes. Pour s'en persuader, il n'est que de regarder ailleurs préconise une chanson intitulée *Mes voyages imaginaires* :

« Transporté en Afrique
J'y vis de sa noire maîtresse
Un amant un peu trop jaloux
Vous la poignarder par tendresse
Nous savons mieux aimer chez nous » (2ᵉ couplet).

« En Chine les femmes n'y sont pas trop mal
Mais une méthode assassine
Les empêche d'aller au bal ;
Pour les rendre plus sédentaires,
On leur tord les pieds, les genoux,
On voit à vos danses légères
Qu'on n'en fait pas autant chez nous » (5ᵉ couplet) [78].

Pourquoi utiliser l'échelle de Jacob pour aller chercher des anges puisque les femmes sont près d'eux précise le dernier couplet ? La pratique des loges d'adoption ne peut exister qu'en France soutient le frère Bazot : « En effet, quels autres peuples que ceux de la France auraient élevé ce beau monument de la galanterie nationale à un sexe qui, dans l'Orient, est soumis à la plus humiliante dépendance ; qui voit en Angleterre un mari du peuple vendre sa femme la corde au cou et un gentleman la reléguer loin de la société des hommes ; en Espagne où les dames sont gardées à vue par des espèces de Parques vivantes ; en Italie où cette admirable moitié du genre humain gémit sous les verrous et les cadenas [...]. Les Français savent trop apprécier les mérites nombreux et divers d'un sexe charmant, pour s'être laissé ravir, par quelque nation que ce soit, le droit, le bonheur de prouver aux femmes qu'elles sont leurs idoles dans tous les temps et malgré les années [79]. »

Les partisans des femmes dénoncent les préjugés dont elles sont victimes. Ils réfutent les défauts et les calamités dont elles sont accusées. Les femmes peuvent garder un secret, ne sont pas source de dérives galantes, ni de désordres. D'ailleurs il est possible, en ce domaine, de prendre des mesures, précisent-ils, en insistant pour que soit conviée dans les loges la seule élite intellectuelle et morale. Les deux sexes ne sont pas en guerre ; ils ne l'ont jamais été ; ils sont associés par la loi naturelle. Dans *L'Apologie de l'ancienne et vénérable société des Freys Maçons envers le Beau sexe*, Bertin de Rocheret écrit : « Il n'est Franc-Maçon sous les cieux qui ne fasse profession authentique d'aimer le beau sexe, de le servir jour et nuit et de le défendre en toute occasion [80]. » Louis-Claude de Saint-Martin, dans une lettre à Jean-Baptiste Willermoz, soutient que « l'âme féminine sort de la même source que celle qui est revêtue d'un corps masculin et, ayant la même œuvre à faire, le même ennemi à combattre et les mêmes fruits à espérer doit donc par conséquent avoir les mêmes armes [81] ». Louis Guillemain de Saint-Victor écrit dans ses dédicaces aux dames : « Une femme n'est ni sujette ni esclave, c'est une amie et notre meilleure amie [82]. »

En outre, les partisans des femmes se félicitent de leur présence dans les loges d'adoption car ils sont fiers d'elles et la trouve naturelle. Que les détracteurs viennent et « ils verront des SS∴ douées de tous les agréments qui séduisent, de tous les dons qui fixent, déposer leurs titres les plus brillants, pour n'apporter en loge que ceux que leurs qualités morales et leur amour de la bienfaisance leur donnent à l'admiration, à l'estime et au respect [83] ». Jean-Pierre Louis de Beyerlé soutient l'idée que, si la franc-maçonnerie est une société de bienfaisance, les femmes y ont leur place ; si c'est une école de vertu, elles ont droit à cette instruction ; si c'est une école de philosophie, elles doivent en être [84]. Les sœurs augmentent le prestige de la franc-maçonnerie et toutes les qualités intellectuelles et morales leur sont reconnues. Les loges d'adoption permettent que se poursuive l'aimable et gracieux commerce qui existe entre les hommes et les femmes, en France au XVIIIᵉ siècle, mais ces raisons avancées ne sont pas les seules.

D'après les frères, cette pratique nouvelle répond au but que s'est assigné la franc-maçonnerie. Accepter, organiser la présence des femmes répond aux enseignements de la Genèse et à la loi naturelle. « Si l'on fait attention que le but principal de la maçonnerie est de rappeler l'homme dans son premier état, or, je le demande, l'homme dans l'état naturel était-il seul, ne fut-il pas le premier à demander une compagne. [...] L'association des deux sexes est donc fondée sur la loi naturelle, et l'on ne peut sans être rebelle aux premières impulsions de cette loi immuable s'écarter de ce principe [85]. » Et lorsque les francs-maçons réalisent cette réunion des hommes et des femmes, ils respectent les préceptes du Grand Architecte de l'Univers et atteignent le but de leur institution. « Le nom chéri de l'adoption, nom que nous avons choisi pour vous faire participer au bonheur dont nous jouissons... » – il faut noter la douceur de l'adjectif « chéri », la tendresse qu'il renferme – semble donc tout à fait approprié, disent les frères, pour appeler « dans nos sociétés des sœurs aimables propres à en faire tout l'agrément et les délices [86] ».

En accueillant les femmes dans les loges, les francs-maçons renouent avec leur tradition nationale et redeviennent fidèles à l'esprit français. Les femmes retrouvent leurs habitudes de posséder partout une place et un rôle. Prolongement de la Cour et des salons où foisonnent les idées neuves, la franc-maçonnerie, policée et brillante, connaît l'une de ses périodes les plus fastes. Cependant, les loges d'adoption ne constituent pas une avancée pour les femmes sur le plan d'une reconnaissance plus importante de leur individualité en tant que personne libre. À leur position dans la société où elles règnent sans être des égales, répond, en franc-maçonnerie, une place similaire.

NOTES

1. BN imp. H. 5231. Bègue-Clavel François, *Histoire pittoresque de la franc-maçonnerie et des sociétés secrètes anciennes et modernes*, éd. Pagnerre, Paris, 1843, IV + 390 p. ; p. 111.
2. Il s'agit, par exemple, des manuscrits de la bibliothèque d'Épernay ou d'un gazetin de Paris en date du 1er juillet 1738 (BHVP ms 125 F. 711).
3. B GO 56460. *Documents pour servir à l'histoire des origines du Grand Orient de France. Règles et Devoirs de l'Ordre des Francs-Maçons du*

Royaume de France, 1735, Grand Orient de France, Paris, réunion de plusieurs brochures.
4. Ligou Daniel, *Histoire des Francs-Maçons en France*, éd. Privat, 1981, 412 p.
5. Louise Marie Adélaïde de Bourbon-Penthièvre est l'épouse du duc de Chartres et Grande Maîtresse de la loge d'adoption La Candeur. Le duc de Chartres (devenu duc d'Orléans au décès de son père et futur Philippe Égalité) est élu Grand Maître en 1771 à l'âge de 24 ans.
6. Marie de Savoie-Carignan, qui préside également la loge d'adoption La Candeur, est la belle-sœur du Grand Maître le duc de Chartres. Elle est l'épouse du prince de Lamballe, frère de Louise Marie Adélaïde de Bourbon-Penthièvre.
7. Louise Marie Thérèse d'Orléans est la sœur de Louis Philippe Joseph de Chartres et l'épouse du duc de Bourbon. Elle préside la loge d'adoption Le Temple de l'Humanité.
8. BN FM[3] 37. *Registre des délibérations et réceptions faites dans la loge Saint-Jean-de-la-Candeur, Livre d'architecture*, 21 mars 1775 au 20 mars 1783, 163 f.
9. Amiable Louis, *Une loge maçonnique d'avant 1789. La loge des Neuf Sœurs*, éd. Alcan, Paris, 1897, réèd. Edimaf, Paris, 1989, commentaire et notes critiques de Charles Porset.
Mme Denis est la nièce de Voltaire ; la marquise de Villette, surnommée Belle et Bonne par Voltaire. Les Neuf Sœurs ont initié l'écrivain le 7 avril 1778, un mois et demi avant son décès. Les deux femmes en question viennent pour assister à la cérémonie funèbre donnée le 28 novembre 1778 en son honneur.
10. BN FM[4] 78. *Statuts, Règlements et Grades de la Loge Mère d'adoption de la Haute Maçonnerie Égyptienne* fondée par le Grand Cophte (Cagliostro), À l'Orient de Paris, manuscrit d'Avignon, 86 f.
11. BN FM[4] 671. *Pour l'Apprentif*, s.d. (loge d'adoption, Rite français, fin XVIIIe siècle).
12. Il s'agit de Louis de Bourbon-Condé, comte de Clermont (1709-1771), Grand Maître des Loges maçonniques jusqu'à son décès en 1771.
13. BN FM[4] 79. *Livre contenant tous les grades de la Véritable maçonnerie depuis l'apprenti maçon libre jusques au Rose-Croix et parfait maçon... ; maçonnerie des Dames ou la Maçonne d'adoption*, par le Prince de Clermont, Grand Maître des Orients de France, 5763, ff. 122-160 ; f. 1.
14. *Idem*, f. 1.
15. *Ibid.*, f. 3.
16. *Ibid.*, f. 123.
17. B MD 366. 1 VRA. *Manuel des Franches maçonnes ou la Vraie maçonnerie d'adoption précédée de quelques réflexions sur les loges irrégulières et sur la Société civile, avec les notes critiques et philosophiques, et suivies de cantiques maçonniques, Dédié aux Dames par un Chevalier de tous les Ordres maçonniques*, À Philadelphie, chez Philarèthe, rue de l'Équerre, À l'aplomb, 1787, réèd. 1977, 142 p. ; p. 26.
18. FM[4] 163. *Loge d'adoption ou loge de franche maçonne*, du frère Gautier (sur la couverture : Loge de la Parfaite Estime de l'Adoption), manuscrit, s. d., 51 f.

19. *Idem*, f. 9.
20. BGO 61231/1. *Rituel du Rite français moderne*, 1786, préface de Daniel Ligou, éd. Champion-Slatkine, Paris-Genève, 1991, XXX + 215 p. ; p. 65.
21. *Idem*, p. 65.
22. BN FM⁴ 79. *Livre contenant tous les grades...*, par le prince de Clermont, *op. cit.*, f. 126.
23. *Idem*, ff. 131-132.
24. *Ibid.*, f. 136.
25. FM⁴ 163. *Loge d'adoption ou loge de franche maçonne*, du frère Gautier, *op. cit.*, f. 7.
26. BN FM⁴ 79. *Livre contenant tous les grades...*, par le prince de Clermont, *op. cit.*, f. 126.
27. Lessing Gotthold, *Dialogues maçonniques*, 1778, intr. Pierre Grappin, éd. Aubier, Paris, 1968.
28. BN FM⁴ 79. *Livre contenant tous les grades...*, par le prince de Clermont, *op. cit.*, f. 124.
29. *Idem*, f. 127.
30. BN FM⁴ 671. *Pour l'Apprentif, op. cit.*, f. 3.
31. FM⁴ 163. *Loge d'adoption ou loge de franche maçonne*, du frère Gautier, *op. cit.*, f. 8.
32. FM⁴ 148. *Recueil et collection de toutes les instructions de la maçonnerie en tous grades* à l'usage du frère Bassand. Suit l'adoption des Sœurs, le Chantier des Fendeurs, l'Ordre de la Félicité. Reçu Maçon le 15 février 1761 par les vénérables frères Maîtres Bouvel et Durence constitués par la Grande Loge de Paris sous les auspices du Grand Maître le Prince de Clermont, manuscrit, 468 f. ; f. 306.
33. BN FM⁴ 79. *Livre contenant tous les grades...*, par le prince de Clermont, *op. cit.*, f. 129.
34. *Idem*, f. 137.
35. BN FM⁴ 671. *Pour l'Apprentif, op. cit.*, f. 3.
36. BN FM⁴ 79. *Livre contenant tous les grades...*, par le prince de Clermont, *op. cit.*, f. 125.
37. *Idem*, f. 125.
38. *Ibid.*, ff. 125 et 126.
39. Le Forestier René, *Maçonnerie féminine et loges académiques*, éd. Archè, Milano, 1979, 252 p. ; p. 59-60.
40. Le terme existe au XVIIIᵉ siècle avec le sens de celui qui appartient à une cité.
41. Prince de Ligne, *Mémoires, lettres et pensées*, éd. F. Bourin, Paris, 1990, 821 p. ; p. 245.
42. B GO 56460. *Documents pour servir à l'histoire des origines du Grand Orient de France, op. cit.*, p. 6.
43. *Idem*, p. 6.
44. BN FM⁴ 162. *Recueil et collection de toutes les instructions de la massonnerie (sic) en tous grades à l'usage du frère Gauthier avec la suite de l'adoption et du chantier*, 5785, manuscrit, 184 f. ; ff. 89-91.
45. B GO 56460. *Documents pour servir à l'histoire des origines du Grand Orient de France, op. cit.*, p. 6.

46. *Courrier de l'Europe*, n° 51, 25 avril 1777.
47. Marquise de la Tour du Pin, *Mémoires et Journal d'une femme de cinquante ans*, suivis d'extraits de sa correspondance, éd. Mercure de France, coll. « Le temps retrouvé », Paris, 1979, 486 p. ; p. 86.
48. *Idem*, p. 45.
49. *Ibid.*, p. 45.
50. Baronne d'Oberkirck, *Mémoires de la baronne d'Oberkirch sur la Cour de Louis XVI et la société avant 1789*, éd. Mercure de France, coll. « Le temps retrouvé », Paris, 1970, 556 p. ; p. 288.
51. *Ibid.*, p. 334.
52. *Ibid.*, p. 333.
53. *Ibid.*, p. 344.
54. Marquise de la Tour du Pin, *Mémoires et Journal...*, *op. cit.*, p. 399.
55. Sarde Michèle, *Regard sur les Françaises*, éd. Stock, coll « Points Actuels », Paris, 1983, 591 p. ; p. 77.
56. Montesquieu Charles-Louis de, *Lettres persanes*, *Œuvres complètes*, éd. Bordas, coll. « Classiques Garnier », Paris, 1992, 419 p. ; p. 224.
57. Goncourt Edmond et Jules (de), *La Femme au XVIIIe siècle*, éd. Charpentier, Paris, 1877.
58. Marcy Henri-Félix, *L'Origine de la Franc-Maçonnerie et l'histoire du Grand Orient de France*, éd. du Foyer philosophique, Paris, t. 1, 1949, t. 2, 1956, rééd. Edimaf, Paris, 1986, 382 p. ; p. 219.
59. Le Forestier Réné, *Maçonnerie féminine...*, *op. cit.*, p. 20.
60. *Documents pour servir à l'histoire du GODF*, *op. cit.* Esquisse des travaux d'adoption de la loge la Candeur, *op. cit.*, p. 3.
61. *Idem*, p. 3.
62. *Ibid.*, p. 2.
63. Sarde Michèle, *Regard sur les Françaises*, *op. cit.*, p. 428.
64. *Journal des Dames*, 1774, cité par Jean Rabaut, *Histoire des féminismes français*, éd. Stock, Paris, 1978, p. 35.
65. Taillefer Michel, *La Franc-maçonnerie toulousaine 1741-1779*, Paris, ENSB, CTHS, 1984, p. 45-46.
66. Discours prononcé à la loge de la Concorde le vingt-cinquième jour du onzième mois de l'an de la Vraie Lumière 5781, par la S. Présidente de Daix, après sa réception au grade de Compagnonne. Archives historiques du Grand Orient de France.
67. Beyerlé Jean-Pierre Louis, *Essai sur la Franche-Maçonnerie ou du But essentiel et fondamental de la Franche-Maçonnerie*, Latomopolis, X, Andron, 1784, 2 vol.
68. Chevallier Pierre, *Histoire de la Franc-Maçonnerie française*, éd. Fayard, Paris, 1974, 3 tomes ; t. 1, p. 200.
69. *Idem*, p. 201.
70. *Ibid.*, p. 205.
71. Lever Évelyne, *Philippe Égalité*, éd. Fayard, Paris, 1996, 573 p.
72. BN Épernay ms 124. Michel-André de Ramsay, *Discours*, loge de Saint Jean, le 26 décembre 1736.
73. *Recherches sur les initiations anciennes et modernes*, par l'abbé R. À Amsterdam, à Paris chez Valleyre aîné, lib.-imp. rue de la Vieille-Boucherie, 1779.

74. Le Forestier René, *La Franc-maçonnerie occultiste au XVIIIe siècle et l'Ordre des Élus Coëns*, éd. Dorbon-Aîné, Paris, 1928, 576 p.
75. Condorcet Marie Jean de, *Œuvres*, 12 vol., éd. de 1847, p. 125.
76. BGO États du Grand Orient de France, tome 1, 4e partie, 1777, p. 5 sq.
77. BMD 366. 1 VRA. *Manuel des Franches-maçonnes ou la vraie maçonnerie d'adoption...*, *op. cit.*, p. 6.
78. Jacquelin J. A., *Le Chansonnier franc-maçon composé de cantiques de banquets, échelles d'adoption, rondes, vaudevilles, chansons et couplets* par J. A. Jacquelin, Chevalier de la Légion d'honneur..., Chez Germain Mathiot, Paris, 1816, 216 p., p. 54-57.
79. BGO 5233. Bazot M., *Code des Francs-Maçons ou lois, doctrines...*, éd. André et Lefebvre, Paris, 1830, 320 p. ; p. 243.
80. BM Épernay, ms 124. Bertin de Rocheret, *L'Apologie de l'ancienne et vénérable société des Freys Maçons envers le Beau sexe*.
81. Cité par René le Forestier, *La Franc-maçonnerie occultiste au XVIIIe siècle et l'Ordre des Élus Coëns*, *op. cit.*, lettre du 15 mai 1773, III, 117, p. 417-418.
82. BN FM Baylot impr. 1211 (3). *Recueil précieux de la maçonnerie adonhiramite... dédié aux maçons instruits par un Chevalier de tous les Ordres maçonniques*, À Philadelphe, chez Philarète, rue de l'Équerre, à l'Aplomb, 1783, 142 p. ; p. 13.
83. Documents relatifs à l'histoire du Grand Orient de France. Loges d'adoption du XVIIIe siècle. Esquisse des travaux de la L∴ la Candeur à l'O∴ de Paris depuis son établissement jusqu'au 15 mai 1778, p. 1.
84. Beyerlé Jean-Pierre Louis, *Essai sur la Franche-Maçonnerie ou du But essentiel et fondamental de la Franche-Maçonnerie*, Latomopolis, X, Andron, 1784, 2 vol.
86. Documents pour servir à l'histoire du GODF. Réflexions sur les loges d'adoption par le V∴ F∴ Gouillard, p. 9.
87. BN FM⁴ 162. *Recueil et collection de toutes les instructions de la massonnerie* (sic) *en tous grades à l'usage du frère Gauthier*, *op. cit.*, f. 89.

LA FIN DU JOLI TEMPS

Dès les premiers troubles révolutionnaires, les aristocrates contraints à l'exil désertent les loges. Les premiers droits acquis par les femmes, durement arrachés à des révolutionnaires peu empressés à les satisfaire, seront balayés dix ans plus tard par la société nouvelle issue de la Révolution. L'Ordre maçonnique se réorganise. Après Thermidor, les loges d'adoption se réunissent à nouveau, fidèles à ce qu'elles étaient avant la Révolution et pourtant déjà différentes.

Le mineur, le fou et les femmes

Pendant la Révolution, insurgées, tricoteuses ou pétitionnaires, les femmes sont les auteurs de multiples textes politiques, de pamphlets, de brochures, d'affiches. Elles lisent les journaux, commentent les décrets de l'Assemblée, prennent la parole dans les réunions. Installées en citoyennes sur la place publique, elles provoquent une très vive réaction de rejet chez les hommes. Ceux qui se battent pour la libération du peuple refusent l'idée de leur donner une parcelle des droits politiques qu'ils demandent. Les revendications féminines éveillent leur peur et ils craignent de voir le rapport des sexes remis en cause. Ils redoutent un partage du pouvoir pensé, le plus souvent, en termes de perte de pouvoir et d'esclavage masculin. Leur effroi prend des proportions inouïes.

L'assassinat de Jean-Paul Marat par Charlotte Corday fait basculer le sort des femmes. Madame Roland qui œuvre en retrait, car elle pense que les femmes ne pourront ouvertement agir que lorsque les hommes auront eux-mêmes mérité le nom d'hommes libres, Olympe de Gouges, qui se place, au contraire, en pleine lumière, sont guillotinées. « Quand elles oublient les vertus de leur sexe, c'est-à-dire de rester à la place où l'homme les a mises, elles finissent sur l'échafaud » est-il écrit quelques jours après la mort de Manon Roland dans la *Feuille de Salut Public* [1]. La Convention répond aux sollicitations des femmes par le ridicule ; les Montagnards organisent contre elles de violentes campagnes qui viennent à bout de leur détermination. Les clubs féminins sont fermés le 20 octobre 1793 et les femmes renvoyées à la maison.

Cependant, les révolutionnaires se trouvent affrontés à la question de savoir comment concilier leurs revendications avec les principes de liberté et d'égalité qui doivent régir dorénavant la société et l'espace politique. Pour la résoudre, la Révolution reprend à son compte le paradoxe des Lumières : celui d'une société mixte sans égalité.

Au nombre des acquis de la Révolution peut être inscrite la suppression du droit d'aînesse masculin qui permet désormais aux filles d'hériter. La Constitution de septembre 1791 définit de façon identique, pour les hommes et pour les femmes, l'accession à la majorité civile. Les femmes peuvent témoigner dans les actes d'état civil et contracter librement des obligations. Elles accèdent au partage des biens communaux. Les lois de septembre 1792 sur l'état civil et le divorce admis sur la base du consentement mutuel, le premier projet de Code civil présenté par le franc-maçon Jean-Jacques Cambacérès, à la Convention en 1793, traitent à égalité les deux époux et établissent entre eux la symétrie la plus stricte dans les procédures comme dans l'énoncé des droits, modifient profondément la conception du mariage et, par là, bouleversent la hiérarchie des sexes. Les révolutionnaires qui, dans l'immense majorité, ne montrent aucun zèle pour exaucer les vœux des femmes, abolissent malgré tout le privilège lié à la masculinité. En revanche, ils ne cèdent rien sur les droits politiques. Qu'elles y renoncent et elles seront écoutées, respectées, instruites, elles auront « la certitude de voir leurs droits civils s'affirmer et même s'accroître [2] ».

Le Code civil de 1804 modifie de fond en comble les premières orientations. Les discussions du Conseil d'État développent le thème obsessionnel du désordre des mœurs féminines et de la ruine de l'autorité maritale [3]. Les hommes politiques n'ont de cesse de voir les femmes retourner à leurs occupations habituelles et de les réduire au silence. Le juriste et franc-maçon Jean-Étienne Portalis et ses collaborateurs, sur les directives de Napoléon Ier, reprennent l'argument de Jean-Jacques Rousseau pour soutenir l'idée que la soumission des filles et des épouses ne doit pas être entendue en termes de sujétion politique mais en termes de nature. Autrement dit, la faiblesse naturelle des femmes induit leur statut de mineures, non pour les opprimer, mais pour leur offrir une position spécifique. Ce raisonnement est traduit dans le Code civil de 1804 par la notion d'obéissance à l'époux et par d'austères devoirs imposés aux femmes pour le plus grand bien de la société. En contrepartie, elles bénéficient de la protection, terme ô combien ambigu, de leurs tuteurs naturels, le père puis le mari, notions consignées dans l'article 213 dont la lecture publique, lors du mariage, est exigée par Napoléon Ier. En outre, le Code civil donne corps à l'idée selon laquelle les femmes sont la propriété de l'homme et destinées à faire des enfants. Les nouveaux textes ne retiennent que le divorce pour faute et, au plan du droit et de la procédure, placent les femmes dans une situation d'inégalité. La loi dorénavant ne leur accorde l'existence légale que devant l'impôt, la prison et la guillotine et place sur le même pied les trois incapables juridiques et civils que sont le mineur, le fou et les femmes mariées. Le Code civil est imposé sans coup férir. Les femmes perdent leurs anciens privilèges élitistes et un pouvoir d'influence sur la société qu'elles ne retrouveront pas mais ne disent rien. Seules les célibataires échappent à la trilogie : faiblesse, protection, obéissance.

La société nouvelle s'applique à dénigrer les valeurs aristocratiques : le goût de la sociabilité est assimilé à la frivolité, la galanterie à la dépravation, le plaisir au vice et la recherche du bonheur à la futilité. La famille, entendue dans son acception la plus large, est remplacée par une famille repliée sur elle-même, étroite, réduite au seul couple et à ses enfants. Une femme nouvelle apparaît qui rejette l'image de la femme superficielle occupée de sa seule apparence. En décembre 1793, Joséphine Fontanier demande, dans un discours adressé aux sans-culottes, que les hommes portent un autre regard sur leurs compagnes, qu'ils ne les voient plus frivoles et passives, qu'ils honorent leurs qualités morales. Elle revendique le droit et le devoir de participer aux affaires publiques. Mademoiselle Jodin dans *Vues législatives pour les femmes* ne demande pas autre chose : étant de même nature, hommes et femmes ont les mêmes droits. À la République, il faut des femmes fortes, actives et dignes. Cet idéal est voulu par les femmes elles-mêmes. Cependant, pour républicaines qu'elles soient, elles ne rejettent pas la place d'épouses et de mères que les hommes leur assignent, ni le partage des rôles. Mais elles ne comprennent pas en quoi il est incompatible avec l'exercice d'une activité publique et des droits politiques ; ni pourquoi les hommes veulent les maintenir dans la sphère du privé. À une nouvelle image d'elles s'attache une exigence de considération et de droits réels. Là pourtant réside toute l'équivoque. Sur les pas de leurs devancières, elles revendiquent aussi ce rôle d'épouses et de mères que tout le monde, depuis le XVIIIe siècle, s'attache à leur faire accepter sans se rendre compte qu'elles s'enferment dans le piège de la famille.

La Révolution, en donnant plus de droits à leurs compagnons, creuse le fossé qui existe déjà entre les positions respectives des hommes et des femmes. « Et c'est peut-être justement parce que, dans une société qui tend vers la démocratie, une mixité sans parité n'est plus tenable que, d'une part le Code civil de 1804 martèle fermement qu'il n'est pas question de parité et que, d'autre part, le strict partage des sphères au XIXe siècle réduira fortement la mixité [4]. »

Le passif révolutionnaire se révèle considérable. Le siècle bourgeois achèvera de déposséder les femmes. Plus de dix ans après les premières insurrections, elles n'ont plus de voix. Elles vont cependant donner un nouveau lustre à la franc-maçonnerie d'adoption.

Sous les auspices de Joséphine

Mondanités

Sous l'autorité d'Alexandre-Louis Roëttiers de Montaleau, le Grand Orient de France se réorganise ; la Grande Loge de Clermont et le Grand Orient de France signent leur unification au printemps 1799. Avec l'aval du pouvoir politique, les activités maçonniques reprennent. Le comte de Grasse-Tilly regroupe quelques ateliers écossais indépendants et crée, le 22 septembre 1804, le Suprême Conseil de France dont Louis Bonaparte accepte la Grande Maîtrise. L'Ordre maçonnique réunit l'élite du régime : les maréchaux, les amiraux, les généraux, les ministres, les sénateurs, les chambellans et les grands dignitaires de l'Empire. Vient s'asseoir, aux côtés de la toute neuve aristocratie impériale, la vieille noblesse libérale. Quelques années plus tard, la noblesse ralliée au régime impérial fréquente également les loges. Outre ces grands personnages, les notables locaux, la bourgeoisie des fonctionnaires, des médecins, des artistes, des rentiers mais aussi des artisans, des employés, des boutiquiers se font initier. Une grande partie des villes de garnison possède au moins une loge militaire. À la diversité sociologique répond la variété des opinions : monarchistes, révolutionnaires assagis, républicains. Après la signature du Concordat, le clergé catholique déserte les loges attirées par le déisme, les mystères égyptiens, les religions de l'Être suprême ou la théophilanthropie. À compter de 1800, l'Ordre enregistre une forte progression du nombre de ses adhérents et de ses loges.

Les loges d'adoption réapparaissent après la chute de Maximilien Robespierre. La presse – *Les Annales Maçonniques*,

La Lyre Maçonnique, *Le Miroir de la Vérité* –, des archives de loges, des chansons de circonstance, des ouvrages comme le *Code Récréatif des Francs-Maçons* dû au frère R.-T. Garnier permettent de suivre leur création, leurs travaux et leurs festivités. L'Océan Français installée le 5 novembre 1798 se réunit le 29 décembre de la même année, l'Amitié, en 1799 ; trois ateliers, le Centre des Amis, l'Union et la Vraie Réunion s'unissent pour une tenue commune le 29 mai 1801 ; la Vraie Réunion encore en 1803, l'Impériale des Francs-Chevaliers en 1805. Voici quelques exemples des réunions d'adoption organisées par la trentaine d'ateliers qui choisissent de créer, près d'eux, une loge pour les femmes. L'une des tenues les plus brillantes se déroule à Strasbourg. L'Impériale des Francs-Chevaliers, présidée par l'Impératrice, se déplace pour l'occasion. Participent à l'initiation de dames de la Cour de Joséphine : Antoine Challan, Charles-Maurice de Talleyrand-Périgord, alors ministre des Relations extérieures, Hugues Maret, secrétaire d'État et parmi les femmes, la baronne de Dietrich, veuve de l'ancien maire de Strasbourg. L'Impériale des Francs-Chevaliers et Sainte-Caroline réunissent toutes les personnalités de haut rang de l'État ou de l'armée. Selon François Collaveri, il aurait également existé une loge à la Cour impériale, qui suit Napoléon Ier dans ses déplacements [5]. La franc-maçonnerie d'adoption se développe principalement pendant le Consulat mais semble, contrairement aux loges d'adoption de l'Ancien Régime, rester un phénomène parisien.

L'organisation des ateliers d'adoption n'a pas changé. Grande Maîtresse, Grande Inspectrice, Dépositaire, Hospitalière occupent les postes de la loge, toujours assistées des frères de l'atelier masculin désignés à ces fonctions et selon les modalités définies auparavant par le Grand Orient de France. Les loges d'adoption sont placées sous l'autorité du prince Cambacérès, Archichancelier, par ailleurs Grand Maître adjoint, d'honneur ou en titre des obédiences maçonniques françaises du moment (le Grand Orient de France avec pour Grand Maître Joseph Bonaparte et Grand Maître adjoint Louis Bonaparte puis Cambacérès, le Suprême Conseil du Rite Écossais Ancien Accepté dont le Grand Commandeur est le prince Cambacérès, le Rite Écossais Philosophique présidé par Michel-Ange Mangourit du Champ-Daguet).

Les rituels utilisés sont ceux rédigés par Louis Guillemain de Saint-Victor avant la Révolution ou par le frère Chapron. Les symboles, les rites, les initiations offerts aux femmes ne diffèrent pas fondamentalement de ceux pratiqués pendant l'Ancien Régime et offrent donc le même message. Frères et sœurs se réunissent « à la gloire du Grand Architecte de l'Univers, au nom du Plaisir, sous les auspices de l'Innocence et de la Vertu, à l'aurore du Bonheur et sous le ciel le plus pur [6]. » « Toutes les loges constituées par le G∴ O∴ ont le droit de constituer des loges d'adoption. Qu'elles profitent donc de cet avantage pour en établir : ce sera un nouvel hommage rendu à la vertu » écrit E.-J. Chapron dans son rituel en cinq grades [7]. Il insiste sur l'utilité de la franc-maçonnerie d'adoption avec les mêmes arguments qu'au siècle précédent. Son but est semblable à celui de la franc-maçonnerie masculine, alors « pourquoi les loges répandues sur la surface du globe et notamment en France où est le siège de la galanterie se privent-elles du plaisir de s'associer aux travaux d'un sexe qui ajoute tant de charme à nos plaisirs [8] ».

Frères et sœurs œuvrent dans le même sens. La somptuosité des réunions n'est pas réservée aux tenues où paraissent les femmes. *Les Annales maçonniques* décrivent avec précision le décor choisi par le Contrat Social et Saint-Alexandre d'Écosse en l'honneur de Jean-Jacques Cambacérès. Le péristyle est tendu de soie ponceau à franges d'or. Un lustre de cristal de rose de quatre-vingt-une étoiles éclaire les vastes et magnifiques salons situés rue Neuve-des-Petits-Champs décorés de festons de soie blanche semée d'étoiles, de bannières de loges, de fleurs, d'arbustes, de candélabres, de girandoles. Le Grand Maître des Cérémonies offre la main au prince pour le conduire à un trône surmonté d'un aigle et d'une riche draperie d'or. Il y reçoit des témoignages d'amour et d'intérêt suivis de musique et de poèmes [9]. Travaux masculins ou féminins ne diffèrent pas. Les frères font des discours pour le rétablissement de la santé de leur vénérable, des odes sur l'Antiquité, l'éloge de la franc-maçonnerie, des couplets à l'occasion de l'affiliation de deux ateliers, des morceaux de circonstance pour l'inauguration des bustes des frères Bonaparte, des vers pour accompagner la remise d'un cordon de maître [10]. Les très rares travaux symboliques développent les éléments bibliques, les mêmes qui se trouvent dans les rituels d'adoption [11]. À leurs sœurs, les francs-maçons offrent des éloges, des chants élégiaques, des épîtres, des hymnes [12]. Et lorsqu'elles sont absentes, ils n'oublient pas de leur porter des santés [13]. Les hommages destinés aux sœurs font, comme auparavant, appel au panthéon gréco-romain pour vanter leur beauté et leurs talents. Vénus règne toujours sur les jardins de Cythère. Les obligations philanthropiques une fois satisfaites avec ostentation et munificence, les travaux sont fermés pour laisser place aux mondanités.

Les loges d'adoption revivent telles qu'elles étaient durant l'Ancien Régime, ce qui fait dire à René Le Forestier que tout a changé dans la société sauf la franc-maçonnerie. « Autre Épiménide, elle se retrouvait, au sortir de son engourdissement, telle qu'elle était auparavant : avec ses grades, ses cérémonies, ses emblèmes, son vocabulaire, son humanitarisme théorique, sentimental et verbeux [14]. » Oui et non.

Évolutions

Une étude attentive montre que la maçonnerie d'adoption se transforme. Les loges d'adoption du Ier Empire rivalisent de luxe et de magnificence, mais ne présentent pas l'équivalent du Contrat Social ou des Neuf Sœurs.

Plusieurs frères Bonaparte – Joseph, Jérôme, Charles (le père), Lucien et Louis (probablement) d'après François Collaveri [15] – sont membres d'une loge ainsi que François (frère du premier époux de Joséphine) et Eugène de Beauharnais et, parmi les beaux-frères de Napoléon, Joachim Murat. Les dignitaires impériaux appartiennent presque tous à l'Ordre maçonnique. À l'ancienne bourgeoisie, à celle issue de la Révolution, s'ajoute aussi la noblesse d'Ancien Régime. Les émigrés rentrés tournent les yeux vers Napoléon qui souhaite, de son côté, se les concilier. Il confie à son épouse la mission d'amener vers lui la haute société et en particulier les dames de la cour de Marie-Antoinette. « La tâche n'a guère été difficile car toutes se sont précipitées vers le pouvoir naissant [16]. » « Avoir appartenu à l'ancienne Cour n'était pas un titre d'exclusion dans la Maison impériale » confirme mademoiselle Avrillion [17]. Le fait est que beaucoup d'entre elles appartiennent aux loges d'adoption sous la grande maîtrise de Joséphine.

Pourquoi les femmes de la noblesse d'antan se retrouvent-elles dans les loges d'adoption ? Est-ce par nostalgie de l'Ancien Régime et de l'esprit des salons emporté par la tourmente révolutionnaire ? Est-ce pour lutter contre les mentalités nouvelles ? Pour retrouver un lieu de sociabilité ? Les loges d'adoption seraient-elles les derniers bastions du joli temps où la bonne société avait plaisir à se côtoyer sur le mode galant ?

Les revues maçonniques donnent des comptes rendus très longs, très détaillés des réunions des loges d'adoption. Cependant, si la parole des frères apparaît *in extenso*, celle des femmes en est absente. « La Grande Maîtresse éleva la voix ; chacun pressentit ce qu'il allait éprouver ; sans qu'il fût besoin de les réclamer, le silence et l'attention régnèrent aussitôt [18]. » Pas de compte rendu. Ces paroles inoubliables seront imprimées, est-il promis.

Commencent à apparaître deux termes : celui de fête d'adoption (fête d'adoption de la loge Saint-Eugène le 3 janvier 1807, fête d'adoption donnée par la loge l'Âge d'Or le 23 mars 1808) et celui de fête de famille * (fête de famille de la loge de Jérusalem le 21 octobre 1809) [19]. Ils sont les signes avant-coureurs de bien d'autres changements intervenus dans les années suivantes.

Deux loges peu communes

La loge les Chevaliers de la Croix est créée au Grand Orient de France le 23 décembre 1805. Autour de Raymond Fabre-Palaprat, se forme un groupe de francs-maçons désireux de faire revivre l'Ordre du Temple, hérité d'après ses instigateurs de l'Ordre des Templiers et de Jacques de Molay. En 1806, l'organisation de ce rite étant achevée, les frères décident d'ouvrir une loge d'adoption. Les termes utilisés, « abbaye » pour désigner les réunions des femmes, « Chevalière Professe », « maison » pour les différents groupes de degrés, diffèrent totalement du vocabulaire maçonnique. De grands noms y accueillent, revêtus de costumes chamarrés, des sœurs habillées de noir ou de blanc qui portent une croix sur un sautoir rouge. La loge d'adoption est dirigée par des sœurs désignées par vote et assistées des frères qui occupent la fonction correspondante. Les filles des membres de l'atelier peuvent être reçues dès l'âge de quatorze ans, mais elles n'assistent pas aux initiations. Les femmes, qui sont toutes des proches parentes des frères, portent le nom de Sœurs de la Croix et doivent être de religion chrétienne.

La loge d'adoption est inaugurée par le duc de Choiseul-Stainville, qui sera Souverain Grand Commandeur du Suprême Conseil, le 20 décembre 1810. Cet atelier se veut austère. Seuls les lectures et les concerts exécutés par les membres de l'atelier sont autorisés. Son but est de pratiquer la bienfaisance, de soigner et consoler les malheureux. Il répond ainsi à la vocation hospitalière. Y adhèrent, entre autres, mesdames de Fréteau, de Dienne, Palissot de Bauvois, de Vergennes, de Pangis, Lepelletier d'Aunay, du Theil, de Talleyrand, de Saint-Morrys, de Béthune.

Le frère Miguel-Ange Mangourit du Champ-Daguet tente d'innover. Grand Officier du Rite Écossais Philosophique, il fonde la loge des Dames Écossaises du Mont Thabor (le titre complet de cette loge : Souverain Chapitre Métropolitain des Dames Écossaises en France de l'Hospice de Paris, Colline du Mont Thabor, rue de Paris), avec l'intention d'atténuer le caractère mondain des loges d'adoption et de promouvoir davantage l'activité philanthropique.

Installé le 7 juin 1808, l'atelier relève du Rite Écossais Philosophique inclus dans le Grand Orient de France, dans le Souverain Chapitre Métropolitain. « Créé par des émigrés rentrés, l'atelier groupa surtout des dames appartenant à la noblesse ralliée [20]. » Il compte des personnalités éminentes, des militaires de haut rang et titrés, des responsables de l'administration des Ponts et Chaussées ou des Domaines, des artistes. Les sœurs se servent de deux systèmes de rituels, divisés en petits et en grands mystères, fondés sur une symbolique florale et poétique exprimant l'espérance. Parmi les accessoires utilisés lors des cérémonies figurent une clef d'or, une aiguille, un bâton augural, des corbeilles et des pommes isiaques. Les initiations, la musique, la poésie et les banquets tiennent une grande place dans les travaux. L'atelier d'adoption se réunit le dimanche, à 20 heures, après la tenue des frères, selon un calendrier précis et régulier. Les actions caritatives, le soutien moral et la volonté de « donner du pain et du travail aux personnes de bonne conduite du sexe féminin » constituent le but des sœurs soucieuses de soulager les misères de l'humanité [21]. Cette loge cesse de travailler à la chute de l'Empire, mais fonctionne à nouveau à partir de 1819. Elle disparaît à la mort de son fondateur en 1829.

Pendant le Ier Empire, Vénus maçonne triomphe encore. Après la chute de Napoléon Ier, l'Ordre avec ensemble fait allégeance au pouvoir royal rétabli. Les francs-maçons reprennent l'habitude de convier les femmes dans leurs loges, mais ce qui leur est proposé au cours de la Restauration présente des aspects bien différents.

NOTES

1. Cité par Dominique Godineau, « La Femme », *L'Homme des Lumières*, sous la dir. de Michel Vovelle, éd. du Seuil, coll. « Univers historique », Paris, 1992, 483 p. ; p. 461.
2. Charles-Maurice de Talleyrand-Périgord, Rapport sur l'Instruction publique, Assemblée constituante, 10, 11 et 19 septembre 1791.
3. *Histoire des femmes*, XIXe siècle, sous la dir. de Michèle Perrot et Georges Duby ; éd. Plon, Paris, 1991, 5 tomes ; t. 4, p. 48.
4. Godineau Dominique, *L'Homme des Lumières*, op. cit., p. 465.
5. Collaveri François, *La Franc-Maçonnerie des Bonaparte*, éd. Payot, Paris, 1982, 322 p. ; p. 93.

6. BGO 5475. *L'Univers maçonnique*, compte rendu de la loge écossaise de la Vraie Réunion, 1803, p. 504.
7. BGO 5186. Chapron E.J. *Nécessaire maçonnique ; nécessaire maçonnique d'adoption à l'usage des Dames*, chez l'auteur et l'éditeur, Paris, 3ᵉ éd., 224 p. ; p. 130-131.
8. *Idem.*, p. 130-131.
9. *Les Annales maçonniques*, tome 1, compte rendu d'une tenue en 1807, p. 85.
10. *Idem*, tome 1, p. 160 *sq*.
11. *Le Miroir de la Vérité*, 1800, compte rendu d'un travail intitulé « La création du monde par le Grand Architecte de l'Univers », p. 35-57.
12. *Les Annales maçonniques*, t. 2, compte rendu de tenue, 1807, p. 107 sq.
13. *Le Miroir de la Vérité*, 1800, compte rendu de l'installation de la loge Les Élèves de la Nature, p. 169-195.
14. Le Forestier René, *Maçonnerie féminine et loges académiques*, *op. cit.*, p. 212.
15. Collaveri François, *Napoléon empereur franc-maçon*, éd. Tallandier, Paris, 1986, 216 p.
16. Marquise de la Tour du Pin, *op. cit.*, p. 282.
17. Mlle Avrillion, *Mémoires de Mlle Avrillion, première femme de chambre de l'Impératrice sur la vie privée de Joséphine, sa famille, sa cour*, éd. Mercure de France, Paris, 1969, 380 p. ; p. 44-45.
18. *L'Univers maçonnique*, n° 1, 1835, p. 311.
19. *Annales maçonniques*, t. 6, p. 229 ; t. 4, p. 238 ; t. 7, p. 225.
20. Ligou Daniel, *Histoire des Francs-Maçons en France*, éd. Privat, Toulouse, 1981, 412 p. ; p. 317.
21. Bossu Jean, « Les Dames Écossaises de la colline du Mont Thabor », *Renaissance traditionnelle*, n° 5, janvier 1971, p. 31-32.

L'ACCUEIL FESTIF

Le monde de la Restauration au moralisme expiatoire des débordements révolutionnaires génère l'ennui. Stendhal publie *De l'Amour* en 1822 ; George Sand, Hortense Allard (auteur de *La Femme et la démocratie de notre temps*), Marie d'Agoult, par leurs écrits qui font scandale et leur vie qui dérange, éclairent les conditions faites aux femmes.

La franc-maçonnerie ne peut rester étrangère aux évolutions du monde et des idées. Les loges d'adoption font place aux fêtes d'adoption.

Les fêtes maçonniques de la Restauration

En grand apparat

Le Suprême Conseil du Rite Écossais Ancien Accepté, présidé par le duc Élie Decazes, réunit l'ancienne noblesse et la haute bourgeoisie. Au Grand Orient de France se retrouvent les hauts dignitaires de l'État. Créé en 1815, le Rite de Misraïm rassemble les bonapartistes, les demi-soldes, les frères proches des idéaux républicains et se trouve, un court moment, en lien avec la Charbonnerie, ce qui lui vaudra des ennuis de la part du pouvoir [1]. Suivant l'usage, les femmes sont à nouveau invitées dans les loges.

Les Chevaliers de la Palestine convient frères et sœurs à une loge d'adoption, le 5 décembre 1818, pour fêter la libération du territoire ². Belle et Bonne, du surnom que Voltaire donnait à Renée de Varicourt marquise de Villette, est créée par les Amis des Lettres et des Arts (Suprême Conseil). Présidée par la marquise, il semble qu'elle ne se soit réunie qu'une fois, le 1er février 1819, pour son inauguration. Lors de cette fête somptueuse donnée en l'honneur de Voltaire, les femmes ne sont invitées que pour célébrer avec plus d'éclat la mémoire du grand philosophe. Cette loge mérite-t-elle le nom d'adoption ? Ces travaux d'adoption sont suivis de bien d'autres entre les années 1820 et 1850. La presse maçonnique, *Le Globe*, *L'Univers maçonnique*, *La Revue maçonnique*, rend compte de ces multiples réjouissances. Les Amis Bienfaisants, la Clémente Amitié (GODF) et la Clémente Amitié (SC), etc., donnent des fêtes en 1822, 1825, 1826, 1828, 1838, etc.

Des rituels sont édités. En 1817, paraît le *Nécessaire maçonnique* ³ qui, outre la description des grades et des initiations, rappelle les statuts adoptés par le Grand Orient de France en 1774 pour les loges d'adoption. Le *Rituel pour franches maçonnes* offre le descriptif des cinq grades de l'adoption ⁴. Dans le *Dictionnaire maçonnique du Recueil d'esquisses de toutes les parties de l'édifice connu sous le nom de maçonnerie*, l'auteur, Joseph Quantin, consacre une quinzaine de pages aux rituels de la maçonnerie d'adoption ⁵. La bibliothèque de l'Institut de France conserve un livre manuscrit, anonyme, non daté (mais probablement vers 1820) de 428 pages, avec diverses scènes rehaussées d'aquarelles, intitulé *Maçonnerie des Dames dite d'adoption* et comportant les trente articles des statuts et règlements généraux de la maçonnerie d'adoption ⁶. M. Bazot est également l'auteur d'un *Code des Francs-Maçons ou lois, doctrines*, édité en 1830 ⁷. Pour finir : le *Manuel complet de la maçonnerie d'adoption ou maçonnerie des Dames*, de Jean-Marie Ragon de Bettignies publié en 1860. Le romantisme éthéré, les fleurs, les nœuds, les guirlandes, les colombes marquent les rituels et les cérémonies.

Les tenues commencent par une prière au Grand Architecte de l'Univers, suivie des batteries * en l'honneur du Souverain, du Grand Maître, des visiteurs et des compliments réciproques d'usage. Viennent ensuite les initiations, les actes de bienfaisance puis le banquet, le bal, les réjouissances. Les femmes invitées par les francs-maçons sont les épouses, les sœurs, les filles ou les proches parentes des frères.

Les locaux sont superbement ornés. « Trois trônes se faisaient remarquer à l'Asie ; des devises enlacées de couronnes de roses et de serpents annonçaient aux dames que tous les cœurs leur étaient dévoués et qu'elles étaient les reines de la fête ; des fleurs se jouaient en festons autour des nombreuses lumières qui éclairaient la voûte du firmament [8]. » Les obédiences et particulièrement le Suprême Conseil du Rite Écossais Ancien Accepté et le Rite de Misraïm semblent rivaliser de luxe et de magnificence pour décorer les temples où ils reçoivent les femmes. Les assemblées sont toujours nombreuses et brillantes. Tous ces grands personnages habitués aux fastes de l'Empire et de la Restauration ne sauraient concevoir un autre cadre. Attentifs à la somptuosité qui les entoure, ils le sont aussi à la parure des femmes qu'ils ne manquent de souligner. « Les toilettes de l'essaim joyeux de nos Sœurs étaient ravissantes de fraîcheur [9]. » Les loges offrent l'aspect le plus agréable : « L'élégante simplicité de la mise de nos chères sœurs, leur écharpe bleue tranchant sur la blancheur éclatante de leur robe, puis cette uniformité interrompue çà et là par le costume plus sévère des frères... [10] » Il est possible qu'à cette époque l'Ordre de Misraïm soit la seule obédience qui maintienne, jusqu'au début des années 1850, une franc-maçonnerie d'adoption très proche de celle pratiquée au XVIIIe siècle.

Les loges du début de la Restauration offrent quelques grands noms de France, des marquises, des comtesses, des présidentes, des chevalières, les familles de la haute finance, de l'Institut, de l'Académie, des pairs, « des généraux, des magistrats, des Frères et des Sœurs de tous les rangs [11] » pour des fêtes pleines de lustre et d'apparat. Mais bientôt, aux marquises et aux conseillères succèdent des femmes aux patronymes plus ordinaires. Au cours des années 1840-1850, ce sont des représentantes de la moyenne bourgeoisie, essentiellement parisienne, qui fréquentent les ateliers maçonniques. Assistent à une fête d'adoption donnée le 22 décembre 1838, la sœur de Martial, Bourré, Joséphine Hugo, Graff et Désirée Pacault. Sont invitées : madame Turban, née Adrienne-Clémence Meunier, 32 ans, mademoiselle Mariette Sévère, 18 ans, madame Gallot, née Marie-Louise Bessière, 27 ans [12].

Les prémices d'une évolution

Les réunions où sont accueillies les femmes sont nombreuses, fréquentes, mais à intervalles irréguliers. Le plus souvent, elles se déroulent à l'occasion de festivités maçonniques rituelles comme la Saint-Jean d'été ou la fête de l'Ordre. En dépit de quelques variantes dans leur organisation, toutes se ressemblent. Cependant, aux dires des frères, les choses ont changé. Ils remarquent que la franc-maçonnerie d'adoption n'est plus répandue comme elle l'était autrefois. Si, en raison des statuts adoptés en 1774, tous les ateliers du Grand Orient de France peuvent créer des loges d'adoption, le phénomène reste rare. Il apparaît aussi que ce sont souvent les mêmes ateliers qui sont coutumiers du fait. Des loges se groupent pour donner plus de solennité et d'éclat à l'événement, d'autres encore choisissent d'être seulement participantes. Dans l'introduction du *Nécessaire Maçonnique*, l'auteur en cherche les raisons. Mais sa réflexion ne dépasse pas la question des frais occasionnés par ces fêtes [13].

La Clémente Amitié (GODF) donne avec solennité une fête d'adoption le 22 décembre 1838. Cette réunion, rapportée par *Le Globe*, présente un grand intérêt quant au fond. Plus de neuf cents personnes de tous les grades et de tous les rites, sous la présidence de Louis-Théodore Juge et d'Auguste Desanlis, assistent à l'initiation de trois femmes qui accèdent, dans la même séance et successivement, aux trois premiers degrés de la franc-maçonnerie traditionnelle. Louis-Théodore Juge insiste à plusieurs reprises : les impétrantes subiront les « épreuves ordinaires de la Maçonnerie des hommes ». Les rituels de la franc-maçonnerie d'adoption ne sont donc pas utilisés mais ceux de la maçonnerie masculine « appropriée à sa nouvelle destination », précise le frère Juge.

Quelle est cette nouvelle destination dont parle le vénérable ? Il en définit les principaux aspects dans son « Discours sur l'émancipation des femmes considérée au point de vue de la franc-maçonnerie » lu au cours de cette même réunion. Ce texte, assez long, aux nombreuses références littéraires explicites ou implicites, oppose les thèses rousseauistes aux doctrines des premiers socialistes utopistes français et au modèle de société libérale proposé par Saint-Simon. L'auteur se demande si les femmes doivent « participer aux charges et aux avantages de la société ». Il condamne sans appel Fourier, tout au moins sa définition, pour les femmes, du concept de liberté et sa philosophie du désir. L'honneur et le respect dont elles sont entourées sont à l'origine de leur influence bénéfique sur les arts et les mœurs. Fait suite la longue énumération de tous les domaines, militaires, intellectuels ou artistiques, qu'il est possible, depuis l'Antiquité, d'illustrer de quelques noms féminins qui, pour la plupart, appartiennent autant à la légende qu'à la réalité. Mais la vision de Jean-Jacques Rousseau de femmes « bonnes, aimantes, désintéressées » est tellement plus charmante ! Personnes d'excellente moralité, qu'elles soient mères, sœurs, compagnes, elles doivent avec abnégation se consacrer entièrement à l'homme. Les hauts faits dont la Femme se trouve parfois l'auteur ne peuvent que rester des exceptions, car rien ne saurait la « dédommager de ce qu'elle perdrait des douceurs de sa vie de famille » et surtout... que deviendrait la famille elle-même [14] ?

La nouvelle destination offerte aux femmes par le biais de la franc-maçonnerie consiste donc pour elles à s'adonner aux actions caritatives et à travailler aux côtés de leurs frères, dans le culte de l'amour de leurs semblables et de la vertu, à « la régénération morale de la société civile [15] ». Que requiert cette action ? Une « émancipation toute intellectuelle, la seule, ce nous semble, qu'elles doivent ambitionner [16] ». Encore faut-il préciser, pour terminer l'examen de ce discours, que cette émancipation intellectuelle n'est envisagée qu'à l'intérieur des limites étroites définies par l'idéologie et l'imaginaire masculins.

« Je suis femme »

Lorsque le vénérable les invite à faire prendre l'envol à quelques oiseaux et qu'il ajoute que « la liberté est un bien commun à tous les êtres, que nul ne peut en être privé sans injustice » ou que, désignant l'atelier, il parle « de l'enceinte de l'égalité [17] », quelles réflexions, quelles émotions ces mots suscitent-ils chez les sœurs ?

Elles répondent par des vers comme Désirée Pacault [18], oratrice lors de la tenue d'adoption organisée le 22 décembre 1838 par la Clémente Amitié. Victorine Hadol, fille adoptive de la maçonnerie comme elle aime à se définir elle-même, ou Victorine Hennon osent des confidences : « Depuis longtemps, il ne m'avait pas été donné de me trouver au milieu de vous et d'y éprouver les sensations délicieuses que m'inspirent toujours vos fraternelles réunions [19]. » Elles offrent surtout leur collaboration pour attirer vers les loges celles de « nos sœurs qui doutaient [20] ». Pleines de déférence vis-à-vis des frères, « si attentifs et si bienveillants [21] », conscientes de leur place au sein de la franc-maçonnerie – « L'initiation en maçonnerie vous appartient [22] » – comme dans la société, malgré leur faiblesse mise en avant et leurs multiples charges, elles ne cherchent qu'à répondre aux « nouveaux devoirs qu'elle [la franc-maçonnerie] nous impose [23] ».

Ces femmes solidaires, fières et reconnaissantes à la franc-maçonnerie de les avoir accueillies, montrent à l'évidence qu'elles intègrent l'idéologie dominante sur le rôle et la place des femmes tout en faisant remarquer toutefois que leur présence pourrait bien donner aux hommes « cette force d'impulsion qui manquait à [leur] œuvre [24] ».

Toutes ne semblent pas aussi soumises ou aveugles.

« Je suis femme.
Je ne connaîtrai rien du monde de passage
Au-delà de ce mur qui borne ma maison
Je suis femme.
Je resterai dans mon enclos
Je ne pourrai jamais revivre par l'Histoire.

Pas un mot qui parle pour moi.
Je suis femme [25]. »

À ce poème, font écho, dans les loges, quelques récriminations. Le 5 juin 1858, *Le Monde Maçonnique* publie la longue lettre de l'épouse d'un frère, Thérèse C***. Après avoir souligné l'aberration qu'il y a à s'occuper de l'humanité sans s'inquiéter des femmes, elle précise que la place des femmes est à leur foyer. Cependant, ce rôle ne les empêche pas de participer à des réunions. Vous les invitez bien aux bals et aux concerts organisés par vos loges, dit-elle. « Il y a quelque chose de mieux à faire [26]. » Elle relève, dans les actions des francs-maçons, bien des contradictions. Vous excluez les commerçants faillis, et vous demandez aux futurs frères quels sont leurs devoirs envers Dieu, eux-mêmes et leurs semblables, mais « les interrogez-vous sur la façon de comprendre et de diriger la famille ? [...] Traitez-vous de la question du mariage, de l'éducation, de la tutelle des enfants ? [...] Vous occupez-vous de savoir si le franc-maçon moralise ou déprave celle qu'il doit respecter [27] » ? Elle conclut sur toutes ces questions que les francs-maçons ont beaucoup à faire pour être conséquents avec leurs devises.

Même s'il se trouve des francs-maçons pour désapprouver les fêtes auxquelles sont conviées les femmes, à aucun moment les obédiences ne les remettent en cause. Jean-Sébastien Boubée et la Jérusalem des Vallées Égyptiennes s'efforcent toutefois de perpétuer les pratiques et l'esprit de la franc-maçonnerie d'adoption du XVIIIe siècle.

Le chant du cygne des loges d'adoption

La Jérusalem des Vallées Égyptiennes

C'est à l'instigation de Jean-Sébastien Boubée que quelques ateliers tentent de faire revivre les loges d'adoption d'antan. En

1851, il crée, auprès de l'atelier du Grand Orient de France qu'il préside, une loge d'adoption appelée la Jérusalem des Vallées Égyptiennes. Il en confie la Grande Maîtrise à madame César Moreau. Cette femme a épousé le frère Claude-Clément Moreau (de Marseille) le 12 novembre 1853. Elle est belle, gracieuse, spirituelle ; elle écrit et parle bien [28]. Elle accepte la grande maîtrise de la loge que désire fonder le frère Boubée sur les instances de son époux et est installée dans ses fonctions le 8 juillet 1854 en présence des dignitaires et des officiers du Grand Orient de France et de plusieurs vénérables. Gravement malade, la sœur César Moreau décède le 11 février 1855 [29]. Claude-Clément César Moreau est né à Marseille le 22 novembre 1791. Cet érudit est à l'origine d'une technique de calcul statistique, fondateur de la Société française de statistiques universelles où il fait admettre des femmes, de l'Académie de l'industrie agricole, manufacturière et commerciale ainsi que de quelques autres sociétés savantes. Membre de la Jérusalem des Vallées Égyptiennes, dignitaire du Grand Orient de France, il fonde avec l'autorisation du Grand Maître « une nouvelle publication d'une haute portée scientifique et morale sous le titre *L'Univers maçonnique* [30] ».

Deux comptes rendus détaillés, ceux des fêtes d'adoption du 5 juillet 1856 et du 8 décembre 1860, montrent comment procède l'atelier. Les travaux masculins ont lieu puis ils sont fermés avant l'arrivée des femmes. Seul le vénérable procède à l'initiation des nouvelles sœurs [31]. La Grande Maîtresse n'intervient que pour la remise des gants, du cordon et du tablier, le lâcher des oiseaux et les compliments. Toute la cérémonie est placée sous le signe des fleurs : la récipiendaire se présente à l'initiation les mains liées par des guirlandes. Quand elle est consacrée franc-maçon, une couronne de fleurs blanches est posée sur ses cheveux [32]. Après avoir répondu aux nécessités de la bienfaisance, les sœurs et les frères dégustent des glaces, des rafraîchissements et dansent jusqu'au retour de l'aube. La Jérusalem des Vallées Égyptiennes poursuit ce type de franc-maçonnerie d'adoption jusqu'en 1870.

Les écrits de César Moreau, de Jean-Marie Ragon de Bettignies et de Jean-Sébastien Boubée, leurs participations à

L'Univers maçonnique permettent d'apprécier combien ils estiment la maçonnerie d'adoption du XVIIIe siècle qu'ils souhaitent voir revivre. Cependant, malgré ce désir clairement exprimé, le déroulement des cérémonies et surtout les discours, y compris les leurs, marquent une évolution irréversible. Ils rejoignent Louis-Théodore Juge qui s'exprimait vingt ans plus tôt.

Comme leur prédécesseur, après avoir immanquablement rappelé aux femmes qu'elles ne peuvent participer à la vie extérieure sociale ou maçonnique « que d'une certaine manière [33] », ils leur offrent de travailler avec leurs frères. « Un écrin renfermant une paire de ciseaux, un étui et un dé symbole du travail [34] » leur est remis lors de l'initiation.

Pour les femmes, les symboles et les outils, contrairement à ceux de la franc-maçonnerie masculine, permanents et universels, évoluent avec les mentalités et avec ce que les hommes attendent d'elles. Les ciseaux de tailleur de pierre des loges d'adoption du XVIIIe siècle sont remplacés par ceux de la couturière.

Esprit français et modernité

Les discours des francs-maçons, lors de ces fêtes, répondent aux canons stylistiques de l'époque et de l'élite d'où ils émanent. Il ne faut pas s'arrêter aux fioritures ; les expressions les plus affectueuses et les plus flatteuses à l'adresse des femmes accompagnent une réflexion importante de la part de ces personnages cultivés et influents que sont Claude-Clément César Moreau, Jean-Sébastien Boubée et Jean-Marie Ragon de Bettignies. Ces frères s'interrogent non seulement sur la nécessité ou l'intérêt de la franc-maçonnerie d'adoption, mais aussi sur le rôle de la franc-maçonnerie par rapport à la place des femmes dans la société et à l'avenir de la franc-maçonnerie elle-même.

Les femmes ont tout à gagner à venir dans les loges d'adoption. Elles y sont fêtées. Elles peuvent épancher leur cœur dans un climat d'amitié. Grâce à l'exquise sensibilité féminine, les relations entre les hommes et les femmes se déroulent sur un mode agréable.

L'idée que la franc-maçonnerie doit être avant tout une école de perfectionnement est particulièrement développée. Jean-Marie Ragon de Bettignies propose une progression. Il faut accepter les femmes pour les instruire, leur faire faire de bons travaux. Des travaux d'adoption dans un premier temps, puis au bout de trois à cinq mois et selon leurs aptitudes, des études philosophiques. L'auteur suggère même de placer ces femmes auprès des dignitaires de l'Ordre. Jean-Sébastien Boubée insiste sur le fait que les loges apprennent aux femmes la véritable indépendance, à ne parler qu'à propos, « la femme réservée et amie du silence est le don le plus précieux que le ciel ait fait sur terre [35] » et à améliorer leurs qualités : la bonté, la douceur, la vertu. Surtout la vertu, thème récurrent de la littérature maçonnique du XIXe siècle.

Les francs-maçons veulent en outre que les femmes soient aimées et respectées. Ils se placent sur le plan de l'éthique maçonnique ; les termes d'émancipation et de droits ont un contenu spécifique. L'émancipation prévue pour les femmes consiste à les soustraire au joug des erreurs et des préjugés, à ne plus les traiter « comme des êtres étrangers aux institutions sociales [36] ». « La Maçonnerie d'adoption a relevé leurs droits [37]. » Ils ne sont réellement respectés « que dans les pays où la Maçonnerie a pénétré et dans les familles où elle est honorée [38] » ; elle doit poursuivre son œuvre. Par « droits », il entend « la considération, les égards et l'affection qui sont dus à [leur] essence et à [leurs] vertus [39] ». Les femmes ont droit à l'amour et au respect.

Dans ce but, il serait bon également d'atteindre la famille et les enfants. Les années 1840-1850 innovent dans ce domaine. En 1842, la loge la Clémente Amitié organise une fête baptismale maçonnique. Il semble que cet atelier soit le premier à convier les familles à une fête de ce type. En 1844, la loge l'Asile du Sage à Lyon baptise sept enfants [40]. Cette entrée des enfants dans les temples va se poursuivre et s'amplifier, donnant au projet de départ sa pleine signification. La presse maçonnique (le *Bulletin du Grand Orient de France*, mais aussi *La Vie humaine*, *Le Monde maçonnique*) fait état, de plus en plus souvent, de cérémonies qui leur sont destinées. Le cadre familial se reforme pour eux dans la loge pour que leur mère, plus éclairée, moins docile aux dogmes de l'Église, y entende un seul discours : celui de son rôle, pour faire aimer aux enfants l'intimité du foyer et pour que les préjugés tombent et disparaissent de l'esprit des générations à venir. Cette pratique tend à se généraliser au début des années 1860, au moment de la création de l'orphelinat maçonnique (l'Orphelinat maçonnique général est fondé le 24 février 1862), témoin de la sollicitude des francs-maçons pour l'enfance et la jeunesse, et grâce, entre autres, à l'action menée par la loge le Temple des Familles.

Les francs-maçons sont aussi persuadés que les femmes peuvent être utiles à la franc-maçonnerie. Avec le siècle, cette idée ira en grandissant et prendra des chemins divers. Pour l'heure, il importe aux frères d'user de la compassion soi-disant naturelle au cœur des femmes pour qu'elles travaillent avec eux à soulager l'humanité souffrante et à régénérer la société. Et Jean-Marie Ragon de Bettignies va même plus loin, apparemment sans peur du scandale. Il propose d'accueillir des femmes célèbres. « Que de progrès, que d'attrait si on avait des femmes comme George Sand, Daniel Stern, Rachel... [41] » et il ajoute avec une pointe de regret : « elles attireraient du monde... [42] ».

La franc-maçonnerie d'adoption est française et moderne dit Jean-Sébastien Boubée [43] en ce sens qu'elle ne présente nulle analogie avec les cultes antiques. Ces auteurs commencent à concevoir quel peut être le rôle de la franc-maçonnerie, particulièrement dans le domaine de l'émancipation des femmes. En 1851, le Grand Orient de France doit se préoccuper de la question des loges d'adoption. En effet, des frères hostiles à la pratique, ou par méconnaissance, soutiennent que ces ateliers ne furent jamais reconnus par l'obédience. Les frères « animés du véritable esprit maçonnique [44] » démontrent que les loges d'adoption furent protégées et encouragées par le Grand Orient de France et, en outre, utiles à la défense et au renom de l'Ordre.

Et il conclut : « La civilisation était trop avancée pour qu'il fût possible de les répudier [45]. » « Les maçons français connaissent trop le prix du présent que Dieu fit à l'homme quand il lui a donné une compagne si remplie d'intelligence. [...] La vérité les éclaire ; elle parle à leur cœur ; elle leur dit que si tous les hommes sont leurs frères, toutes les femmes sont leurs sœurs [46]. » Pratique de la maçonnerie d'adoption et progrès de la civilisation sont liés. « Tout marche en avant : les sciences, les arts, la pensée. La Franc-Maçonnerie ne doit plus être accusée de rester seule en arrière [47]. » Si la franc-maçonnerie, et c'est également l'idée de Jean-Sébastien Boubée développée dans *Quelle influence la maçonnerie doit-elle exercer sur l'état social de la femme* [48] et ses autres œuvres, ne continue pas de recevoir les femmes et ne travaille pas à leur émancipation, elle sera sans lustre et sans avenir.

Les propos de ces francs-maçons montrent qu'ils suivent avec lucidité les évolutions de la société et ne manquent pas de profondeur. Ces frères connaissent les courants de pensée de leur époque : celui des socialistes utopiques, des saint-simoniens, des personnalités appartenant à l'Église réformée. Les hommes, plus instruits, impliqués dans la révolution industrielle, bénéficient en outre, pour les électeurs censitaires dont le nombre augmente de 90 000 à 250 000 entre la Restauration et la fin de la Monarchie de Juillet, d'une sphère supplémentaire : la politique. Certes, pour les femmes, les idées de ces francs-maçons éclairés ne vont pas jusque-là. Cependant, ils ont conscience du fossé creusé entre les hommes et les femmes, et s'en inquiètent.

Dans les loges, au terme d'émancipation s'ajoutent ceux d'instruction, d'éducation. Les hommes et les femmes y mettent-ils les mêmes conceptions et les mêmes espoirs ? Dans les années 1860, la loge le Temple des Familles tentera de transformer ces nouvelles tendances de la franc-maçonnerie en système.

NOTES

1. Galtier Gérard, *Maçonnerie égyptienne, Rose-Croix et néo-chevalerie, les fils de Cagliostro*, éd. du Rocher, Paris, 1989, 350 p.
2. B ARS 8° BL. 30843. *L'Univers maçonnique*, revue générale des progrès et acquisitions de l'esprit humain dans toutes les branches des connaissances maçonniques, dirigée par César Moreau de Marseille, imp. A. Belin, Paris, 1837, 768 p. ; p. 73.
3. BGO 5186. Chapron E. J., *Nécessaire maçonnique ; nécessaire maçonnique d'adoption à l'usage des Dames*, édition d'origine, Paris, chez l'auteur, 2e édition 1817, 3e édition 1837, rééd. Dervy Livres, Paris, 1993, 224 p.
4. BN FM⁴ 130. *Rituel pour Franches-Maçonnes*.
5. Quantin Joseph, *Dictionnaire maçonnique ou Recueil d'esquisses de toutes les parties de l'édifice connu sous le nom de maçonnerie*, éd. J. Brianchon, Paris, 1825, 238 p.
6. BIF Ms 6129. *Maçonnerie des Dames dite d'adoption*, manuscrit (vers 1820 environ).
7. BGO 5233. Bazot T.-M., *Code des Francs-Maçons ou lois, doctrines...*, édité en 1830, *op. cit.*
8. BGO. *Le Globe*, 12e livraison, décembre 1841, fête d'adoption de La Clémente Amitié, 15 mars 1828, p. 487-494.
9. BN imp. H 11653. *Le Franc-Maçon*, compte rendu de tenue d'adoption, décembre 1853, p. 254-257.
10. *Le Globe*, fête d'adoption célébrée par la loge Jacques de Molay, Paris, 1841, p. 404.
11. BGO. *La Revue maçonnique*, 3e année, décembre 1836, p. 127.
12. *Le Globe*, procès-verbal de la fête d'adoption du 22 décembre 1838, p. 320-323.
13. Chapron E. J., *Nécessaire maçonnique...*, *op. cit.*, introduction.
14. *Le Globe*, procès-verbal de la fête solennelle d'adoption célébrée par la loge La Clémente Amitié, 22 décembre 1838, p. 319 *sq.*
15. *Idem.*
16. *Ibid.*
17. Loge d'adoption la Jérusalem des Vallées Égyptiennes, tenue du 8 juillet 1854.
18. Désirée Pacault est membre de l'Athénée des arts, sciences et belles lettres de Paris, de la Société d'enseignement universel, de l'Académie des sciences de Vienne et de l'Académie des lettres de Florence, auteur, entre autres, du recueil intitulé *Inspirations*, imp.-éd. Aug. Desrez, Paris, 1840 et d'une ballade, *C'étaient les cieux*, dédiée à la loge Les Amis Fidèles, Orient de Paris.
19. BN imp. Hp 365. Discours prononcé par la S∴ Victorine Hadol à la fête de la Saint-Jean d'été de la loge L'Alliance, le 29 juillet 1860, typ. Allard, Paris, p. 1.
20. *Idem.*
21. BN imp. Hp 475. Discours prononcé par la S∴ Victorine Hennon à la fête de Saint-Jean d'été de la loge L'Alliance le 27 juillet 1856, imp. Benard, Paris, p. 1.

22. BN imp. Hp 474. Discours prononcé par la S∴ Victorine Hennon, L. l'Alliance, le 15 juillet 1855, Bernard et Cie, Paris, 4 p.
23. *Idem*, p. 1.
24. *Ibid.*, p. 1. Le discours de Victorine Hennon du 15 juillet 1856 porte, écrit à la main et à l'encre sur la couverture du texte typographié, le sous-titre « Humilité de la femme reconnaissante ; l'initiative et la force supérieure de l'homme ». À qui est-il dû ?
25. BN 8-Z Le Senne 7362. Robert Antoinette, Clémence, *Paris Silhouettes*, recueil de poésies, éd. L. Janet, Paris, s. d. (1839), 315 p.
26. BGO. *Le Monde maçonnique*, juillet 1858, p. 180.
27. *Idem*, p. 185.
28. BN imp. Ln27 14776. Notice nécrologique sur Mme César Moreau, Extrait du *Biographe et l'Historien*, E. Pascallet, 1855, p. 114.
29. *Idem*, janvier ou février. Cette date n'est pas précise quant au mois.
30. BN imp. Ln27 14775. Notice historique sur le Chevalier César Moreau, Extrait du *Biographe et l'Historien*, E. Pascallet, 1854-1855, p. 181.
31. BGO 5348. Compte rendu de la fête d'adoption de la R∴ L∴ la Jérusalem des Vallées Égyptiennes, 5 juillet 1856, typ. A. Lebon, Paris, 1856, 16 p. ; p. 6.
32. BGO 5348. Compte rendu de la fête d'adoption de la R∴ L∴ Saint-Jean d'Écosse régulièrement constituée à l'Or∴ de Paris sous le titre distinctif de la Jérusalem des Vallées Égyptiennes, le 8 décembre 1860, imp. A. Lebon, 1861, 15 p. ; p. 8.
33. BGO 5157. Moreau César, *Précis sur la franc-maçonnerie*, par le Chevalier César Moreau (de Marseille, 33e, GIG, lib.-éd. Ledoyen, Paris, 1856, 190 p. ; p. 114.
34. Compte rendu de la fête d'adoption de la R∴ L∴ Jérusalem des Vallées Égyptiennes, 8 décembre 1860, *op. cit.*, p. 8.
35. BN imp. H. 13027 Boubée Jean-Sébastien, *Études historiques et philosophiques sur la franc-maçonnerie ancienne et moderne, sur les hauts grades et sur les loges d'adoption*, imp. de Wittersheim, éd. Dutertre, Paris, 1854, 277 p. ; p. 229.
36. BN imp. H. 13028. Boubée Jean-Sébastien, *Études historiques de la Franc-Maçonnerie ou Souvenirs maçonniques du F∴ Boubée*, off. D'honneur du Grand Orient de France et Doyen de la Maçonnerie française, imp. F∴ A. Lebon, Paris, 1866, 240 p. ; p. 8.
37. Boubée J.-S., *Précis historique de la Franc-Maçonnerie ou Souvenirs...*, *op. cit.*, p. 229.
38. *Idem*, p. 162-163.
39. *Ibid.*, p. 162 sq.
40. BGO. *Bulletin du Grand Orient de France*, n° 3, décembre 1844, p. 103.
41. Jean-Marie Ragon de Bettignies, *La Franc-Maçonnerie. Manuel complet de la maçonnerie d'adoption ou maçonnerie des Dames*, éd. Collignon, Paris, 1860, 152 p. ; p. 11.
42. *Idem*.
43. Boubée Jean-Sébastien, *Études historiques et philosophiques*, *op. cit.*
44. Discours sur la légalité et la nécessité des LL∴ d'adoption par le F∴ Boubée, 33e, Vén.° de la R∴ L∴ la Jérusalem des Vallées Égyptiennes, typ.

A. Lebon, Paris, s. d., 7 p. ; p. 5.
45. *Idem*, p. 5.
46. Boubée Jean-Sébastien, *Précis historique de la Franc-Maçonnerie ou Souvenirs*, *op. cit.*, p. 150 *sq*.
47. Notice historique sur le Chevalier César Moreau, Extrait du *Biographe*, *op. cit.*, p. 381.
48. Boubée Jean-Sébastien, *Précis historique de la Franc-Maçonnerie ou Souvenirs*, *op. cit.*, p. 45.

LES FEMMES : UNE AMBITION

La question de la régénération de l'humanité, en lien avec celle de l'émancipation, s'impose comme la grande affaire du siècle. La société étant désormais pensée comme une addition de familles dont la charge repose sur les femmes, leur participation est requise. L'Ordre maçonnique adhère à cette idéologie et entreprend de travailler à l'amélioration de l'instruction et de l'éducation de tous, et principalement des femmes. Au cours des années romantiques, se précisent, au sein des obédiences, trois courants : l'un conservateur et bien-pensant ; l'autre laïque, républicain et positiviste. Le troisième courant, très minoritaire mais actif, est déiste. Quels que soient leurs choix philosophiques, des personnalités vont mettre sur pied des loges ou des moyens qui constituent des écoles de perfectionnement selon des modalités originales.

Des loges d'adoption aux tenues blanches

Les changements intervenus dans l'emploi du vocabulaire constituent les indices précieux de la modification des habitudes maçonniques quant aux pratiques liées à la présence des femmes dans les loges. En effet, dans les premières années du Ier Empire, le terme loge d'adoption tend à disparaître, remplacé peu à peu par ceux de tenue d'adoption, de réunion d'adoption et surtout de fête d'adoption. Contrairement aux loges d'adoption, rattachées à un atelier masculin et constituées par lui selon les règlements en vigueur, la fête d'adoption laisse entendre qu'il s'agit d'une manifestation ponctuelle qui ne requiert pas, pour avoir lieu, la constitution d'un atelier particulier.

Au milieu du siècle, l'expression fête d'adoption s'efface au profit d'autres termes : tenue blanche, tenue blanche intime, tenue blanche intime de famille, fête de famille, tenue blanche de famille, maçonnerie des dames, franc-maçonnerie ou maçonnerie blanche. Les termes de tenue blanche et de franc-maçonnerie blanche s'imposent sans qu'il soit possible de dire d'où ils viennent. Est-ce l'habitude prise par les femmes de s'habiller en blanc afin que cordons et tabliers se détachent de façon harmonieuse ? Est-ce que cette pratique leur est imposée ?

Cette époque, marquée également par l'entrée des enfants dans les ateliers, invente pour eux des cérémonies spécifiques aux multiples dénominations : baptême maçonnique *, baptême civil, parrainage, fête de la jeunesse. Dans un souci de clarification, les francs-maçons parlent parfois de maçonnerie blanche pour les dames et de maçonnerie blanche avec adoption d'enfants pour les parrainages. Les tenues blanches s'ouvrent aussi aux amis et aux profanes que la franc-maçonnerie intéresse. Des fêtes ou des cérémonies spécifiques sont organisées : mariages ou obsèques maçonniques, Noël Humaine, Fête de la Raison ou de l'Adolescence. Elles se poursuivront jusque dans les dix premières années du XXe siècle. L'expression « loge de femmes » est également utilisée sans qu'il soit possible de savoir avec certitude ce que le concept recouvre exactement. Il est, de toute façon, proposé quelque chose de spécifique.

L'inflation des vocables traduit la diversité des cérémonies pratiquées surtout à compter de 1850. Dans l'imagination dont font preuve les frères, il faut sans doute voir l'expression de leur volonté d'atteindre, au-delà de l'auditoire féminin, un public de plus en plus large qu'ils veulent gagner à leur idéal de régénération.

Cours et conférences maçonniques

Léon Richer et Maria Deraismes

Léon Richer (1824-1911), clerc de notaire, appartient à la loge Mars et les Arts (GODF). Il écrit pour *L'Opinion nationale*, le journal d'Adolphe Guéroult, dans *Le Monde maçonnique*, dirigé par François Favre et Jean-Marie Caubet et la *Chaîne d'Union* fondée en 1863, à Londres, par des francs-maçons exilés. Ces deux journaux sont l'organe, au sein de l'Ordre, du courant républicain, voire radical et laïque. Plus tard, Léon Richer réunit ses articles dans un livre à succès intitulé *Lettres d'un libre penseur à un curé de village*. Parmi ses amis, il compte Jean-Charles Fauvety, Jules Labbé, l'énergique Paule Minck que n'effraient pas les échanges de paroles vigoureux lors des réunions publiques, André Léo (pseudonyme de Léodile Bréa), auteur mordant, en 1869, de *La Femme et les mœurs*, et Maria Deraismes.

Léon Richer crée en 1866, la Société pour l'amélioration du sort de la Femme et la revendication de ses droits, à laquelle adhère Louise Michel et, en avril 1870, l'Association pour le Droit des Femmes qui deviendra la Ligue pour le Droit des Femmes, présidée par Victor Hugo et ensuite par Victor Schoelcher et René Viviani. En 1869, il fonde son propre journal, *Le Droit des femmes*. En 1870, quelques jours avant la guerre, il organise, avec Maria Deraismes, le premier banquet féministe. Au moment de l'Exposition universelle de 1878, il réunit un congrès international sur les droits des femmes qui constitue un acte important du mouvement féministe français.

Dans les années 1860, Maria Deraismes est déjà connue et fait figure de référence dans la lutte pour l'émancipation des femmes. Instruite, oratrice de talent, elle publie *À bon chat, bon rat* (1861) ; l'année suivante *Un neveu s'il vous plaît* et *Le Père coupable*. Avec des œuvres telles que *Thérésa et son époque*, *À propos des courtisanes*, *Aux femmes riches* et ses articles dans *Le Nain jaune*, *L'Époque*, *Le Grand Journal*, *Le Figaro*, *L'Opinion nationale*, elle se fait pamphlétaire, essayiste, journaliste. En 1881, lorsqu'une nouvelle loi sur la presse abroge l'interdiction pour les femmes de diriger un journal, elle rachète l'hebdomadaire radical *Le Républicain de Seine-et-Oise*.

En 1865, Léon Richer et Jules Labbé lui demandent de donner une série de conférences dans la salle du Grand Orient de France. Jules Barbey d'Aurevilly vient de s'en prendre aux femmes instruites dans *Les Bas-bleus*. Il est coutumier du fait. « Ces dames m'obsèdent » reconnaît-il. Il n'est pas le seul à être obsédé. Il faudrait ajouter Victorien Sardou et ses pièces venimeuses, Alexandre Dumas fils, auteur de *L'Homme et la Femme*, bien d'autres auteurs et bien d'autres écrits qui déversent la grossièreté et l'impertinence à pleines mains, s'indigne Maria Deraismes. La violence des attaques de Jules Barbey d'Aurevilly décide Maria Deraismes d'accepter la proposition du Grand Orient de France. Elle entame ainsi un cycle de conférences qui durera quatre ans. Le journal *La Liberté* donne un large écho à cette initiative dès sa première intervention. *Le Siècle* annonce chacune d'entre elles sous le titre « Conférences maçonniques » en précisant qu'elles sont gratuites pour les dames. Il faudra changer le titre qui effraie en celui de « Conférences philosophiques ». Maria Deraismes traite de l'émancipation des femmes, de leurs droits politiques, de la condition des ouvrières et de la femme mineure et inférieure, mais aussi, afin d'étendre la culture de ses auditrices, de sujets très généraux comme la morale, le plaisir, le roman. Ses conférences sont un succès. Choisir Maria Deraismes signale la volonté des francs-maçons de travailler à l'amélioration intellectuelle des femmes. De plus, elle n'est pas la seule à intervenir dans ce domaine.

Joseph-Honoré Chavée, en août 1875, inaugure à la loge le Temple des Amis de l'Honneur Français des conférences élevées et savantes. Jean-Claude Colfavru, autre membre du Grand Orient de France, demande un soutien et une aide pécuniaire en faveur d'une œuvre créée, en 1856, par Élisa Lemonnier pour donner une instruction et un métier aux filles [1]. Des cours privés gratuits et laïques sont ouverts à Paris et en province, ainsi que des crèches, des ouvroirs, des bibliothèques populaires, des cours d'adultes [2]. La Ligue de l'Enseignement, fondée par Jean Macé en 1866, se trouve complétée par d'autres créations destinées à soutenir l'effort en direction de l'école comme le Sou contre l'Ignorance, le Denier des écoles laïques ou le Sou des écoles. Le premier orphelinat maçonnique, œuvre commune à toutes les obédiences, ouvre ses portes le 24 février 1862, complété par un second établissement, l'Orphelinat maçonnique universel, le 24 juillet 1879 [3]. Dans ces deux établissements laïques, les garçons sont élevés pour faire des ouvriers et les filles des ménagères. Pour elles, pas de mathématiques ou de matières abstraites. « [...] nous n'avons pas cherché à en faire des savantes, ni des institutrices, mais de bonnes mères de famille et de bonnes citoyennes [...]. Elles apprennent non à faire des chapeaux, mais à repriser des chaussettes, ourler les mouchoirs et réparer les culottes des enfants [4]. » Elles font leur lit, de la couture et la cuisine à tour de rôle avec la cuisinière. « Lorsqu'on a été de gentilles et dociles fillettes, on mérite de passer plus tard d'honnêtes mères de famille, de faire souche de braves gens, ce qui est une manière, non la plus mauvaise, de servir l'État [5]. »

Des initiatives souvent controversées

Des hommes de valeur, francs-maçons ou qui le deviendront, agissent de manière diverse à l'intérieur comme à l'extérieur de la franc-maçonnerie. Marie-Alexandre Massol crée, en 1865, avec Jean-Marie Caubet, *La Morale indépendante*, revue d'une grande influence qui paraît jusqu'en 1869. Jean-Charles Fauvety fonde la *Revue philosophique et religieuse* à laquelle participent Renouvier et Émile Littré. Luc-Pierre Riche Gardon, journaliste et éditorialiste, qui assume la rédaction d'un journal appelé *La Vie humaine* où il développe une théorie éducative qu'il appelle la « Science des mères », fréquente les milieux républicains, fouriéristes et saint-simoniens. Il adhère au syncrétisme romantique, penche pour le providentialisme [6]. Ses journaux [7] rendent compte des activités du Temple des Familles et énoncent les idées qu'il mettra en œuvre dans l'atelier. Selon Luc-Pierre Riche Gardon, il faut élever l'éducation à l'état de science positive propre à éduquer les enfants de façon rationnelle et à concurrencer l'éducation empirique qui fausse tout. Ce que l'auteur nomme l'éducation harmonique ou encore la science de la vie heureuse se fonde sur cette science positive qui vise le développement et le bien-être physique, intellectuel et moral. La Religion Naturelle Universelle constitue la base de cet édifice. Cette religion repose sur la capacité de l'Homme à comprendre, par une recherche scientifique, les lois de l'harmonie universelle. Les enfants unis aux parents pourront, grâce à leur mère, atteindre eux-mêmes cet équilibre. En bref, de la moralité, du savoir, des devoirs propres à réaliser le bonheur de tous et de chacun dans le cadre d'une pensée libre mais religieuse, étrangère à l'athéisme comme au dogmatisme.

Les tenues blanches, aux modalités imprécises, permettent à chacun de voir les choses à sa manière. Certaines loges essaient d'instaurer une régularité à ces réunions. La loge l'Indépendance annonce une tenue blanche intime de famille tous les trois mois [8]. Le frère Thirifocq défend l'idée qu'il faut considérer les tenues blanches comme un moyen d'acheminement des femmes vers l'initiation et défend toutes les initiatives [9]. D'autres proposent, qu'après l'ouverture des travaux, les femmes soient admises afin d'assister aux conférences [10]. Ainsi chaque réunion se transformerait-elle en tenue blanche.

Mais tous les francs-maçons ne sont pas favorables à cette ouverture quelles qu'en soient les modalités. Certains tentent d'assortir la formule de conditions drastiques comme de n'accueillir l'épouse dans les loges « que lorsque le mari aura dix ans de maçonnerie [11] ». La participation ou la présence quasi constante des enfants inquiètent également. D'autres veulent « peu de sœurs, bien choisies, des plus honorables, des plus honorées ; il ne faut point là songer à la foule qui est toujours, quoi qu'on fasse, un peu mélangée [12]. » Pour d'autres enfin, toute forme de tenue blanche est critiquable car ils les considèrent soit comme des tenues qui deviennent des réunions quasi publiques, ce qu'ils refusent, soit comme une antimaçonnerie ou, plus exactement, une non-maçonnerie « [...] la Maçonnerie blanche, Maçonnerie de pure fantaisie, dont nos constitutions, nos statuts et nos règlements ne se sont jamais vraiment occupés, qui ne saurait à aucun titre avoir pour les Maçons un caractère officiel et légal, la Maçonnerie blanche, mal conçue, tend à se substituer peu à peu à la véritable Maçonnerie [13]. » Cependant, la grande majorité des francs-maçons soutient que les tenues blanches apportent entière satisfaction. Faudrait-il encore qu'ils s'entendent sur la fréquence, la régularité et les modalités de réception des profanes car autant de personnes, autant d'idées et de suggestions.

Une autre forme de franc-maçonnerie est inaugurée par Luc-Pierre Riche Gardon. Il propose pour les femmes, mais plus particulièrement pour les familles, une véritable école du soir.

Le Temple des Familles

Origine et organisation

En 1860, le Temple des Familles reçoit ses constitutions du Grand Maître du Grand Orient de France, Lucien Murat, et procède à son installation. Le vénérable fondateur, le frère Riche Gardon, en rappelle l'origine et la vocation. Cet atelier aurait dû s'appeler Religion Naturelle Universelle. Le titre ne plaît pas au Grand Maître qui craint les interprétations erronées que son nom peut susciter dans le monde profane. Il est issu de la loge Renaissance par les Émules d'Hiram, reconstituée par Luc-Pierre Riche Gardon en 1858 et dont il se présente comme le prolongement. Son vénérable veut réunir des frères et des sœurs de tous les rites pour compléter le travail de renaissance entrepris par nombre de loges.

Comment Luc-Pierre Riche Gardon organise-t-il cet atelier ? Le terme de loge d'adoption peut-il être employé ? Le règlement particulier de la loge Renaissance par les Émules d'Hiram prévoit cette formule dans l'article XIX [14]. Le règlement intérieur du Temple des Familles, inspiré du premier, précise au contraire que « le présent règlement renonce à constituer des loges d'adoption par des Constitutions distinctes parce que c'est perpétuer la division de la famille au lieu de la rallier dans son unité naturelle [15] ». Pourtant, les batteries de deuil ou d'allégresse se font à l'ordre particulier des loges d'adoption selon les comptes rendus des tenues.

L'atelier possède deux types de réunions et deux rituels d'initiation dont l'un est fondé sur un mélange de théophilanthropie et de mysticisme positiviste aux accents voltairiens. En février 1861, *Le Monde maçonnique* publie un rituel proposé par Charles Fauvety qui s'applique – ou qui s'appliquerait – aux tenues où les femmes travaillent seules [16]. La loge a deux tenues mensuelles obligatoires, une tenue en comité * général (ou tenue de famille * et de préparation) et une tenue solennelle. Dans la tenue de famille, ont lieu les travaux administratifs, y compris les scrutins d'affiliation * et d'initiation, et la lecture de la correspondance ordinaire. Les tenues solennelles sont entièrement consacrées aux initiations, aux affiliations et aux travaux d'enseignement [17]. Aucune tâche administrative ne vient troubler le zèle des visiteurs *.

Les buts des fondateurs

Pour un franc par mois, toute la famille assiste aux réunions organisées par l'atelier. Le compte rendu du 8 octobre 1862 permet d'établir un modèle-type de ces réunions qui s'accomplissent avec le concours récréatif des beaux-arts :
- morceau de musique ;
- ouverture selon le rituel de la maçonnerie d'adoption ;
- méditation religieuse ;
- lecture des derniers travaux ;
- études sur l'éducation, l'instruction générale, la morale, les sciences naturelles... ;

• chant, récitation, poésie... ;
• entretiens spéciaux avec les enfants qui se rapportent aux sciences naturelles dans leurs rapports avec les fonctions essentielles de la vie ; au devoir de travailler, loi de tous et condition du bonheur ; à l'obéissance expliquée pour les adultes comme soumission aux lois naturelles et sociales ; pour les enfants, comme soumission à la direction que leur donnent leurs parents et leurs maîtres ; sur la connaissance de soi-même ; sur l'appréciation des différents devoirs.

Les travaux se révèlent triples : ceux ayant trait aux initiations symboliques et scientifiques des trois premiers degrés pour les frères ; ceux liés à l'initiation des femmes en maçonnerie blanche ; enfin, le travail des tenues mensuelles consacrées à l'ensemble de la famille [18]. Quel programme ! Luc-Pierre Riche Gardon prend la précaution de préciser que les fondateurs n'ont pas eu la pensée de constituer un travail académique mais d'offrir des récréations. S'ajoutent à cette liste de préoccupations, les fêtes d'adoption d'enfants, les repas, les tenues funèbres, etc.

Les buts des frères de cette loge sont de trois ordres. D'une part, ils souhaitent donner un enseignement intellectuel et moral à tous les membres d'une même famille afin d'améliorer l'éducation dispensée par les parents à leurs enfants. Cette éducation doit reposer sur l'ordre, l'obéissance et le devoir. La loge veut faire de la maçonnerie pratique au bénéfice de la famille entière. D'autre part, ils veulent parvenir à unir les membres d'une même famille dans une communion parfaite de pensée et de sentiments grâce à une morale sans dogmes. « Ils déplorent que leurs frères envoient leurs enfants accompagnés de leurs épouses aux initiations les plus contraires à la leur [...] qu'ils livrent ainsi l'éducation morale de leurs enfants aux doctrines qui condamnent l'institution maçonnique [19]. » Cette unité morale et philosophique conditionne le bonheur de tous. Enfin, les francs-maçons désirent dissiper les préjugés qui tiennent un grand nombre de profanes éclairés éloignés de l'Ordre. Il convient d'élever, de régénérer, d'améliorer « par des études constantes sur l'éducation et les devoirs qui répondent aux fonctions de la famille [20] ».

Les parents, les amis, toute personne digne d'être initiée sont invités à assister aux tenues. Leur appui et leur adhésion sont sollicités pour la grandeur de l'Ordre. Mais les frères n'envisagent, pour les femmes, aucune forme d'initiation (ce qui contredit le compte rendu du 8 octobre 1862) et utilisent l'expression de « tenues blanches ».

Le rituel d'adoption proposé par Charles Fauvety permet d'illustrer ces intentions. Une partie de l'instruction donnée aux sœurs présente les valeurs et les buts de la religion naturelle et ses liens avec la franc-maçonnerie ; l'autre est consacrée à définir le rôle et les devoirs de la femme dans la société et dans la loge sans « rien d'odieux ou d'inharmonique comme l'interversion des rôles entre ces deux éléments [21] ». « À qui la faute si les femmes n'occupent pas déjà dans l'ordre social la place qu'elles doivent y occuper et que la nature des choses leur assigne [22] ? » Réponse : « La faute en est surtout à elles-mêmes. *Elles n'ont rien fait pour échapper à la dépendance du plus fort, si ce n'est qu'à la brutalité de la force, les plus habiles ont opposé la bassesse du mensonge et de la ruse* [23]. » L'allocution de la sœur Maxime, du Théâtre-Français, épouse de Charles Fauvety, résume cette instruction. « L'œuvre de l'initiation maçonnique est avant tout une œuvre d'éducation morale. Elle tend à instruire, à élever les femmes de bonne volonté en vue de l'action réparatrice et purificatrice qu'elles sont appelées à remplir dans la société. [...] Mais surtout, mes Sœurs, permettez-moi de vous mettre en garde contre ces idées banales d'émancipation si répandues et si mal comprises. Si l'on prend le mot dans son sens étroit et matériel, la femme de nos jours n'est que trop émancipée. [...] Nous aussi nous voulons que la femme soit libre, mais nous affirmons qu'elle le sera le jour où elle aura su s'affranchir des honteuses passions qui la subjuguent, et qui seules la mettent à la merci de ceux qui peuvent avoir intérêt à l'exploiter dans son travail ou dans ses charmes. [...] Les véritables tyrans de la femme, savez-vous leurs noms ? ils s'appellent : l'ignorance, la superstition, la légèreté, la vanité, la coquetterie, l'amour effréné du plaisir. [...] C'est là l'œuvre à laquelle des frères, des Maçons dévoués nous ont conviées [24]. »

Le Temple des Familles, créé en 1860, est amené à suspendre ses travaux en mai 1861. Ses activités reprennent quelques mois plus tard pour cesser définitivement en 1863 [25].

Émancipation et régénération

Ne pas contrevenir à l'ordre universel

Le terme de régénération est lié à l'idée d'homme nouveau qui s'affirme au cours du XVIIIe siècle. Mais c'est la Révolution par son caractère brutal et inédit qui ouvre un avenir à cette idée et lui donne son irrésistible pouvoir d'entraînement. Cette ambition de régénération va traverser tout le XIXe siècle, emprunter les chemins du spiritualisme comme ceux du rationalisme. Les courants du féminisme bourgeois la reprendront également à leur compte.

L'idée d'une régénération passe avant tout par l'instruction et l'éducation. Lorsque les hommes des Lumières investissent les femmes du rôle d'éducatrices et de formatrices de leurs enfants, elles en acceptent l'attribution. Encore faut-il qu'elles en aient les moyens. Quelles que soient leurs théories sur l'instruction des filles, philosophes et révolutionnaires se placent, y compris Marie-Jean de Condorcet, dans l'optique du partage des tâches selon les sexes. Même lorsqu'il est préconisé une égalité d'éducation et d'instruction qui supposerait une identité des contenus, les femmes sont vues et pensées comme épouses et mères. De plus, la plupart de ces théoriciens sont attachés à la pratique de l'enseignement à l'intérieur de la famille qu'ils continuent de souhaiter pour les filles et qui va se poursuivre pendant la majeure partie du siècle suivant, jusqu'à l'adoption des lois sur l'éducation qui fondent l'enseignement laïque d'État dans les années 1880. Au XIXe siècle, par les romantiques, les socialistes et les positivistes, les femmes, déjà en charge de la continuité de l'espèce et de la permanence de l'Histoire, sont promues au rang d'élément moralisateur de la société. Victor Cousin, l'un des très brillants représentants du courant philosophique spiritualiste, développe l'idée que la société étant formée de l'addition de familles, l'élément fondamental n'est pas l'individu mais la famille, et que les femmes doivent lui être vouées. Pour elles, les fondements d'une régénération restent donc invariables.

À partir des années 1830, les femmes expriment leurs revendications à travers leurs journaux : le *Journal des femmes*, la *Gazette des femmes*, le *Conseiller des femmes* fondé à Lyon par la protestante Eugénie Niboyet, qui crée encore la *Voix des femmes* et le *Journal pour toutes* en 1864. Elles demandent une éducation commune et un nombre d'écoles égal pour les filles et pour les garçons, un enseignement public, l'ouverture de toutes les professions aux femmes, une salle de lecture à la Bibliothèque Nationale. La loi de 1833 due au ministre de l'Instruction publique, François Guizot, fonde l'enseignement primaire d'État mais ne prévoit rien pour les filles. Jusqu'au milieu du XIXe siècle, les filles des milieux aisés continuent soit à bénéficier de précepteurs, soit à fréquenter des pensionnats privés, laïques ou catholiques, où elles sont préparées à devenir des maîtresses de maison parfaites et dévotes. À treize ans, elles sortent du système.

Au moment des événements de 1848 qui déboucheront sur la proclamation de la IIe République, les femmes se prennent à rêver et agissent aux côtés des hommes. Mais une fois de plus, elles n'obtiendront rien des représentants du peuple. Ils refoulent les candidatures féminines, refusent le droit de vote aux femmes ainsi que le divorce et la recherche de la paternité. Seules sont prises quelques mesures dans le domaine de l'organisation du travail : diminution du nombre quotidien d'heures de travail et augmentation des salaires.

Dans les années qui suivent, les femmes recueillent quelques maigres avantages dans le domaine de l'instruction. La loi Falloux, votée le 15 mars 1850, favorise l'enseignement confessionnel mais impose aux communes de huit cents habitants et plus d'ouvrir une école pour les filles. En 1867, la loi Duruy étend l'obligation de la loi précédente aux communes de cinq cents habitants et ébauche la mise en place d'un enseignement secondaire public pour les filles. Les mesures prises par ces deux lois se révèlent bien modestes et auront peu d'effet. Le but de l'enseignement reste d'assigner aux femmes leur place traditionnelle.

Tous les francs-maçons se penchent sur la question de l'instruction des filles et de l'émancipation des femmes. Leurs multiples écrits, le programme d'enseignement des orphelinats maçonniques montrent qu'ils n'innovent pas. Quel que soit le courant, utopiste, rationaliste, spiritualiste, dont ils se réclament, les francs-maçons n'envisagent l'instruction et l'éducation des filles que dans l'optique de leur rôle d'épouses et de mères éducatrices de leurs enfants. Qu'ils se réfèrent à Jean-Jacques Rousseau ou à Marie-Jean de Condorcet, le modèle nouveau de l'école d'État laïque – nouveau en ce sens qu'il est détaché à la fois de la sphère privée et de l'emprise religieuse – se révèle ambigu. En effet, il continue d'être fondé sur l'axiome ancien d'un savoir attribué en fonction d'un sexe et d'un statut prédéfini. La question de l'instruction des femmes, d'abord conçue dans le cadre de la régénération de la société au moment où les conditions de vie des pauvres inquiètent la bourgeoisie, est ensuite envisagée sous l'angle politique.

Ce but politique, plus que social, lié aux lois et à l'organisation scolaire apparaît dans les réflexions des francs-maçons sur l'éducation des filles et des femmes, plus que partout ailleurs. Au cours du siècle et au gré des théories qui se succèdent, ils reprennent à leur compte les propos largement diffusés. Les femmes exaltées dans leurs fonctions d'épouse et de mère, enfermées dans le carcan du Code, le sont encore dans une éducation féminine qui leur interdit de sortir du rôle déterminé pour elles. Avec les années, les mots changent mais pas le fond de la question. « La première éducation se faisant dans la famille, l'enfant devrait y sucer le *lait démocratique*. Pour arriver à ce résultat, il faut émanciper et républicaniser la femme en faisant pénétrer dans son cerveau les rayons lumineux de la science [26]. »

Les conceptions pédagogiques des francs-maçons évoluent, à la fin du siècle, vers la théorie du mari-pédagogue. Ernest Legouvé soutient l'idée que le mari doit être l'éducateur de sa femme, qu'il doit l'initier par degrés au gouvernement des affaires communes. Cela pour deux raisons : d'une part, l'administration de la famille a besoin d'un pouvoir directeur, et il admet que ce soit le mari. D'autre part, le couple ne survivrait pas à d'éventuelles divergences entre les conjoints. Joseph-Pierre Proudhon, dans la *Pornocratie*, définit la Femme comme le réflecteur du mari, une pâle copie, seulement capable de s'investir dans la fonction véhiculaire de transmettre le message du père aux enfants. Les francs-maçons font écho à cet idéal d'une conscience unique. « Maçone (*sic*) ! Mais la femme le sera mieux, et plus sincèrement chez elle, guidée par son mari maçon [...], en lui apprenant à aimer son intérieur et à considérer, comme la première vertu du mariage, de savoir vivre heureux entre mari et femme, sans appeler des étrangers pour édifier ce bonheur [27]. » La plupart des républicains ne tiennent pas à afficher sur les femmes des opinions jugées hasardeuses même par les plus fermes d'entre eux. Bien peu conduisent une étude critique et fondée qui dénonce les vices et les insuffisances du système éducatif. Un seul texte critique ouvertement l'enseignement donné aux filles et le manque de volonté politique. « Dans le budget de 1885, les femmes sont frustrées : une loi sur l'instruction des filles a été votée ; cette loi est restée lettre morte. Dix lycées et treize collèges pour toute la France ne peuvent suffire aux besoins de développement intellectuel féminin [28]. »

Limitées, amputées, les connaissances offertes aux femmes leur sont concédées non dans leur intérêt, mais dans celui de l'homme et de la famille. Pas question d'éducation complète ou de promotion sociale, encore moins de gymnastique dont les filles seront privées longtemps encore. Ménager les droits de la famille, former des mères et des épouses ne laissent aucune place à l'épanouissement personnel et à la réalisation professionnelle. Le terme d'émancipation doit se comprendre comme l'abandon des préjugés et des superstitions. La régénération offerte aux femmes vise à remplacer Dieu par l'amour du progrès et de la raison, la dévotion à l'Église par celle à la République. Ces deux notions se trouvent intimement, et de plus en plus, mêlées au républicanisme. Le projet d'enseignement secondaire des jeunes filles subordonne la femme à l'homme et à la société, tout en garantissant la prépondérance masculine que personne n'entend remettre en cause. Il soude l'homme et la femme à un idéal supérieur censé les transcender tous les deux : la famille. Régénération n'est pas libération.

Laïques et citoyennes

Le rôle que peuvent jouer les femmes dans la diffusion du message maçonnique apparaît aux environs des années 1850.

Sur un ton obséquieux absent des textes du XVIIIe siècle, les femmes invitées dans les fêtes d'adoption s'offrent pour remplir les nouveaux devoirs que cherche à leur imposer la franc-maçonnerie. Elles vont même au-devant. Elles doivent comprendre les enseignements maçonniques afin de l'inculquer à leurs enfants : « [...] il est besoin que la femme comprenne enfin sérieusement vos enseignements et le rôle qui lui échoit. Voilà pourquoi chaque mère devrait, avec l'Évangile, posséder la loi maçonnique qu'il lui importe d'inculquer à ses fils [29]. »

Avec le siècle, le programme change ; le principe, cependant, reste invariable. Le but premier, avoué, répété à l'envi : arracher la femme et l'enfant au prêtre, condition pour la promouvoir au rang d'auxiliaire de la franc-maçonnerie, car « tant que la femme appartiendra au clergé, la vraie démocratie laïque n'existera pas [30]. » Combien de textes pour déplorer que les francs-maçons, pour plaire à leurs fiancées ou ne pas contrarier leur belle-mère, se marient à l'église et fassent baptiser leurs enfants ? Combien de conférences, d'articles, d'interventions pour dénoncer les fréquentes trahisons des femmes qui n'accomplissent pas les dernières volontés de leurs compagnons ? Toutes ces obsèques civiles dont le souhait n'est pas respecté donnent lieu à de longs développements sur l'éducation à donner aux filles. « Ne laissez pas vos filles s'asseoir sur les genoux de l'Église ; donnez aux filles une instruction rationnelle et scientifique comme aux garçons [31]. » Ces regrets s'expriment de mille façons.

Puisque l'Église sait attirer la foule par ses fêtes, que la franc-maçonnerie l'imite. Les francs-maçons croient en la valeur de l'exemple. Comment mieux montrer à la population que les obsèques ou les mariages civils existent, qu'ils se pratiquent, qu'ils sont aussi dignes que les autres si ce n'est en défilant lentement dans les rues ? La musique, le décor, les fleurs, les toilettes doivent gommer leur dépouillement trop sévère et leur caractère hâtif. Les frères s'appliquent donc à remplacer les pompes religieuses par des cérémonies laïques, répliques des précédentes dont le nom est modifié. « Lorsque nous serons d'aussi bons comédiens que les cléricaux, leur rôle sera fini [32]. » À compter des années 1880 et au début du XXe siècle, Noël Humaine, Fêtes civiques, Fêtes de la Raison rassemblent dans les loges bien au-delà des francs-maçons, de leurs épouses et de leurs enfants. Sont conviés des associations, des hommes politiques, des femmes connues, des journaux pour un enseignement pratique bien supérieur, selon l'opinion des frères, à la manifestation théorique des idées [33]. La Fête civique de la Raison est placée sous le patronage du Comité international de la libre pensée, du groupe parlementaire de la Libre Pensée, de l'Association nationale des libres penseurs de France, de la fédération des Jeunesses laïques et du journal *La Raison*.

Toutes les obédiences montrent, en ce domaine, la même volonté et s'associent pour travailler à un même but. Dans l'esprit des francs-maçons, l'émancipation s'adresse à tous mais en priorité aux femmes qu'il est nécessaire de soustraire à l'influence cléricale.

En contribuant à la défaite de l'enseignement religieux, en privant les prêtres de leur soutien, les femmes se montrent de vraies citoyennes.

Une conférence intitulée « La femme et la franc-maçonnerie » expose en détail ce qu'attendent les francs-maçons. Ils veulent une « Femme citoyenne c'est-à-dire associée à tous les actes et à toutes les pensées de son époux [34] ». Fille, sœur, épouse de Républicains, la femme doit devenir elle-même « la Citoyenne, l'Épouse, la Mère libre [35] ».

L'idéal de démocratie ne peut être atteint sans une législation adaptée, sans une évolution des mœurs. Les frères y travaillent mais, une fois encore, ils sollicitent les femmes. Et pour varier, mais on est loin des délices de Cythère, ils le disent parfois avec des vers.

> « Va ! que la Liberté te rende plus sévère !
> Va ! que l'Égalité te fasse plus austère !
> Que la Fraternité s'emparant de ton cœur
> Le rende plus sensible aux accents du malheur
> Va fais régner enfin au foyer domestique
> Les nobles qualités que veut la République [36]. »

La nécessité et l'importance des tenues blanches s'imposent. En venant partager les travaux des frères, les femmes s'imprègnent des idées et des projets de la franc-maçonnerie. Mais l'émancipation ne doit pas aller trop loin. La femme ne peut être citoyenne que dans son foyer. Qu'elle fasse « de la Maçonnerie dans son intérieur [37] ». L'essentiel est qu'elle devienne une républicaine ferme, capable de faire des citoyens aptes à pérenniser la République.

Un combat s'engage autour des femmes entre l'Église et la franc-maçonnerie car l'une et l'autre requièrent leur aide et leur complicité, l'Église pour qu'elles transmettent leur foi à leurs enfants et la franc-maçonnerie afin qu'elles « aillent affranchir définitivement le vieux monde en propageant nos idées de progrès, de justice et de solidarité [38]. »

Les protestants, toutes tendances confondues, et au XIXe siècle une grande partie des notables et des pasteurs libéraux, fréquentent assidûment les loges. Les évolutions de la société accroissent leur poids social et culturel, principalement dans la première moitié de la IIIe République. Ils retrouvent, dans les ateliers, une communauté de pensée, une démarche à la fois critique, moraliste et rationaliste qui leur est familière. Ils demandent à leurs femmes d'être de bonnes épouses, de bonnes mères, des éducatrices rigoureuses. De plus, en gestionnaires actives, elles doivent conserver et augmenter le patrimoine par leur travail, leur esprit d'initiative, leurs talents. Si elles gagnent de l'argent, elles en disposent à leur guise. De façon générale, elles sont plus tôt et mieux instruites que les femmes des familles catholiques. Enfin, ils refusent à leurs femmes les langueurs et autres « affections vaporeuses ». Eugène Pelletan, vénérable de la loge l'Avenir, et protestant, plaide dans son ouvrage *La Mère* (1865), de façon dynamique, pour que la gymnastique entre dans l'éducation des filles. Que les femmes soient fortes, éduquées, vigoureuses. Certes, il s'agit de respecter la règle de la stricte séparation des sexes, mais par les responsabilités reconnues aux femmes, les protestants les font sortir de leurs déterminismes étroits et les valorisent.

Ce n'est donc pas avec la Religion réformée que la concurrence est rude pour les francs-maçons, mais avec l'Église catholique apostolique et romaine et les Congrégations. L'Église, en s'opposant à la création et au développement d'un véritable enseignement destiné aux filles, se sert des femmes dans sa lutte contre la laïcisation de l'école et de l'État voulue par les républicains. En revanche, elle souhaite le vote des femmes parce qu'elle a la certitude qu'il serait acquis aux candidats conservateurs défendant ses thèses.

Les femmes constituent un enjeu essentiel pour ces deux forces qui s'opposent. La franc-maçonnerie comprend leur poids, leur influence, souhaite les happer, s'en faire des alliées avec une insistance si pressante que certains frères pensent devoir dénoncer cette attitude. « Tout ce dont se réclame l'ancienne Franc-Maçonnerie au point de vue de l'humanité ne peut être compris qu'au point de vue exclusif de l'homme, la femme dans la Franc-Maçonnerie étant inexistante pour les francs-maçons toutes les fois qu'ils n'ont pas besoin d'elle pour s'en servir dans leur intérêt [39]. »

Une femme laïque et citoyenne, mais une femme à la maison.

C'est sur cet ensemble dynamique mais ambigu que s'appuie Léon Richer pour promouvoir le mouvement féministe à l'intérieur comme à l'extérieur de la franc-maçonnerie.

NOTES

1. BGO Br 910. La Clémente Amitié Cosmopolite, Or∴ de Paris, ce 14 avril 1869, Rapport de la Commission sur les écoles professionnelles des femmes, « Écoles Élisa-Lemonnier » adopté dans la tenue du 14 avril 1869, 14 p.
2. Baron Catherine, *La Franc-maçonnerie et l'enseignement public primaire sous la IIIe République*, thèse de 3e cycle sous la dir. de Jacques Ozouf, École des Hautes Études en Sciences Sociales, soutenue à Dijon le 27 juin 1977, 287 p.
3. AVP, Dx^6 n° 17 dos 767 et AVP Dx^6 n° 4 dos 134. dossiers concernant l'orphelinat maçonnique.
4. Compte rendu aux Ateliers de la fédération du Grand Orient de France, n°s 6-7, août-septembre 1894, p. 278-279.
5. BN imp. 16 H° 629 (4). R∴ L∴ le Libre Examen et les Hospitaliers de la Palestine Réunis (GLDF), p. 6-7.
6. Providentialisme : croyance dans le sage gouvernement de Dieu sur la création inspiré de Jean-Jacques Rousseau et de sa *Lettre sur la Providence* qui constituait une réponse au *Poème sur le désastre de Lisbonne* de Voltaire.
7. *La Vie humaine* comporte trois suppléments : *La Chronique de la renaissance maçonnique*, *La Science des Mères ou l'Éducation harmonique* et le *Journal des enfants de la renaissance*. En 1860-1861, *La Vie humaine* prend le nom de *L'Initiation ancienne et moderne*, puis en 1862, celui de *Journal des Initiés aux lois de la vie et de l'Ordre universel*, complété par le journal *La Bonne Nouvelle du XIXe siècle*.
8. BGO. *Bulletin maçonnique de la Grande Loge Symbolique Écossaise*, n° 14, mai 1881, p. 40.
9. BGO. *Le Monde maçonnique*, t. 26, août-septembre 1884, p. 175.
10. *Bulletin maçonnique de la GLSE*, n° 29, août 1882, p. 136.
11. *Bulletin maçonnique de la GLSE*, n° 17, août 1881, p. 137.
12. BGO. *La Chaîne d'Union*, n° 9, août 1875, p. 586.
13. *Le Monde maçonnique*, t. 21, septembre-octobre 1879, p. 242.
14. BN mss FM² 641. Le Temple des Familles, Règlement particulier de la L∴ Renaissance par les Émules d'Hiram, s. d., s. p.
15. BN mss FM² 641. Règlement particulier de la R∴ L∴ sous le titre distinctif Religion Naturelle Universelle, f. 6.
16. *Le Monde maçonnique*, n° 10, février 1861, p. 577-595. Ce rituel comporte une allocution due à la sœur Maxime prononcée le 15 février 1861 au Temple des Familles. Ce rituel a-t-il été utilisé ?
17. Règlement particulier de la R∴ L∴ sous le titre distinctif Religion Naturelle Universelle, *op. cit.*, feuillet 2, article 2.

18. BN mss FM imp. 2015. Le Temple des Familles, compte rendu fait à la tenue solennelle du 8 octobre 1862 par le vénérable..., *Journal des Initiés*, 9ᵉ année, n° de décembre 1862, 15 p.
19. *Idem*, p. 8.
20. Règlement particulier de la R∴ L∴ sous le titre distinctif Religion Naturelle Universelle, *op. cit.*, feuillet 3.
21. *Le Monde maçonnique*, n° 10, février 1861, p. 589.
22. *Idem*, p. 587.
23. *Ibid.*, p. 587. En italiques dans le texte.
24. *Ibid.*, p. 592.
25. BN imp. 8° H. pièce 2526. Le Temple des Familles et l'administration actuelle du Grand Orient de France, Thirifocq. La loge est suspendue le 2 mai 1861 pour irrégularité.
26. *Compte rendu aux Ateliers du GODF*, du 3 au 8 septembre 1900, p. 70. Souligné dans le texte.
27. *L'Acacia*, 1906, 2ᵉ volume, p. 125-126.
28. *Bulletin maçonnique de la GLSE*, n° 66, septembre 1885, p. 175-176.
29. Discours prononcé par la S∴ Victorine Hennon, *op. cit.*, p. 2.
30. BGL anc. Comité des Cérémonies Maçonniques et Civiles. Œuvres communes à toutes les obédiences avec plusieurs commissions : des funérailles, des fêtes et des mariages.
31. *Bulletin maçonnique de la GLSE*, n° 13, avril 1881, p. 12-13.
32. *Idem*, p. 16.
33. *Bulletin hebdomadaire*, n° 979, 24 au 30 novembre 1902.
34. BN imp. 8° H. Pièce 173 O∴ d'Évreux, L∴ la Sincérité de l'Eure, « La femme et la franc-maçonnerie », discours adressé aux Dames dans la fête d'adoption du 23 mai 1880 par le F∴ O. Boué, p. 10.
35. *Idem*, p. 13.
36. *Ibid.*, p. 13.
37. *Bulletin maçonnique de la GLSE*, n° 17, août 1881, p. 137.
38. *Bulletin Maçonnique*, n° 129, décembre 1890, p. 124.
39. *Bulletin Mensuel de la F. M. Mixte*, 15ᵉ année, n° 2, février 1909, p. 30.

LES FEMMES : UNE PRÉOCCUPATION

Jusqu'alors le féminisme relève de joutes oratoires, d'échanges acerbes à travers l'écrit, de choix et de manifestations individuels plus que de l'action de groupes structurés et durables.

C'est un homme et un franc-maçon qui met en place un mouvement féministe d'envergure : Léon Richer. Capable de s'assurer du soutien de Victor Hugo, puis de Victor Schoelcher et de René Viviani, il fait du féminisme, avec Maria Deraismes, un mouvement organisé et pose la question de l'initiation maçonnique pour les femmes. Le 14 janvier 1882, pour la première fois, une femme est initiée selon un rite masculin et une loge, de ce fait, devient mixte.

Travaux de loges et de convents

Sujets d'études

Léon Richer donne, dans les ateliers, de fréquentes conférences sur les questions féminines. Il demande l'abandon de la condition d'infériorité où codes et lois placent les femmes. Avec la loge Mars et les Arts, il réfléchit à la question des relations des femmes et de la franc-maçonnerie. Ce frère se place toujours du point de vue juridique. Il élabore tout un programme de réflexion en quatre parties qui peut se résumer ainsi : les droits et devoirs de l'être humain ; la situation actuelle des femmes dans la famille et la société ; la position sociale due aux femmes.

La quatrième partie concerne l'institution maçonnique : la franc-maçonnerie est-elle en mesure d'apporter une solution utile à cette question et comment [1] ? Léon Richer pose, dès 1866, le principe du droit des femmes à l'initiation maçonnique. L'atelier le Mont Sinaï l'entend traiter de la position sociale des femmes [2] ; la loge l'École l'invite pour réfléchir aux devoirs et droits de la famille par rapport à l'enfant [3]. En 1872, à l'instigation de Charles Cousin, la Clémente Amitié (GODF) organise, le premier jeudi de chaque mois, des tenues de plus en plus suivies qui rassemblent des francs-maçons et des profanes candidats à l'initiation. Pour ces réunions qui s'apparentent à des tenues blanches, qu'il appelle « tenues de famille », Charles Cousin ne précise pas s'il y a ou non une présence féminine [4]. Il semble que non. En revanche, dix ans plus tard, cet atelier prend la décision de transformer l'une de ses réunions mensuelles en tenue blanche où les femmes sont admises. L'autorisation administrative doit être demandée à chaque fête ; des frères croisent, dans les couloirs des locaux, des profanes et des femmes. Autant de motifs de mécontentement et de protestations auprès des dirigeants du Grand Orient de France [5].

Les travaux et les conférences de Léon Richer créent un courant de réflexion qui s'amplifie. Les femmes deviennent l'un des principaux sujets d'études des ateliers au cours des années 1870. La Femme dans la société ; de la condition et du rôle de la Femme dans la famille et dans la société ; étude sur la Femme dans l'état social ; la famille, l'homme, la Femme, l'enfant ; de l'émancipation de la Femme ; de la Femme dans la société actuelle ; de la Famille ; l'instruction des femmes. À lire le compte rendu de certaines réunions, il est possible de se demander si certaines tenues blanches ne se rapprochent pas considérablement des réunions symboliques de la franc-maçonnerie masculine. Le 20 décembre 1874, avec l'autorisation du Grand Orient de France, quatre loges s'unissent pour organiser une fête. Il y est question d'instruction maçonnique pour les frères et les sœurs ainsi que d'ouverture des travaux avec les frères et les sœurs. Habituellement, l'ouverture est faite par les frères selon leurs rites, puis les femmes et les visiteurs profanes sont introduits.

Cette énumération non exhaustive des titres relevés dans la presse maçonnique montre la constance de la préoccupation et les domaines à travers lesquels le sujet est abordé. Incontestablement, Léon Richer et ses amis parviennent à susciter un intérêt.

Les vœux en faveur des femmes

Le premier vœu déposé en faveur de l'admission des femmes l'est au cours du convent de 1869 par Frédéric Desmons. S'agit-il d'une admission en tenue blanche ou en loge d'adoption ? Cette entrée des femmes suppose-t-elle une initiation ? Le texte ne fournit aucune précision sur les modalités de leur concours. La loge « émet le vœu : qu'à l'avenir les femmes soient admises au sein des ateliers, et puissent ainsi participer à tous nos travaux [6] ». Ce vœu fait l'objet d'un rapport le 11 avril 1870. Le rapporteur rappelle la décision prise à l'encontre de la loge le Travail en mai 1868, précisée ultérieurement, et de l'initiative du frère Colfavru ; les débats se limitent là. L'assemblée du convent repousse le vœu n° 23. À la suite de cette décision, le Conseil de l'Ordre fait publier ses conclusions : la Constitution ne s'applique pas aux femmes ; pour cette raison, le Grand Orient de France a créé pour elles une maçonnerie spéciale, la franc-maçonnerie d'adoption. « Le Grand Orient tolère les réunions de cette nature où la femme est entourée de la volonté et de l'appui de ses tuteurs naturels. Il ne saurait pousser plus loin sa tolérance [7]. »

En réponse à un long article de *L'Avenir des femmes* à l'occasion du premier anniversaire de l'initiation de Jules Ferry, Honoré-Joseph Chavée et Émile Littré, dans lequel Léon Richer regrette que rien ne bouge sur le front de l'initiation des femmes, le numéro suivant de la revue publie une lettre de Charles Cousin. Il reconnaît, dans le contexte actuel, la difficulté d'entreprendre l'initiation féminine. Il termine sa lettre par ces mots : « Si, parmi les femmes d'élite dont vous parlez, il en est une plus audacieuse que les autres qui veuille risquer l'aventure et attacher le grelot, je ne dis pas non ! Qu'elle demande, par lettre officielle [...] l'initiation maçonnique au président de la Clémente Amitié [8]. » Les frères cependant continuent de déposer des vœux demandant l'initiation des femmes avec une persévérance et une régularité déconcertantes : 1895, 1897, 1899, 1900, 1901, 1902, 1903 et la liste se poursuit dans l'entre-deux-guerres.

Selon les années, ces vœux revêtent diverses formulations. La plus fréquente d'entre elles est que, sur le principe de la mixité, les règlements se taisent. Ils ne l'interdisent pas donc il est possible d'en conclure qu'ils l'autorisent. Les partisans de l'initiation des femmes se fondent sur les règlements généraux et passent sous silence les Constitutions d'Anderson. Ces vœux connaissent également des sorts divers. Parfois, ils sont écartés mais les ateliers sont invités à réfléchir à la question ; c'est le cas au convent du Grand Orient de France de septembre 1900 où le vœu est repoussé mais envoyé à l'étude des loges par 140 voix contre, 93 voix pour et 85 abstentions. Parfois, les vœux en faveur de l'initiation des femmes sont d'emblée éliminés des débats comme au convent du Grand Orient de France de 1901 par 124 contre et 104 voix pour.

Malgré une campagne active des francs-maçons partisans de l'admission des femmes, le Grand Orient de France manifeste toujours la même opposition à l'initiation des femmes. Nous sommes encore loin des vœux d'initiation féminine formulés par une petite minorité de frères à leur réalisation.

Des tentatives audacieuses

La loge le Travail (GODF) et son vénérable, Jean-Claude Colfavru, demandent au Grand Maître du Grand Orient de France l'autorisation d'initier les femmes, arguant du fait que rien dans la Constitution ou dans les statuts ne l'interdit. Avec une logique implacable, il est répondu que si rien, en effet, n'exclut les femmes de la franc-maçonnerie, « rien non plus ne dit qu'elles peuvent y être admises [9] ». Le Conseil du Grand Maître décide même à l'unanimité qu'il y a lieu de considérer « la dite délibération comme nulle et non avenue [10] » et interdit à l'atelier d'y donner suite.

L'École Mutuelle organise une tenue blanche où les femmes ont la parole dans la discussion de la question suivante : doit-il être permis aux femmes d'exercer les mêmes professions que les hommes ? C'est un essai original commente *L'Action maçonnique* [11] mais qui n'a pas un grand succès. Honoré-Joseph Chavée, éminent linguiste, tente d'organiser des conférences élevées et savantes [12].

C'est une voie encore différente que cherche à emprunter la loge l'Ère Nouvelle. Créé à Saint-Denis en 1870, cet atelier se donne une loge d'adoption permanente. Les initiations pratiquées dans cet atelier suivent un rituel nouveau composé par madame Moreau alors Grande Maîtresse (qu'il ne faut pas confondre avec la sœur César Moreau de la Jérusalem des Vallées Égyptiennes). L'atelier rejette « les formes surannées et puériles » de l'ancienne maçonnerie d'adoption [13]. Cette même revue fait état des réunions de « la Société des Dames Humanitaires de l'Ère Nouvelle à l'Or∴ de Saint-Denis ». Est-ce le titre distinctif pris par la loge d'adoption ? Ce serait en contradiction avec les usages du XVIIIe siècle, peut-être oubliés. Est-ce une société profane créée à côté de la loge ? Au vu du titre et de l'appellation de sœurs patronnesses attribuée aux femmes, la question se pose. L'examen du dossier de constitution fait bien état d'une loge [14]. L'Ère Nouvelle est mise en sommeil en 1875. Le frère Jean-François Moreau (ou Moreaux) à l'origine de cette création appartient à la loge Saint-Pierre des Vrais Amis. Les femmes participent, à ses côtés, à une fête d'adoption organisée par Saint-Pierre des Vrais Amis le 17 mars 1877. Jean-François Moreau(x) fait partie des maires révoqués par l'Ordre Moral et remplace Émile Littré qui ne se représente pas aux élections à Saint-Denis [15].

Par ailleurs, avec les femmes, sont conviés les enfants. Leur présence, comme leur place dans les loges, ne cesse d'augmenter et s'y révèle primordiale. Cette diversité dans la formulation des vœux, des conférences, dans les tentatives multiples d'accueil du public féminin marque une effervescence des idées. Les plus audacieuses se heurtent à l'intransigeance des dirigeants des obédiences et échouent, mais elles obligent à avancer diverses remarques. Certaines de ces tenues en présence des femmes, qui se passent souvent sous le couvert d'un membre du Conseil de l'Ordre ou de dignitaires, semblent avoir tendance à oublier le respect scrupuleux des traditions maçonniques [16]. S'il n'est permis de parler ni de loges d'adoption ni même de début d'initiation, les tentations sont grandes. Ces réunions de famille, ces tenues blanches, cette maçonnerie blanche s'imposent dans le vocabulaire et dans les pratiques. Entre 1865 et 1875 environ, elles connaissent, dans toutes les obédiences, une grande vogue. Elles prennent si bien leur place dans les habitudes maçonniques françaises, que certaines d'entre elles réunissent, d'après les comptes rendus, trois mille personnes [17]. Elles bénéficient, dans toute la presse maçonnique, de relations nombreuses, régulières, détaillées. Elles font l'objet de réflexions de la part des frères qui s'entendent pour conclure à des résultats bénéfiques pour tous. Cependant, les francs-maçons apparaissent plus divisés que jamais sur la question de l'initiation des femmes.

Épouse et mère, ainsi les francs-maçons voient-ils la Femme. Mais ce rôle restreint défini en des termes invariables ne constitue pas la seule raison au refus de les initier.

L'initiabilité * *des femmes*

Arguments liés à la Femme

Faut-il ou non initier les femmes, ou plutôt, peut-on ou non initier les femmes ?

Cette question importante se trouve liée à deux notions de droits : l'égalité et la liberté. Au cours du XIXe siècle, peu à peu, les tenants de l'inégalité native des femmes se taisent. Par la parole, la femme est proclamée l'égale de l'homme : dans les textes, et concrètement, rien n'est modifié. Égale, mais non identique, de là dérive toute une théorie sur la différence des sexes. Si la femme n'est plus un être inférieur, elle reste un être différent ; étant différente de l'homme, elle ne peut se trouver que complémentaire par rapport à son compagnon. Elle ne possède donc ni existence autonome, ni réalité indépendante, en conséquence, ni liberté. Contre l'initiation féminine, les francs-maçons en appellent aux raisons d'ordre humain et à celles de principes.

La fonction immuable de la femme dictée par la Nature et son action délétère se combinent pour la priver de l'initiation maçonnique, voire de l'admission dans les loges. Il est bien possible de reconnaître aux femmes quelque intelligence, mais la conformation physique des hommes et des femmes change tout. La fonction de la femme réside dans une maternité définie dans son sens le plus large et le plus étendu dans le temps : mettre au monde mais aussi éduquer les enfants. Initiée ou admise dans les loges, la femme « n'a plus le temps d'être mère ni de rester la gardienne du foyer domestique [18]. » En outre, cette Vestale possède un caractère tel qu'il est difficilement envisageable de l'introduire dans une association comme la franc-maçonnerie. En effet, qu'attendre de la galanterie ? de la jalousie ? de l'attrait qui pousse les hommes à plaire aux femmes et les femmes aux hommes ? « Il en résulte ce que les Anglais nomment le *flirt* [...]. Or, rien n'est moins maçonnique que le flirt ou tendance à former un groupe à deux [19]. » Après cette jolie définition du flirt, Charles M. Limousin confie ses craintes sur les troubles créés par l'attirance de célibataires pour des gens mariés, de plusieurs hommes pour la même femme, de la jalousie des épouses non initiées et qui apprennent la présence d'autres femmes. L'auteur en appelle derechef à Jean de la Fontaine :

« Deux coqs vivaient en paix
Une poule survint
Et voilà la guerre allumée [20]. »

Sans compter que « des demi-professionnelles de la galanterie [...] parviendraient certainement à se glisser dans les loges. » Faudrait-il prendre que « des femmes ayant passé l'âge des amours [21] » s'interroge ce frère ?

Deux autres dangers guettent la franc-maçonnerie si les femmes sont initiées. D'une part, le risque de la diversité des choix idéologiques ou philosophiques à l'intérieur d'une même famille si la femme est membre d'une loge, le mari d'une deuxième, la fille d'une troisième. D'autre part, les femmes, toujours sous l'influence de l'Église et de ses dogmes, communiqueraient à la franc-maçonnerie une orientation réactionnaire. Se retrouve ici le même argument à l'origine de l'exclusion des femmes des droits politiques qui eut cours jusqu'au milieu du XXe siècle. Enfin, « la femme n'a pas intérêt à pénétrer dans les At∴ maç∴ parce que le devoir et l'affection l'appellent à son foyer [22]. » Il ressort des raisonnements de l'époque que l'exercice des prérogatives humaines doit correspondre aux facultés générales de son sexe en premier lieu, puis de ses facultés personnelles ; que la jouissance des droits ne saurait entraver l'accomplissement du devoir spécifique qui s'impose à chaque être humain.

Ces deux volets d'une même idée cantonnent les femmes à la maison et les laissent en marge de la société.

Arguments liés à la franc-maçonnerie

Lorsqu'il s'agit d'étudier en profondeur les modalités d'accueil des femmes dans les loges, les frères s'appuient sur les caractéristiques de l'institution maçonnique.

Il leur apparaît difficilement envisageable d'accueillir sans inconvénient et sans danger des femmes dans une association comme la franc-maçonnerie. En effet, ne faut-il pas compter avec le secret maçonnique et sur leur indiscrétion congénitale ? Même si le secret maçonnique n'existe pas, il importe d'en maintenir l'apparence « et la question est de savoir si elle le serait quand des femmes feraient partie de la Franc-Maçonnerie [23]. »

Ils mêlent les loges d'adoption du XVIIIe siècle et les sociétés badines telles que les Mopses, les Fendeurs, ou les Chevaliers et Nymphes de la Rose. Ils présentent toujours les véritables tentatives de loges mixtes sous leur jour le plus négatif. Que ces ateliers finissent par se disperser, comme les Libres Penseurs, l'Ère Nouvelle ou d'autres, constitue la preuve que l'initiation féminine ne peut être une véritable initiation. Les francs-maçons mettent en doute sa qualité intrinsèque.

Les frères ressentent tous les pièges liés aux enquêtes sur les candidats à l'initiation et aux épreuves elles-mêmes. Il est déjà si difficile d'obtenir des renseignements sur les hommes, soupire le frère Lobit, « et c'est dans des conditions pareilles que vous voudriez ouvrir les portes de nos temples à la femme [24] ? ».

Les impossibilités à l'initiation féminine proviennent aussi des règles, des devoirs, des traditions particulières de la franc-maçonnerie, ce que le frère Leblanc développe dans une loge de la Grande Loge Symbolique Écossaise. « La franc-maçonnerie doit être avant tout une institution essentiellement masculine. Sa composition doit être homogène, son recrutement doit porter sur des individus capables, non seulement de concevoir, mais de plus, doués de l'énergie nécessaire à la mise en œuvre de leurs conceptions. Mais il ne faut pas perdre de vue que sa force réside dans son union et que du jour où des éléments étrangers viendraient à être introduits dans son sein, la désagrégation sourde poursuivrait lentement mais sûrement son œuvre dissolvante, jusqu'au moment où le choc, résultant du contact prolongé entre des éléments hétérogènes, anéantirait les fruits de nos efforts vainement dépensés [25]. » En physique, cela s'appelle un manque de résilience. D'après ce frère, qui ne voit pas pourquoi pour quelques rares femmes célèbres il faudrait modifier la Constitution, le choc de la nouveauté compromettrait l'existence même de la franc-maçonnerie.

De plus, en devenant mixte, la franc-maçonnerie exacerberait les passions des adversaires, se livrerait aux critiques et au ridicule. Et surtout, elle indisposerait à son égard les puissances maçonniques étrangères. La question de la régularité * maçonnique et de la reconnaissance * par la franc-maçonnerie revient de façon récurrente.

Enfin, « la Maç∴ n'a pas intérêt à s'attacher la femme comme membre actif parce qu'elle ne pourrait recevoir que celles qui n'ont pas d'activité utile dans la société. La femme étant liée au foyer par des occupations multiples, il est juste qu'elle prenne le temps de repos nécessaire à sa santé, en toute liberté, et non en s'enfermant dans une salle de réunion [26] ».

Ces travaux procèdent par l'accumulation des arguments. Au XXe siècle, Oswald Wirth, le premier, synthétise et théorise l'ensemble des données. De ses réflexions résulte la certitude d'une spécificité du symbolisme. Un certain nombre d'auteurs le suivent dans ses conclusions, en particulier René Guénon et Paul Naudon. « Nous comprenons qu'il est absurde de proposer à la femme un programme initiatique visant au développement de la *masculinité*. Si la femme doit être initiée, elle ne saurait l'être qu'aux *Mystères de la Féminité* [27]. » Il en déduit que la reconnaissance de l'obédience mixte le Droit Humain, en 1923, par le Grand Orient de France crée de fausses maçonnes [28]. Il conseille aux femmes de ne pas imiter les hommes, de cesser de faire le siège des obédiences masculines, de créer quelque chose de neuf. « Soyez novatrices ! Instruisez-vous de ce que les hommes ignorent et opposez aux obédiences mâles une organisation inédite des mystères de l'initiation féminine [29]. » Il les renvoie à leur imagination pour qu'elles créent leurs propres mystères féminins.

Le féminisme bourgeois

Guerre de 1870, effondrement de l'Empire, Commune. Les femmes une fois encore n'obtiennent rien, sinon l'égalité de traitement avec les hommes au moment de la répression.

Après 1871, le féminisme est pleinement conduit par des hommes et des femmes de la bourgeoisie intellectuelle et fortunée. Maria Deraismes n'en est pas la seule représentante. Marguerite Durand, jeune, belle et riche, Avril de Sainte-Croix,

Marguerite Pichon-Landry, sœur et tante de ministres, épouse d'un riche industriel. Pour le milieu protestant, Sarah Monod issue d'une grande famille d'académiciens et de pasteurs et madame Jules Siegfried, épouse de l'homme politique du même nom, modéré et millionnaire. Cette caractéristique vaut au courant de revendications féministes de cette époque son appellation de féminisme bourgeois et son caractère très sage.

L'Ordre Moral règne, qui oblige le journal et la société de Léon Richer à changer d'appellation et interdit les conférences d'Olympe Audouard, jugée dangereuse. Devenus *L'Avenir des femmes* et la Société pour l'amélioration du sort de la femme, titres jugés moins subversifs, le journal et la société de Léon Richer retrouvent leur première appellation en 1882 lorsque sera établie la République des Républicains.

Les moyens d'action des féministes sont multiples. Les deux ordonnatrices en sont Maria Deraismes et Sarah Monod. Des livres continuent de soutenir la cause des femmes : Léon Richer publie *La Femme libre* en 1877, *Le Code des femmes* en 1883. Des journaux nouveaux sont fondés : *La Femme* de Sarah Monod en 1878, *La Citoyenne* et *La Fronde* de Marguerite Durand. Maria Martin dirige *Le Journal des femmes*. De 1871 à 1914, trente-cinq publications féministes sont créées. Seule *La Fronde* connaît une renommée qui dépasse les frontières nationales. Dans leurs colonnes se développent les polémiques comme celle qui oppose, en 1872, Maria Deraismes et Alexandre Dumas fils à propos de leurs œuvres respectives : *L'Homme-femme* et *Ève contre Monsieur Dumas fils*. Contrairement à Jules de Barbey d'Aurevilly qui reste fidèle à lui-même, Alexandre Dumas fils optera pour le féminisme. Les associations féministes sont nombreuses, tant à Paris qu'en province, mais beaucoup connaissent une existence éphémère. Le nombre des adhérents est limité. Néanmoins, certaines d'entre elles, en particulier celles présidées par Léon Richer ou Maria Deraismes, qui comptent dans leurs rangs Victor Hugo ou René Viviani, ont une influence non négligeable. Les congrès constituent un autre moyen de diffusion des thèses féministes. Maria

Deraismes finance le premier d'entre eux, le Congrès international du droit des femmes de 1878. Sarah Monod prend également une grande part à leur organisation.

Le féminisme bourgeois adopte la stratégie des petits pas et de la brèche. Il propose des réformes graduées et limitées, demande le rétablissement du divorce, la recherche en paternité et les droits civils. Les féministes renoncent à demander les droits politiques. Léon Richer soutient l'idée, déjà usitée, que le droit de vote ne peut être attribué aux femmes en raison de leur fidélité aux dogmes de l'Église catholique. Maria Deraismes partage ce point de vue. Tous s'en tiennent aux droits civiques. Seules les féministes qui appartiennent à la Religion réformée réclament le droit de vote, les droits politiques et, à travail égal, l'égalité des salaires entre les hommes et les femmes.

Ces options modérées provoquent, en 1876, une scission au sein des associations de Léon Richer et l'échec du congrès de 1878 en raison du départ des femmes qui demandent, contre l'avis de Maria Deraismes, que soit inscrit au programme l'obtention des droits politiques. Hubertine Auclair réplique : « Pour que la femme n'aille plus prier, il faut qu'elle aille voter [30]. » Elle démissionne, publie le discours qu'elle devait prononcer sous le titre *Le Droit politique des femmes, question qui n'est pas traitée au Congrès international des femmes*, et fonde une association rivale. Cette femme intrépide, première suffragette française, n'hésite pas à envahir les mairies lors des élections pour protester ou lors des mariages pour avertir les femmes du sort qui les attend. Elle sert de modèle aux suffragettes anglaises qui copient ses modes d'action, mais échoue en France. Pour les élections législatives de 1885, lorsque vingt-sept femmes seront sollicitées pour poser leurs candidatures, quinze accepteront. Le dépôt de candidature constitue également un moyen d'action. Parmi celles qui refusent : Paule Mink, Juliette Lamber, Louise Michel. Parmi celles qui acceptent : Maria Deraismes mais cette candidature est sans lendemain.

Le féminisme bourgeois va évoluer vers des préoccupations sociales mais refuse de considérer l'aspect économique. Il s'oriente de plus en plus vers la question des femmes déshéritées, de la prostitution, de l'alcoolisme, des veuves et des mères célibataires. Maria Deraismes reprend le concept de régénération et développe des points de vue conservateurs et très moralisateurs.

Marxistes, guesdistes, les courants les plus à gauche et les républicains qui appartiennent aux différentes gauches récusent le féminisme bourgeois et son modèle familial fondé sur l'intérêt et l'hypocrisie, l'absence de sentiments véritables dans les couples. Tous les radicaux ne sont pas féministes et Paul Lafargue ne fait pas l'unanimité. Les guesdistes se divisent sur la question de savoir si les femmes doivent ou non rester à la maison, tandis que quelques autres, guesdistes eux aussi, en appellent à l'esprit chevaleresque français et imaginent « la Femme reine d'un Temple où la suivraient [leurs] adorations ». Quant à Ernest Tarbouriech, fidèle aux socialistes utopistes, il organise une cité idéale où hommes et femmes vivent selon les principes de la plus stricte égalité. Après l'alternative de la cuisine ou de la maison close chère à Proudhon, en voici une autre : le temple ou le phalanstère.

Face à cette mosaïque d'opinions divergentes, Frédéric Desmons, Jules Labbé, Jean-François Moreau(x), Louis Thirifocq, Alexandre Weil, Léon Richer et autour d'eux une poignée de francs-maçons volontaires contribuent à entretenir en loge la question féminine.

NOTES

1. *Le Monde maçonnique*, mars 1864, p. 664.
2. *La Chaîne d'Union*, n°s 4-5-6, mars, avril, mai 1873, p. 316.
3. *La Chaîne d'Union*, n° 2, janvier 1874, p. 126.
4. *Le Monde maçonnique*, octobre 1872, p. 336.
5. *Bulletin du GODF*, n° 12, février 1882, p. 547-549.
6. Ligou Daniel, *Frédéric Desmons et la franc-maçonnerie sous la IIIe République*, éd. Gédalge, Paris, 1966, p. 64.
7. *Bulletin du Grand Orient de France*, mars 1870, p. 97.
8. BMD 396 Dro bul. *L'Avenir des femmes*, 8e année, n° 142, 3 septembre 1876, p. 131.

9. *Bulletin du GODF*, n° 4, juin 1868, p. 149-150.
10. *Idem*, p. 151.
11. *L'Action maçonnique*, n° 12, 15 mai 1868, p. 185.
12. *La Chaîne d'Union*, n° 9, août 1875, p. 586.
13. *La Chaîne d'Union*, n°s 9-10, août-septembre 1873, p. 511.
14. BN mss FM2 786. Archives de la loge l'Ère Nouvelle, dossier constitué pour l'installation de la loge.
15. Pétrot Albert, *Les Conseillers municipaux de Paris et les Conseillers généraux*, Biographies précédées d'un résumé de l'histoire municipale de Paris, lib. F. Henry, Paris, 1876, 63 p. ; p. 52.
16. *La Chaîne d'Union*, n°s 4, 5, 6 mars, avril, mai 1873, p. 207.
17. *La Chaîne d'Union*, n° 9, septembre 1879, p. 404.
18. *Bulletin maç. de la GLSE*, n° 129, décembre 1890, exposé du F∴ Bordier (GODF).
19. *L'Acacia*, 1902-1903, article de M∴ Hiram (Charles M. Limousin), p. 596-597.
20. *Idem*, p. 599.
21. *Ibid.*, p. 600.
22. BGL. Archives de l'atelier écossais de Toulon, 1920.
23. *L'Acacia*, 1902-1903, article de M∴ Hiram (Charles M. Limousin), p. 596-597.
24. *L'Acacia*, 1903, « de l'admission de la femme dans la franc-maçonnerie », F∴ Dr Lobit, p. 683-692.
25. BN imp. 8°H. pièce 489. GLSE, Loge le Héros de l'Humanité, « la Femme et la Franc-Maçonnerie », par le F∴ Y. A. Leblanc, 1891, 16 p. ; p. 13.
26. BGL a.n.c. Archives de l'atelier écossais de Toulon, 1920.
27. Wirth Oswald, *L'Idéal initiatique*, p. 64.
28. *Le Symbolisme*, n° 59, janvier 1923, « La reconnaissance du Droit Humain par le Grand Orient de France », O. Wirth, p. 9-11.
29. *Idem*, p. 11.
30. *La Citoyenne*, n° 1, 18 février 1881, Hubertine Auclair.

LES OFFENSIVES EN FAVEUR DE LA MIXITÉ

La loge les Libres Penseurs créent l'événement. L'initiation de Maria Deraismes, connue pour ses opinions républicaines et anticléricales, constitue un acte politique comparable à l'initiation, en 1875, d'Honoré-Joseph Chavée, Émile Littré et Jules Ferry. L'initiation d'une seule femme, par un atelier isolé, dans un contexte majoritairement hostile ne provoque ni retournement d'opinion ni changement de situation. Cependant, à Maria Deraismes revient le mérite d'associer féminisme et politique, féminisme et république, et de donner de l'ampleur au mouvement.

Le scandale de la mixité

« Il n'y a pas de fatalité de nature »

Les loges accueillent des hommes nouveaux, les personnalités marquantes à venir de la République. Étienne Lockroy, Henri-Louis Tolain, de la Forge, Gustave Mesureur, Georges Martin rejoignent l'élite politique et intellectuelle déjà présente dans les ateliers : Léon Gambetta, Louis Blanc, Frédéric Desmons, Paul-Armand Challemel-Lacour, Jean Macé, Alfred Naquet, etc. Le positivisme triomphe avec la très brillante initiation d'Honoré-Joseph Chavée, Émile Littré et Jules Ferry en 1875. Au Grand Orient de France, le pasteur Frédéric Desmons fait voter, par le convent de 1877, la suppression de toute référence au Grand Architecte de l'Univers, c'est-à-dire de toute référence métaphysique dans la Constitution. Au Suprême Conseil du Rite Écossais Ancien Accepté, l'avant-garde républicaine demande la réorganisation de l'obédience selon des principes démocratiques, exige de s'impliquer dans la vie civile et d'y soutenir les luttes politiques. N'ayant pas obtenu gain de cause, ces frères font scission et créent, le 12 février 1880, la Grande Loge Symbolique Écossaise [1]. C'est un petit groupe de francs-maçons de cette obédience – Georges Martin, Auguste Schäffer (ou Schaffer ou encore Schäfer), Paul Goumain-Cornille parmi les principaux instigateurs – qui va donner un tour capital à la question de la présence des femmes dans les ateliers en initiant Maria Deraismes.

Toutes les obédiences continuent de pratiquer les tenues blanches, multiplient les manifestations et les formules, créent des baptêmes, des mariages, des obsèques maçonniques pour offrir un cérémonial aux personnes qui abandonnent celui des cultes. Cependant, un petit nombre de francs-maçons, qui appartiennent à la Grande Loge Symbolique Écossaise veulent initier les femmes selon les rites masculins et fonder ainsi des loges mixtes.

Dans un travail sous-titré « L'admission des femmes dans la franc-maçonnerie », le frère Schäffer, en juillet 1880, publie une *Observation sur le projet de Constitution* en discussion à la Grande Loge Symbolique Écossaise [2]. Il s'appuie sur l'Histoire, les tenues en loges d'adoption de l'Ancien Régime, l'action de rapprochement social opéré par ces ateliers avant la révolution de 1789. Sa démonstration repose sur le désir d'une plus grande mise en cohérence des principes de base de la franc-maçonnerie et de la démocratie. Il dénie à quiconque le droit de choisir pour quelqu'un d'autre et de se prononcer à sa place. Et il affirme haut et fort : il n'y a pas de fatalité de nature pour les femmes, pas plus que pour les hommes. Le *Bulletin maçonnique de la GLSE* suivant présente la modification du paragraphe 2 de l'article 4 du projet de Constitution qu'il propose pour y introduire le principe de la présence féminine dans les loges [3]. Mais le texte rédigé paraît timoré et surtout ambigu. « Pour le moment, et étant donné la nécessité d'étudier de la manière la plus approfondie les conditions particulières qui doivent assurer le succès de notre proposition, la présente demande de modification à la Constitution de la Grande Loge Symbolique Française (*sic*) se limite à un seul point : affirmation positive du droit de la Femme dans la Franc-Maçonnerie sous les auspices de la Grande Loge Symbolique Écossaise de France [4]. » La formule, maladroite et sujette à diverses interprétations, n'est pas éclairée par le paragraphe additionnel. L'égalité des sexes n'est pas proclamée. Malgré des articles pour soutenir cette proposition, les dirigeants de la Grande Loge Symbolique Écossaise ne retiennent pas l'idée des signataires.

La question de l'admission des femmes dans les loges est reposée quelques mois plus tard par un atelier de la Grande Loge Symbolique Écossaise, les Libres Penseurs, installé au Pecq depuis le 13 août 1880. Selon la même tactique : articles dans la presse maçonnique pour annoncer le projet suivi de la demande officielle. Le *Bulletin maçonnique de la GLSE* du mois de mai 1881 annonce l'intention des Libres Penseurs d'admettre des femmes à l'initiation maçonnique. L'atelier fait parvenir à la Commission des règlements particuliers le texte qu'il souhaite se donner et qui est soutenu par le féministe Paul Goumain-Cornille, député de la loge des Libres Penseurs à la Grande Loge Symbolique *, dans la séance du 12 septembre 1881. La question de l'admission des femmes dans les loges, constamment d'actualité, et les desseins des Libres Penseurs obligent les uns et les autres, et surtout ceux qui auront à voter le texte des Règlements particuliers, à déterminer leur ligne de conduite. Les Vrais Amis Fidèles, à l'unanimité moins une voix, vote contre le projet ; la Justice vote pour l'admissibilité des femmes. Les opinions adverses empruntent, pour s'exprimer, la voie du *Bulletin maçonnique de la GLSE*. S'appuyant sur l'œuvre de Marie-Jean de Condorcet dont il cite de larges extraits, Paul Goumain-Cornille demande l'égalité des hommes et des femmes et avance une proposition intéressante [5]. Afin de préserver les droits et la liberté de tous, il suggère que l'obédience reconnaisse aux ateliers qui le désirent le droit d'admettre des femmes, sans pour autant que ce principe soit applicable de façon automatique à l'ensemble des loges. Cette solution médiane, susceptible d'apaiser les plus réfractaires à l'entrée des femmes dans les loges et de satisfaire les partisans de la mixité, sera inscrite dans sa Constitution par la seconde Grande Loge Symbolique Écossaise. Néanmoins cette possibilité de pluralisme ne connaîtra pas une bonne fortune.

Comme les Libres Penseurs l'avaient laissé entendre, ils déposent une demande de modification de leurs règlements particuliers afin d'y inscrire le droit à l'initiation pour les femmes. La Grande Loge Symbolique nomme une commission qui se prononce contre la modification envisagée. Bien que le projet soit défendu par un homme de l'art, Paul Goumain-Cornille est avocat, la Grande Loge Symbolique rejette à l'unanimité moins deux voix la possibilité pour une loge d'initier des femmes [6].

Les francs-maçons féministes se heurtent à la force des préjugés mais aussi à la tradition maçonnique. La Grande Loge Symbolique Écossaise est la gardienne, au même titre que les autres obédiences, des usages définis par les Constitutions d'Anderson et se doit, par solidarité, de les respecter. Le refus opposé à la demande de l'atelier du Pecq, pour éviter toute équivoque, est donc porté à la connaissance des autres loges. Certaines font part de leur vive satisfaction de la décision de la Grande Loge. Quelques frères ne cachent pas leur déception. Des loges continuent de porter la question de l'admission des femmes à l'ordre du jour de leurs réunions, discutent et votent. Généralement, l'atelier décide à l'unanimité que les femmes doivent être admises dans des tenues blanches le plus souvent possible mais refusent qu'elles reçoivent l'initiation. Tout est dit. Le résultat des votes est par ailleurs éclairant sur le nombre des partisans de l'initiation des femmes. L'initiation est toujours repoussée à l'unanimité moins deux, moins trois voix, moins une voix.

Le refus subi par la loge du Pecq tient aussi au fait que sa demande de modification de ses règlements particuliers se situe au moment où les obédiences entament des pourparlers dans la perspective de fusionner les rites. La position du Grand Orient de France quant à l'initiation des femmes est connue. Les tenues blanches sont recherchées ; tous les vœux déposés dans le but d'instaurer l'initiation sont rejetés. La Grande Loge Symbolique Écossaise sait qu'elle devra quitter la négociation si elle introduit le principe de l'initiation des femmes dans ses textes.

Ces premières tentatives pour instaurer la présence des femmes dans les loges ayant échoué, les partisans de l'initiation féminine vont choisir d'autres voies.

L'initiation de Maria Deraismes

S'ils veulent mener à bien leur projet, les Libres Penseurs disposent d'une autre solution : se séparer de leur obédience, ce qu'un atelier a toujours la possibilité de faire. La loge demande à la Grande Loge Symbolique Écossaise l'application de l'article 67 de leur Constitution pour conserver intacte son autonomie et initier des femmes. Par dix voix contre huit, la Grande Loge Symbolique autorise cette séparation. C'est donc une loge autonome, et qui n'en reste pas moins régulière, qui initie Maria Deraismes le 14 janvier 1882 créant ainsi, pour la première fois, un atelier mixte. Autour de la nouvelle sœur, un grand nombre de francs-maçons de toutes les obédiences, tous républicains.

Cependant, cette initiative provoque des remous et des difficultés pour les Libres Penseurs. Son autonomie et surtout sa mixité lui interdisent toute relation avec son obédience d'origine et avec l'Ordre maçonnique. Isolée, la loge se divise quelques mois plus tard. En effet, un certain nombre de frères jugent leur position intenable et sollicitent leur réintégration auprès des dirigeants de la Grande Loge Symbolique Écossaise. Leur retour et leur réintégration entraînent des turbulences. Des polémiques s'engagent. Pendant un temps, les frères qui demandent leur réintégration envisagent de créer une nouvelle loge, l'Émancipation, pour sortir de ce mauvais pas. Cette affaire provoque des démissions. Un des frères démissionnaires, vénérable des Libres Penseurs, Houbron, continue de signer comme vénérable et ouvre une loge chez lui. D'autres accusent la loge la Bonne Foi de

Saint-Germain-en-Laye de nuire à la loge du Pecq en entravant le recrutement de nouveaux francs-maçons. La loge la Bonne Foi est un atelier très ancien du Grand Orient de France. Le frère Houbron y fut initié en 1851. En 1880, sa loge le condamne à cinq ans de suspension des droits maçonniques. Il fait appel de ce jugement, est réintégré mais démissionne aussitôt pour créer l'atelier du Pecq. Les raisons mêmes de la création des Libres Penseurs peuvent contenir les germes de ses difficultés. Mais ces événements prennent de l'ampleur parce qu'ils accompagnent un fait hors du commun à l'époque : l'initiation d'une femme. Rivalités de personnes, ou de loges, affrontements politiques, vivacité des oppositions à propos de l'initiation des femmes ? Les archives des loges, quand elles existent, restent muettes sur ces épisodes. Les frères adversaires de l'initiation des femmes applaudissent au retour des Libres Penseurs au sein de l'obédience et se gaussent de ses ennuis. Les partisans des femmes expriment leurs regrets. Deux ans seront nécessaires pour que cessent les perturbations provoquées par l'initiation de Maria Deraismes.

Le 14 avril 1882, Paul Goumain-Cornille, vénérable de la Justice, les frères Schäfer et Legros, respectivement orateur et second député de cette même loge, démissionnent de leur atelier. Le motif ? Encore la question de l'initiation des femmes. Lors d'une précédente tenue, la Justice émet un vote très majoritairement favorable à la présence des femmes dans les loges. La même question est à nouveau soumise au vote à la séance suivante et obtient un vote défavorable, ce qui provoque la colère des trois démissionnaires. Ils relèvent et déplorent cette manœuvre.

Ces faits sont révélateurs de l'état des esprits et annonciateurs de bien d'autres difficultés pour les partisans de l'initiation des femmes.

Les limites de l'événement

Les récits erronés de l'initiation de Maria Deraismes qui servent d'argument au refus de la reconnaissance de l'obédience mixte le Droit Humain par les obédiences masculines, les erreurs tactiques des Libres Penseurs, la réintégration de l'atelier dans son obédience sans Maria Deraismes limitent les conséquences avantageuses qu'aurait pu avoir cette initiation. Si elle crée les conditions pour qu'une femme, initiée à un rite masculin, puisse agir seule douze ans plus tard et fonder une nouvelle obédience, sur le moment, son impact est restreint. De plus, la pensée de Maria Deraismes présente des contradictions qui en bornent la portée.

Par ses talents de journaliste, de conférencière, d'écrivain polémiste, Maria Deraismes porte la question de la situation des femmes dans l'espace public. Les actions individuelles des féministes ou leurs livres recevaient peu d'échos. En prenant la parole en public, Maria Deraismes donne une impulsion sans précédent au mouvement.

Son second mérite consiste à lier ses convictions féministes à la lutte pour l'instauration de la République et de la laïcité. Maria Deraismes dénonce la misogynie et l'obscurantisme de l'Église catholique. Elle soutient activement les mouvements de la libre pensée dont elle contribue à organiser une section dans le département de Seine-et-Oise, demande aux libres penseurs de faire de leurs femmes des compagnes et des égales, participe à leurs congrès ou préside leurs banquets. La IIIe République fondée le 4 septembre 1870, acquise de façon subreptice grâce à l'amendement Wallon le 30 janvier 1875, et l'Ordre Moral perpétuent des pratiques et des institutions de type monarchique. Maria Deraismes lutte activement en faveur de la République. Lors de la crise du 16 mai, comme les réunions politiques sont momentanément interdites, elle en organise chez elle, dans sa propriété des Mathurins à Pontoise. Elle apporte à ce combat sa détermination et son courage et, en liant féminisme et politique, elle donne aux revendications féministes une portée générale.

Ses idées cependant présentent quelques contradictions. Alors même qu'elle donne une dimension politique au mouvement féministe, elle remet à plus tard la revendication des droits politiques. Dans le contexte de l'époque, elle eut sans doute raison. Mais en limitant les demandes des femmes aux questions liées aux enfants, au Code civil, au travail, en déclarant que les femmes possèdent des qualités et des aptitudes spécifiques, elle contribue à les maintenir dans le domaine et le rôle circonscrits définis pour elles. Faut-il voir dans ses choix un effet de l'étroite collaboration de Léon Richer et de Maria Deraismes avec les hommes politiques de la République opportuniste et radicale ?

En effet, la gauche radicale – Alfred Naquet, Camille Pelletan, Georges Clemenceau, Charles Floquet, Henri Brisson – professe un anticléricalisme résolu. La gauche opportuniste procède par étapes, en tenant compte des occasions et des possibilités (ce qui lui vaut son nom). Elle veut conquérir les propriétaires ruraux, la petite bourgeoisie des villes, les artisans, les classes moyennes. Elle y réussit avec l'aide des radicaux. Dès qu'ils parviennent au pouvoir, en 1877, ils s'emploient à rassurer. Après 1880, sont votées les lois instaurant les libertés publiques : liberté de réunion, de la presse, d'association, libertés municipales. Les femmes obtiennent la loi sur le divorce en 1884. Alfred Naquet ne parvient à faire adopter son texte qu'après avoir accepté de transformer la séparation des époux en punition d'une offense conjugale, ce qui exclut la possibilité du divorce par consentement mutuel. La recherche en paternité est refusée. Enfin, la République réalise son œuvre scolaire avec les textes qui limitent l'influence de l'Église – surtout des Congrégations – et ceux qui instaurent l'enseignement d'État gratuit (1881), obligatoire et laïque (1882). Mais les républicains opportunistes et libéraux se montrent plutôt indifférents aux propositions de lois sociales et ne cèdent rien pour les femmes. Au nom de l'emprise du clergé sur la population féminine, la France radicale et opportuniste ne brille pas par sa combativité en faveur des femmes. La réalité de cette influence provoque et induit leur attitude. De plus, les revendications des femmes ne coïncident ni avec le programme ni avec la stratégie adoptée par les républicains. Dans cet échec, jouent aussi les préjugés et les préoccupations électoralistes. Aux élections législatives de 1876 et de 1881, deux hommes seulement, dont Alfred Naquet, osent soutenir les revendications des femmes. Des féministes qui se présentent, seul Alfred Naquet est élu. Pour Léon Richer, surnommé « l'homme des femmes », ce n'est pas une défaite, mais une débâcle. Préventions de la classe politique et préjugés du pays légal s'additionnent pour opposer une fin de non-recevoir aux revendications des femmes.

Que ce soit par souci de recueillir les suffrages des électeurs ou par crainte de ternir leur image d'hommes respectables, les francs-maçons, hommes politiques ou notables de province, cherchent avant tout à ne pas déplaire aux couches populaires par des propositions jugées inopportunes et à ne pas choquer la bourgeoisie par des idées considérées comme subversives ou taboues. Ils s'en tiennent donc au niveau symbolique des prises de position.

Humeurs et affrontements

Le temps du soupçon

L'initiation de Maria Deraismes provoque encore bien d'autres réactions. Comme cet épisode de l'histoire maçonnique apparaît dénaturé et que l'altération des faits se trouve contemporaine des événements mêmes, la Grande Loge Symbolique Écossaise se voit contrainte de publier des mises au point dans la presse maçonnique. Les dirigeants de la Grande Loge Symbolique Écossaise précisent, à plusieurs reprises, que les Libres Penseurs n'ont pas été suspendus, mais qu'ils se sont rendus autonomes pour initier Maria Deraismes. Ils insistent également sur le fait que le refus de cette initiation ne relève pas d'une volonté de limiter la liberté d'action d'une loge mais repose sur le respect des principes fondamentaux de la franc-maçonnerie [7]. Au moment de la création du Droit Humain, l'obédience éprouvera encore la nécessité de préciser les choses afin qu'aucun doute ne subsiste sur son rôle exact dans l'événement. Il n'empêche. De multiples erreurs accompagnent les diverses relations de cette initiation et subsistent longtemps.

L'autre interrogation porte sur le degré symbolique auquel est initiée Maria Deraismes. L'invitation [8] et le compte rendu de la tenue indiquent que l'initiation a lieu au premier degré symbolique. Ce même compte rendu de la tenue d'initiation rapporte qu'aucune épreuve physique n'a été imposée [9]. Maria Deraismes répond seulement aux questions d'usage. Ce n'est pas une véritable initiation disent certains frères. Maria Deraismes reçoit-elle, lors de cette cérémonie, les deuxième et troisième degrés successivement ? Beaucoup s'interrogent, certains le nient de façon catégorique. En l'absence d'archives, la prudence s'impose. Maria Deraismes peut avoir reçu les deuxième et troisième degrés par communication *. Ces incertitudes servent les adversaires de l'initiation des femmes. Comment Maria Deraismes, pourvue du seul premier degré symbolique, pourra-t-elle initier des femmes aux degrés de compagnon et de maître au moment de la création de la loge mixte le Droit Humain en 1893 ? Les zones d'ombre qui entourent l'initiation de Maria Deraismes fournissent aux dirigeants de l'Ordre des arguments pour refuser toute légitimité à la loge qu'elle crée douze ans plus tard et pour, pendant des années, ne pas lui accorder la reconnaissance officielle sollicitée.

Après l'initiation de Maria Deraismes, il est demandé à Georges Martin de s'expliquer sur sa présence à la tenue de la loge les Libres Penseurs et sur son rôle exact. Chacun connaît ses opinions en faveur de l'initiation des femmes et ses relations avec Maria Deraismes. Il avait prévu cette réaction car il se limite à rappeler les premières paroles du discours qu'il prononça le 14 janvier 1882. « Ce n'est ni comme membre de la Grande Loge Symbolique, ni comme membre de la Commission Exécutive que je prends la parole [...] c'est en mon nom personnel que je félicite les Libres Penseurs [10]. »

Nouvelles tentatives ; nouveaux échecs

Paul Goumain-Cornille estime que la Grande Loge Symbolique Écossaise, en refusant à la loge les Libres Penseurs, à une très forte majorité, la possibilité de modifier ses règlements particuliers, a commis une erreur. Il s'en explique dans une lettre au journal *La République maçonnique* [11]. Au nom de l'autonomie des loges, les députés auraient dû laisser la loge agir à sa guise. Leur vote majoritaire contre son intention d'initier des femmes n'a rien résolu. La question, en effet, reparaît tout aussitôt sous des formes diverses.

Georges Martin se montre débordant d'activité et d'idées. Avec lui, la Jérusalem Écossaise dont il est le vénérable et une petite poignée de frères. Comme les Libres Penseurs, la Jérusalem Écossaise, précisément, demande son autonomie à la fin de l'année 1884. Un mois plus tard, elle revient au sein de la Grande Loge Symbolique Écossaise sans que soient précisées les raisons de son départ et de son retour.

Cinq ans plus tard, Georges Martin annonce une tenue organisée par la Jérusalem Écossaise au cours de laquelle Maria Deraismes donnera une conférence. Ni la conférence ni Maria Deraismes en elle-même ne présentent de difficultés. Mais cette proposition repose la question de sa régularité maçonnique et soulève la question de savoir à quel titre elle va intervenir : comme conférencière profane ou comme sœur ? Les frères féministes affirment qu'elle est franc-maçon régulier ; les adversaires de l'initiation des femmes proclament son irrégularité. En fait, l'objectif de Georges Martin est de profiter de cette conférence pour procéder à l'affiliation de Maria Deraismes et transformer ainsi la Jérusalem Écossaise en loge mixte [12]. La Grande Loge Symbolique tranche. Le principe de cette réunion n'est accepté que si elle a lieu en tenue blanche, solution repoussée par Georges Martin qui la juge inconvenante vis-à-vis de la conférencière. C'est un échec. Il obtient cependant que soit reposée la question de l'admission des femmes.

À la tenue suivante, Georges Martin présente le texte qu'il prévoit dans le cadre de la révision de la Constitution [13]. Il ne peut s'empêcher d'ajouter qu'il est intéressant de savoir si depuis l'admission de Maria Deraismes « à la L∴ du Pecq, la question de l'admission des femmes dans la maç∴ avait mûri [14] ». Il se heurte à un nouveau refus. Il annonce alors son intention de ne jamais violer la Constitution mais aussi sa ferme intention de poursuivre son projet. Les réactions hâtives des frères ou des députés de la Grande Loge qui éliminent ses propositions par des questions préjudicielles sans examen froissent Georges Martin qui exprime son amertume. « Lorsque la GLSE s'est créée sa constitution marquait un pas en avant. Depuis, toutes les constitutions Maç∴ ont été révisées en France et nous retardons maintenant sur les autres obédiences. [...] La Maç∴, institution de progrès, doit-elle rester en arrière du monde profane [15] ? » Georges Martin choisit-il le moment propice pour relancer la question de l'admission des femmes ? A-t-il le loisir du choix ? Les obédiences examinent à nouveau un projet de fusion. Même les frères favorables à l'initiation des femmes proposent le renvoi *sine die* de la question. Les francs-maçons ont pleine conscience de la difficulté inhérente à leur institution.

Le 13 juin 1890, Georges Martin et la Jérusalem Écossaise adressent une lettre-circulaire aux présidents des quatre obédiences maçonniques françaises [16]. Georges Martin informe l'Ordre maçonnique qu'il propose à la Grande Loge Symbolique Écossaise de créer une loge mixte expérimentale sous l'égide de la Jérusalem Écossaise et qui s'appellerait le Droit des Femmes, titre qui rappelle ceux de la Société et des journaux de Léon Richer. Georges Martin ne demande aux autres obédiences que leur appui moral et la possibilité de se réunir dans leurs locaux ainsi que, pour les frères de cette loge, la reconnaissance de leur qualité de francs-maçons réguliers. Cet atelier sera ouvert à tous afin que chacun puisse juger de ses travaux. Certains s'irritent de cette nouvelle proposition. D'autres craignent que ce projet ne soit la source d'une nouvelle scission. La proposition, à la suite d'un vote, est renvoyée devant la Commission d'Initiative pour être examinée. Le mois suivant, la Commission d'Initiative la renvoie, sans motifs, devant la Commission Exécutive. Une grande majorité des ateliers consultés adressent des réponses favorables à l'idée de loge expérimentale. Le rapport, qui présente les objectifs du projet et conclut sur le fait que seule une loge mixte peut procurer aux femmes les moyens d'accomplir une œuvre civique auprès des jeunes générations, recueille de nombreux applaudissements. Cependant, la Grande Loge Symbolique Écossaise, pour sauvegarder ses relations avec les autres obédiences, exige le respect de la Constitution et, à l'unanimité moins trois voix, rejette le projet [17]. Une lettre de la Commission Exécutive de la Grande Loge Symbolique Écossaise datée du 7 juin 1891 précise que la Commission Exécutive fait « connaître que la Grande Loge Symbolique Écossaise ne fait pas obstacle à cette création mais oppose un veto absolu à l'application de l'art. 7 de la Constitution adoptée en vertu duquel les mots, signes, attouchements et rituels de la Grande Loge seraient rigoureusement observés dans la nouvelle obédience [18]. » Cette réponse équivaut à une fin de non-recevoir, au mieux à revenir à une maçonnerie d'adoption.

Le heurt des volontés

Georges Martin se montre infatigable, imaginatif et dépasse le cadre de son obédience : chaque fois qu'il le peut, il prend la parole dans les loges du Grand Orient de France ou du Rite de Misraïm et il convainc. Après ses conférences, les francs-maçons se déclarent partisans des femmes, mais ils ne dépassent pas l'adhésion au principe. Un pas en avant, trois pas en arrière. Si une petite partie des francs-maçons paraît ouverte à des idées novatrices, la permanence des fêtes de maçonnerie blanche et des discours, les refus subis par Georges Martin de la part des instances dirigeantes des diverses obédiences montrent que, dans son ensemble, l'état d'esprit des francs-maçons ne varie pas vis-à-vis de la question de l'initiation des femmes et que, devant l'insistance des féministes, les tensions montent.

Les échanges au cours des réunions où se pose la question des femmes sont de plus en plus tendus en particulier entre le frère Friquet et Georges Martin. Dès qu'une proposition recueille un vote négatif ou un refus, elle réapparaît tout aussitôt sous des formes diverses lors des tenues suivantes. Cette obstination des partisans de l'initiation des femmes irrite leurs adversaires. « Il est regrettable que semblable question revienne en discussion ; on ne doit pas passer le temps à discuter de semblables questions [19]. » Les adversaires des femmes perdent leur temps. L'irritation monte devant des questions pendantes pendant plus d'un an, plusieurs fois discutées, votées, rejetées et qui reviennent de façon itérative.

Le frère Friquet préconise aux partisans de l'initiation des femmes de quitter la Grande Loge Symbolique Écossaise afin de créer une loge mixte, c'est-à-dire de réitérer l'acte des Libres Penseurs puisque l'obédience refuse de tenter l'expérience. Son principal argument repose sur le respect dû aux idées qui bénéficient d'une adhésion majoritaire. Il ne comprend pas « que le F∴ Georges Martin et les FF∴ qui collaborent avec lui à la création d'une L∴ mixte aient la prétention de passer outre à l'opinion nettement établie de la grande majorité des LL∴ et des maçons [20]. »

Bientôt apparaît la volonté des francs-maçons hostiles à la proposition d'initier les femmes de voir la question éliminée des discussions dans les ateliers. Le frère Friquet, appuyé par certains, demande que « la question ne puisse revenir à l'ordre du jour [21] ». D'autres souhaitent même aller plus loin encore, en conseillant qu'une prescription dispose « que la question n'existe plus et que l'on ne peut rouvrir un débat sur une question qui n'existe plus [22]. »

Pendant qu'une poignée de francs-maçons tentent d'établir une véritable franc-maçonnerie mixte, les tenues blanches qui servent de cadre à des activités de propagande républicaine et anticléricale se poursuivent. Les discours et les formules ne varient pas et les convives lèvent leurs verres en l'honneur de la Femme « avec l'espoir qu'elle sera désormais le phare de leurs travaux [23]. »

L'acte isolé de l'initiation de Maria Deraismes conduit à une impasse. Les années qui suivent immédiatement cet événement ne marquent aucune évolution de l'état des esprits. Les partisans des femmes doivent se rendre à l'évidence : changer ou faire évoluer l'Ordre de l'intérieur est impossible.

NOTES

1. Jupeau Réquillard Françoise, *La Grande Loge Symbolique Écossaise (1880-1911) ou les avant-gardes maçonniques*, éd. du Rocher, Monaco, 1998, 312 p. Cet ouvrage, issu de la thèse soutenue en 1989 par l'auteur, expose les événements qui accompagnent l'initiation de Maria Deraismes, la création de l'Obédience mixte universelle le Droit Humain, ses liens avec le Rite Écossais Ancien et Accepté ainsi que l'histoire de la Grande Loge Symbolique Écossaise n° 2. Toutes les obédiences mixtes actuelles viennent des francs-maçons de rite écossais de la première Grande Loge Symbolique Écossaise de 1880. Il révèle cette obédience jusqu'alors inconnue, très novatrice, et qui se trouve à l'origine de la construction institutionnelle de la franc-maçonnerie actuelle.
2. *Bulletin maçonnique de la GLSE*, n° 3 juin 1880, « l'admission des femmes dans la franc-maçonnerie », Auguste Schäffer, p. 120.
3. *Bulletin maçonnique de la GLSE*, n° 4, juillet 1880, p. 160-163. Demande de modification au Projet de la Constitution, 6 mai 1880. Signée des frères Auguste Desmoulins, Schäffer, Maquaire, membres de la loge n° 3 la Justice.
4. *Idem*, p. 161. Les frères de la Grande Loge Symbolique Écossaise font preuve d'une grande fantaisie lorsqu'ils nomment leur obédience, mais il s'agit bien toujours de la même.
5. *Bulletin maçonnique de la GLSE*, n° 17, août 1881, p. 150 sq.
6. *Bulletin maçonnique de la GLSE*, n° 18, septembre 1881, p. 162-163.
7. *Bulletin maçonnique de la GLSE*, n° 29, août 1882, Chronique, p. 134.
8. BGL anc. Orient du Pecq, Ordre du jour, 14 janvier 1882.
9. *Bulletin maçonnique de la GLSE*, n° 23, février 1882, p. 344-346.
10. *Bulletin maçonnique de la GLSE*, n° 24, mars 1882, p. 355.
11. *La République maçonnique*, lettre de Paul Goumain-Cornille, 1er novembre 1881.
12. *Bulletin maçonnique de la GLSE*, n° 58, janvier 1885, p. 301.
13. *Bulletin maçonnique de la GLSE*, n° 123, juin 1890, p. 54. Texte de l'art. 70 proposé par Georges Martin pour être ajouté à la Constitution : « Toute L∴ qui décidera d'être mixte, pourra conférer aux femmes les grades symboliques, en les soumettant à toutes les règles édictées pour les hommes par la présente Constitution. Les LL∴ autres que les LL∴ mixtes ne seront pas obligées d'admettre à leurs tenues les femmes maçonnes. »
14. *Bulletin maçonnique de la GLSE*, n° 123, p. 55. Il reprend la solution exposée par Paul Goumain-Cornille en 1881 dans une étude publiée par le *Bulletin maçonnique de la GLSE*, n° 17, août 1881, « De l'admission des femmes aux travaux maçonniques », p. 150-155.
15. *Bulletin maçonnique de la GLSE*, n° 122, mai 1890, p. 30-31.
16. BGL Ba 99. Archives de la loge la Jérusalem Écossaise.
17. *Bulletin Maçonnique, organe...*, n° 136, juillet 1891, p. 113.
18. Archives de la loge la Jérusalem Écossaise, Livre d'architecture : 27 mars 1891 au 8 juin 1894. Compte rendu de la tenue du 12 juin 1891.
19. *Bulletin maçonnique, organe...*, n° 128, novembre 1890, p. 179.

20. *Bulletin maçonnique, organe...*, n° 136, juillet 1891, p. 112.
21. *Bulletin maçonnique, organe...*, n° 137, août 1891, p. 145.
22. *Idem*, p. 146.
23. *Bulletin maçonnique, organe...*, n°ˢ 124-125, juillet-août 1890, p. 90.

L'ÉMERGENCE DE LA MIXITÉ

Entre la création de la première loge mixte des Libres Penseurs, au Pecq, et la fondation de la première obédience mixte, il s'écoulera presque douze ans. Qu'est-ce qui pousse Georges Martin à agir ? Un constat : « Ne pensant pas vivre les quelques siècles nécessaires pour voir une idée qui me tenait à cœur mise en pratique par les LL∴, je pris la résolution de démontrer la capacité maçonn∴ de la femme, en organisant moi-même la Franc-Maçonnerie Mixte [1]. »

La mixité se réalise grâce à une, puis deux obédiences et à la restauration des loges d'adoption par la Grande Loge de France.

La Grande Loge mixte n° 1, le Droit Humain

Une obstination récompensée

« Je perdais mon temps, puisque je n'obtenais comme résultat que des applaudissements [2] » rappelle Georges Martin en 1903 en évoquant les efforts déployés au cours des années 1880 pour faire admettre les femmes dans la franc-maçonnerie par la voie d'une initiation selon un rite masculin.

Georges Martin constate l'absence de toute possibilité d'admission des femmes dans les loges grâce à la volonté ou à la tolérance de la Grande Loge Symbolique Écossaise. Avec les francs-maçons féministes, il change de stratégie. Ce n'est plus de l'intérieur, par voie légale, en forçant les choses un peu parfois, que Georges Martin tente d'agir. Il laisse la place à Maria Deraismes pour construire une structure totalement nouvelle.

Les quatre procès-verbaux des réunions qui marquent les étapes successives de la création de l'obédience mixte montrent avec quelle patiente minutie Maria Deraismes guide les premiers pas du groupe. Selon une tactique soigneusement élaborée ensemble, elle donne un enseignement maçonnique à des femmes choisies pour leur engagement en faveur des femmes et des enfants, leurs revendications féministes et leur grande valeur intellectuelle. Au cours de deux réunions situées à dix jours d'intervalle, le 14 et le 24 mars 1893, elle les initie au premier degré symbolique du Rite Écossais Ancien Accepté, puis les élève au deuxième degré. Le 1er avril 1893, elle leur confère le degré de maître. Georges Martin, présent à cette réunion, demande son affiliation qui est réalisée sur-le-champ. La loge mixte n° 1 le Droit Humain est fondée. Lors de la quatrième réunion, il est donné lecture des articles de la Constitution déposée au Ministère de l'Intérieur et à la Préfecture de Police et procédé à l'élection des officiers. Georges Martin est élu au poste clé d'orateur, qu'il occupera jusqu'à la fin de sa vie [3].

Préparation et création se sont faites sans bruit. Ce n'est que dix mois plus tard, en janvier 1894, que Maria Deraismes en tant que présidente et vénérable, et vraisemblablement en raison de l'aggravation de son état de santé car elle décède le 6 février 1894, informe officiellement l'Ordre maçonnique de l'existence de la nouvelle obédience et sollicite sa reconnaissance [4]. Prudence et discrétion.

L'obédience se développe. Lentement au départ. De 1894 à 1902, des loges s'installent à Lyon, Rouen, Tours, Le Havre et Blois. De 1902 à 1913, vingt ateliers sont fondés en France et dans les colonies. Georges Martin attend qu'une demande importante afflue de l'étranger, de la Suisse, de l'Angleterre et de l'Empire britannique en premier lieu, pour donner une dimension internationale au groupe. Pendant deux ans, il tient secret le Suprême Conseil Universel Mixte des Grands Inspecteurs Généraux et des Grandes Inspectrices Générales créé le 11 mai 1899, à Paris, 51, rue du Cardinal-Lemoine pour doter l'obédience de moyens d'action dans les autres pays. Cette pratique est dictée par son espoir indestructible de voir la franc-maçonnerie mixte enfin accueillie par les obédiences masculines. « Et deux années, ce Suprême Conseil ne s'est pas dévoilé, attendant que la Franc-Maçonnerie masculine de France veuille bien accueillir fraternellement la Franc-Maçon∴ Mixte [5]. » Également par son expérience. « Si nous n'avions que les adversaires profanes, cela ne nous inquiéterait guère [...] mais ce sont les frères antiféministes que nous voulons renseigner le moins possible [6]. »

Illusions et désillusions de Georges Martin

La création de la loge puis de l'obédience mixte le Droit Humain fait espérer à Georges Martin une évolution significative des obédiences masculines. Il pense que la franc-maçonnerie masculine absorbera la franc-maçonnerie mixte ou qu'elle se transformera en franc-maçonnerie mixte, « C'est dans l'ordre fatal du progrès [7]. » Georges Martin saisit chacune des occasions qui lui permet de rappeler cette certitude et la nécessité de s'unir contre le cléricalisme. « Il dépend des F∴ qui appartiennent aux L∴ du Grand Orient et à celles de la Grande Loge de France, qui connaissent la correction et la valeur du travail qui s'accomplit dans les loges mixtes, de créer le courant qui hâtera l'heure de l'union de toutes les forces maç∴ pour le combat contre le cléricalisme et pour l'avènement du Droit Humain et de la Justice Sociale [8]. »

Lorsqu'en 1899 les loges Diderot, la Philosophie Sociale et la Jérusalem Écossaise, qui forment alors la Grande Loge Symbolique Écossaise maintenue (GLSE 2), évoquée dans les pages à venir, prennent la décision d'accueillir la loge mixte le Droit Humain pour une tenue commune, Georges Martin exprime, une fois de plus, son espoir. « La force des choses finira par grouper Diderot, la Philosophie Sociale, la Jérusalem Écossaise et les loges actuelles de la franc-maçonnerie mixte sous la même bannière [9]. » S'il pense qu'un retournement de la franc-maçonnerie lui fera accepter, à court terme, d'introduire la mixité dans les obédiences, avec sa diplomatie coutumière, jamais il n'oppose la franc-maçonnerie masculine et la franc-maçonnerie mixte. Elles ne peuvent se faire ombrage ; au plus, les voit-il auxiliaires.

Cependant, il abandonne toute idée d'une union, ou même d'un rapprochement, entre les deux types d'obédiences masculines et mixtes. « La franc-maçonnerie masculine et la Franc-Maç∴ mixte, à l'époque où nous sommes, doivent encore rester deux organisations bien distinctes, parce qu'elles répondent à deux besoins différents [10]. » Près de trente ans après la première tentative de mixité par la loge les Libres Penseurs, il déplore que la franc-maçonnerie masculine et la franc-maçonnerie mixte restent deux organisations séparées. S'il le regrette, il pense aussi que chacune d'elle répond à des besoins différents. Cependant, Georges Martin rend la franc-maçonnerie masculine, par son refus obstiné d'initier les femmes, responsable du peu de progrès social et politique constaté.

Concernant l'obédience du Droit Humain, Georges Martin reconnaît qu'elle est organisée pour servir et mettre en pratique l'idée de la mixité, en fonction d'elle, et pour mener à bien cette entreprise. « Elle a été organisée dans ce but et est seule constituée pour mener à bien l'œuvre qu'elle a entreprise, sans danger à redouter pour la Maçonnerie Générale au cas improbable où finalement elle ne réussirait pas [11]. » Prudence mais aussi illusions. Georges Martin avoue avoir fait des erreurs d'appréciation sur les intentions des obédiences masculines ainsi que sur leur capacité à évoluer.

Les femmes d'élite du Droit Humain

Maria Deraismes et Georges Martin se sont entourés de femmes appartenant à l'élite sociale et intellectuelle. Outre Maria Deraismes qui s'est, très tôt, fait remarquer par sa grande culture, son talent d'oratrice et sa distinction, l'autre grande figure du Droit Humain est Clémence Royer. Son œuvre, sa pensée, sa vie font d'elle une femme libre. Traductrice des travaux de Charles Darwin, auteur d'essais d'économie, de traités scientifiques, politiques, de discours, Clémence Royer écrit aussi des romans. Sa renommée, ses cours à Lausanne ou à Paris, quand les ministres ne lui refusent pas les salles [12], lui valent la remise de la Légion d'honneur en 1900 par les Bleus de Bretagne, association de propagande républicaine. Elle se qualifie elle-même de rebelle, plus dans sa pensée que dans ses actes, vit en union libre avec Pascal Duprat dont elle a un enfant et ne possède pas un caractère facile. Elle milite pour le droit des femmes mais considère qu'il faut reporter la demande du droit de vote [13].

Marie Becquet de Vienne fait partie de la bourgeoisie cossue de Paris. Elle fonde, en 1876, au 203, avenue du Maine, à Paris, un refuge-ouvroir de trente-deux lits pour les femmes enceintes seules ou en détresse. C'est à l'occasion de l'inauguration de ce refuge-ouvroir qu'elle fait la connaissance de Georges Martin. Tout au long de sa vie, elle poursuit l'aide sociale entreprise pour les mères nécessiteuses et leurs nourrissons, en achetant des terrains, en organisant d'autres refuges dans la capitale et hors de Paris. L'ensemble de son œuvre, intitulée Société Nationale des Amis de l'Enfance, reconnue d'utilité publique le 29 juillet 1880, se complète de différents services : solidarité de l'enfance, société de l'allaitement maternel, etc. Ses créations existent toujours avec, depuis la fin de la Seconde Guerre mondiale, le titre de Fondation Marie Becquet de Vienne [14].

Louise Koppe est à l'origine d'une maison maternelle installée à Belleville ; il s'agit d'un abri temporaire donné aux enfants dont les parents sont, momentanément, dans la gêne. Marie Pierre est docteur en médecine. Les autres sœurs, fondatrices de la loge mixte, appartiennent au monde du journalisme – Maria Martin dirige *Le Journal des Femmes* – et aux différents groupements féministes : Julie Pasquier à la Fédération française des Sociétés féministes, cofondatrice de l'Union féministe socialiste ; Eliska Vincent, cofondatrice de la Société pour la revendication des droits de la Femme ; Louise Wiggishoff, vice-présidente de la Société pour l'amélioration du sort de la Femme ; Eugénie Pontonié-Pierre (sœur de Marie Pierre), responsable de la Solidarité des Femmes.

Enfin, autre personnalité marquante : Marie Bonnevial, l'une des premières institutrices de l'enseignement public, initiée à 53 ans. Après la Commune, elle subit l'exil en Turquie. Elle participe à la création de la première école professionnelle de jeunes filles à Paris et contribue à grouper, sur le plan syndical, tous les enseignants laïcs. Elle est aussi présidente d'honneur de la Ligue des Droits des Femmes fondée par Victor Schoelcher

La Grande Loge Symbolique Écossaise maintenue (ou GLSE 2)

Une nouvelle obédience

La Grande Loge Symbolique Écossaise, à la fin de l'année 1896, décide de rejoindre la Grande Loge de France créée en 1894 par les soixante loges bleues du Suprême Conseil du Rite Écossais Ancien Accepté qui firent scission. Cependant, tous les ateliers de la Grande Loge Symbolique Écossaise n'acceptent pas cette décision. Il faut deux ans de négociations difficiles pour parvenir à régler les termes d'une fusion entre les ateliers de la Grande Loge de France et ceux de la GLSE. Deux ans sont encore nécessaires pour que chacun fasse le choix de l'obédience qui lui convient. Tous les ateliers de la Grande Loge Symbolique Écossaise ne rejoignent pas la G.L.D.F. Entre 1896 et 1898, voire 1899, environ un petit tiers des ateliers de la Grande Loge Symbolique Écossaise rejoignent la Grande Loge de France, cinq choisissent le Grand Orient de France. Huit d'entre eux hésitent, opèrent des va-et-vient, disparaissent par regroupements ou par choix personnels [15]. Enfin deux ateliers, rejoints bientôt par deux autres, refusent de se prêter à la réconciliation du Rite Écossais Ancien Accepté et décident de poursuivre l'œuvre de leur obédience d'origine sous le titre de Grande Loge Symbolique Écossaise maintenue [16].

Une circulaire de la loge Diderot datée du 15 janvier 1897 donne pour principal argument au maintien de l'obédience la mauvaise sauvegarde des intérêts matériels des loges et l'abandon du principe de l'indépendance philosophique [17]. À la suite d'une réunion qui a lieu le 23 juin 1897, 128, rue de Charenton, trois résolutions sont publiées. Elles proclament la constitution, ou plutôt la reconstitution, de la Grande Loge Symbolique Écossaise sous son appellation première (nommée GLSE 2 dans cet ouvrage pour plus de clarté). Elle comprend deux ateliers : Diderot et les Inséparables de l'Arc-en-Ciel. Le siège et les locaux de réunion se situent 128, rue de Charenton, adresse de la loge Diderot. L'obédience conserve la constitution de 1880, revue en 1886, de la Grande Loge Symbolique Écossaise [18]. Les deuxième et troisième résolutions précisent la composition de la Grande Loge et la périodicité de ses réunions. L'organisation de la Grande Loge Symbolique Écossaise d'origine est conservée. Les tenues de Grande Loge sont ouvertes à tous les francs-maçons quel que soit leur rite, mais seuls les députés de la Grande Loge ont voix délibérative. La Grande Loge garde, en cas de question délicate à débattre, la possibilité de se réunir en comité [19].

Au cours de l'année 1900, la GLSE 2 procède à quelques changements. Elle quitte le 128, rue de Charenton et s'installe 8, rue Rondelet dans un local qui lui appartient [20] et qui est solennellement inauguré le 26 octobre 1900 [21]. La GLSE 2 se compose alors de cinq loges : Diderot, l'Idéal Social, la Jérusalem Écossaise, la Révolution Sociale, le Contrat Social. Mais le principal événement du tournant du siècle, pour cette obédience, est la révision de sa Constitution.

En octobre 1898, le *Bulletin Hebdomadaire* annonce une discussion à propos de la Constitution de la GLSE 2 demandée par la loge les Inséparables de l'Arc-en-Ciel [22]. Plus de deux ans de travail sont nécessaires pour que les frères parviennent à s'entendre sur un texte. Voté le 10 juin 1901 par l'assemblée des députés de l'obédience, ce texte est publié et exécutoire à partir du 15 juin 1901. L'originalité et l'innovation de cette Constitution tient dans les articles 17 et 18 qui reprennent les idées d'Auguste

Schäffer et Paul Goumain-Cornille en 1881 : le pluralisme. L'article 17 consacre la mixité. « Pour être reçu Maçon, il faut, sans distinction de race ni de sexe, être majeur, de bonne vie et mœurs, et être présenté par un membre de la loge où la demande est adressée [23]. » L'article 18 introduit un élément destiné à préserver l'autonomie de chaque loge. « Les loges de l'obédience pourront toujours décider, au moyen de leur règlement intérieur, de ne pas recevoir les femmes à leurs travaux, ou seulement de n'en pas recevoir à l'initiation ou à l'affiliation, et cela en vertu de leur autonomie [24]. » Chaque atelier reste maître de ses choix ; il conserve la possibilité de refuser la mixité soit en excluant l'initiation, l'affiliation et les visites des femmes – il garde alors son caractère totalement masculin –, soit en rejetant la possibilité de l'initiation et de l'affiliation mais en permettant les visites des femmes initiées dans d'autres ateliers. L'autonomie des loges et le fonctionnement démocratique de l'obédience sont confirmés par les articles qui préservent la représentativité des loges, l'élection annuelle de la Grande Loge permanente (réunie une fois par mois) et la séparation des pouvoirs. Les obédiences suivent, pour l'admission des impétrants, l'âge légal de la majorité, soit 21 ans. Elles prévoient une dispense pour les fils de maçons qui peuvent être admis dès l'âge de 18 ans. La GLSE 2 étend cette mesure à tous les jeunes dont la moralité sera garantie par la majorité des membres de l'atelier à condition qu'ils soient émancipés.

La Déclaration de Principes qui précède la Constitution de la GLSE 2 expose différents points fondamentaux :
- Elle ajoute le concept de Solidarité à la devise Liberté, Égalité, Fraternité.
- Les discussions ayant trait à la politique et à la religion ne sont pas interdites en loge.
- Elle se déclare non pas en dehors de toutes les religions mais contre elles, choix complété par celui du seul rationalisme. « Bien penser ; bien dire ; bien faire ; poursuivre la recherche de la Vérité, en opposant la Raison aux dogmes [25]. »

Éminemment démocratique, la Grande Loge Symbolique Écossaise n° 2, en introduisant la mixité dans sa Constitution, intègre et rend effective l'égalité des sexes.

Georges Martin, dans une lettre imprimée, publiée par la *Revue maçonnique*, qui pourrait s'intituler « six conseils pour réussir », applaudit à l'initiative et à la détermination de la GLSE 2. Il invite l'obédience à rester démocratique face à la franc-maçonnerie du Grand Orient de France et du Suprême Conseil du Rite Écossais Ancien Accepté qu'il qualifie de « Bourgeoise » et à éviter les pièges tendus par les autres puissances maçonniques. Les dernières recommandations, les plus importantes, contiennent brièvement tout un programme et une tactique. Il faut, écrit Georges Martin, que les loges deviennent rapidement nombreuses pour baisser les coûts des cotisations et s'ouvrir aux travailleurs modestes. Seul un recrutement ouvrier permettra aux loges de la GLSE 2 d'être ainsi crédibles pour « se placer à la tête du mouvement socialiste et anticlérical [26] ». S'il associe franc-maçonnerie et lutte politique et sociale, Georges Martin, dans cette lettre, ne parle ni des questions féminines ni de l'initiation des femmes.

Le résultat pratique de l'article 18 de la Constitution du 15 juin 1901 de la Grande Loge Symbolique Écossaise n° 2 est la création d'une obédience qui possède deux types de loges : des loges mixtes et des loges masculines. C'est, en France, la première obédience de ce genre.

Socialisme libertaire et néomalthusianisme

Pour être fidèle à la terminologie de l'époque, il faudrait pouvoir préciser si les membres de la GLSE 2 sont fédéralistes, mutualistes, collectivistes. L'état des archives ne permet pas d'entrer dans le détail. Comment mieux les désigner que par un terme général, postérieur semble-t-il au début du siècle où se situe l'action essentielle à la fois de la GLSE 2 et de l'anarchie, celui de socialistes libertaires ?

Les noms choisis pour les loges présentent un intérêt, surtout en ce qui concerne les ateliers créés en dernier. La Nouvelle Jérusalem offre une allusion aux utopies. Quatre ateliers possèdent dans leurs titres l'adjectif « social ». Si le Contrat Social rappelle Jean-Jacques Rousseau, la Philosophie Sociale, la Révolution Sociale et l'Idéal Social se rapprochent de l'anarchisme et de la Commune. La célébration, à travers l'appellation d'une loge, du philosophe John Stuart Mill considéré comme l'initiateur du radicalisme est, d'elle-même, très évocatrice.

D'après les listes des travaux des ateliers, il est possible de constater qu'il est beaucoup parlé de l'État, de la démocratie bourgeoise, du socialisme, sujets qui ne s'apparentent pas spécifiquement aux préoccupations libertaires. Dans les ateliers, prédomine la question féminine suivie de près par la lutte contre le cléricalisme. En dernier viennent les questions sociales.

L'obédience crée une deuxième série du *Bulletin maçonnique de la Grande Loge Symbolique Écossaise* à compter du mois de juillet 1904. Elle ne comporte que trois numéros. L'examen de cette revue révèle une tentation permanente de critique et de contestation, un esprit affranchi et avant-gardiste, voire révolté.

Si la rareté des archives de l'obédience à propos des travaux des loges ne permet guère d'aller au-delà de ces quelques observations, en revanche, le nombre et la qualité des personnalités adhérentes, connues pour leurs engagements dans les courants anarchistes ou proches, compte tenu du petit nombre de loges, obligent à penser qu'elles ne peuvent manquer d'orienter les choix de l'obédience.

Sollicitée par Madeleine Pelletier, Louise Michel accepte d'être initiée à la Philosophie Sociale le mardi 13 septembre 1904 avec Charlotte Vauvelle et Henry Jacob. Elle est accueillie par Charles Malato. Le lendemain, elle donne une conférence intitulée « Le féminisme » à la loge Diderot. Avec elle, d'autres orateurs. Ce jour-là se succèdent le F∴ Legrain (Droit Humain) pour développer « L'évolution des idées en maçonnerie », Madeleine Pelletier pour traiter de « L'idéal maçonnique » et trois autres orateurs, les S∴ Souley-Darqué, Isabelle Gatti de Gamont, le frère Serin, pour des sujets touchant aux questions féminines : « La maçonnerie doit-elle admettre les femmes ? », « Maçonnerie et féminisme », « L'éducation des filles par la Maçonnerie ». Venue à la franc-maçonnerie à la fin de sa vie,

Louise Michel ne peut influencer la Grande Loge Symbolique Écossaise puisqu'elle décède quelques mois plus tard, le 9 janvier 1905. Mais elle est un nom et un porte-drapeau. Elle serait venue depuis longtemps à la franc-maçonnerie, confie-t-elle lors de cette conférence, si elle avait connu l'existence de loges mixtes. Sur le plan des revendications féministes, Louise Michel s'en tient aux droits civils. Elle ne demande ni les droits politiques ni le droit de vote car, à son avis, les femmes n'y sont pas prêtes. Et surtout, elle ne place jamais les revendications rendues nécessaires sur le terrain de l'affrontement. Hommes et femmes doivent s'unir en amis, en égaux pour former une humanité dans la lumière et le bonheur [27]. Après son initiation, elle entreprend, à l'occasion d'une tournée de conférences dans le Midi, une active campagne en faveur de l'admission des femmes dans les loges.

Ces femmes et ces hommes qui militent pour les droits de la femme, dans le monde profane ou maçonnique, n'observent aucune exclusive. Charles Malato, dans une conférence présentée devant la loge le Lien des Peuples et les Bienfaiteurs Réunis (GODF) le 26 juin 1901, soutient la nécessité de l'initiation féminine. Il démonte un à un les arguments contraires à leur initiation et se range dans la petite poignée de frères qui affirment que l'intelligence est difficilement mesurable et que si l'on fait des mesures entre les cerveaux masculins et féminins, il faut aussi en faire « entre la puissance cérébrale d'un abonné au *Petit Journal* et celle d'un Spencer, d'un Reclus, d'un Tolstoï [28] ». Le manque de développement constaté actuellement chez les femmes est le résultat de plusieurs millénaires de tyrannie masculine et les différences physiques qui peuvent exister entre les hommes et les femmes n'ont pas à être considérées.

Paul Robin se donne entièrement aux questions d'éducation et met en pratique, à l'orphelinat de Cempuis, ses théories de la co-éducation des sexes et de l'enseignement intégral. À compter de l'année 1896, il organise des conférences en faveur de la contraception, de la libre maternité selon l'expression de l'époque [29].

Rejoint par d'autres propagandistes du néomalthusianisme, le docteur Sicard de Plauzolles, Eugène Humbert et la talentueuse conférencière Nelly Roussel, tous francs-maçons, il fonde la Ligue de la Régénération humaine, publie et crée un journal, *Régénération*.

L'obédience réunit aussi un certain nombre d'artistes, Monthéus, des femmes de lettres, des journalistes et d'anciens de la Commune : Pascal Grousset, Charles Malato qui seront parmi les premiers défenseurs du colonel Dreyfus. D'autres membres de l'obédience adhèrent aux associations de la libre pensée et aux Universités populaires, ou aux groupes socialistes comme Caroline Kauffman et Madeleine Pelletier dont il sera question plus loin.

Les loges d'adoption de la Grande Loge de France

La restauration des loges d'adoption

Le Libre Examen, atelier masculin de la Grande Loge de France, demande le 26 février 1900, au Conseil Fédéral de la Grande Loge de France, l'autorisation de créer une loge d'adoption. Le premier réflexe des conseillers, qui est de refuser, révèle une attitude soupçonneuse. S'il s'agissait d'une manœuvre pour créer des loges mixtes ? Ils désignent toutefois un rapporteur pour faire le point sur la question. Le Suprême Conseil qui détient seul le droit de délivrer les patentes de constitution de loges, jusqu'au décret du 26 juillet 1904, refuse la constitution de cette loge d'adoption au prétexte que le Rite Écossais Ancien Accepté, depuis sa réorganisation en 1821, n'a jamais eu de loge de ce type. À diverses reprises, des questions sur la participation des femmes aux réunions maçonniques et sous quelles formes elle peut se dérouler sont posées.

Un an plus tard, le 23 janvier 1901, la loge organise une tenue blanche sur le sujet : « Les loges d'adoption : organisation, but, moyens d'action [30]. » À la fin de la conférence, les candidatures sont recueillies. Dans le courant du mois de février 1901, ignorant les interdictions, la loge commence à organiser son atelier d'adoption qu'elle installe officiellement le 29 mai 1901. Les travaux sont ouverts et placés sous les auspices non de la Grande Loge de France, mais de l'atelier masculin. Il semble que l'atelier se soit constitué en mars 1901. Les femmes sont initiées le 30 avril 1901, mais les dates d'élections des officières et de l'installation de l'atelier restent inconnues. La Grande Maîtresse en est la sœur Berthault ; la secrétaire, la sœur Lallement et la trésorière, la sœur Braure. Dans le courant de l'année 1902, les ordres du jour du Libre Examen Adoption paraissent dans le *Bulletin hebdomadaire des Travaux des Loges* sous le sigle de la Grande Loge de France ou du REAA. Si la loge d'adoption semble prendre sa place, de façon discrète, sa création reste toujours officieuse.

Le compte rendu des travaux du Libre Examen établi par le frère Oudinot pour l'année 1901-1902 montre que le Libre Examen Adoption travaille de manière très libre. Les francs-maçons exposent en premier lieu un travail philosophique non suivi de discussion. Ensuite, pour les conférences, les femmes de la loge d'adoption sont admises. Les règlements particuliers votés le 26 février 1902 par la loge vont dans le même sens. L'atelier a une tenue par mois et des tenues de famille quand elle le souhaite mais au moins une fois par mois (art. 38) ; les tenues sont destinées à l'étude des questions philosophiques, scientifiques et morales concernant plus particulièrement le rôle de la femme dans les Sociétés et peuvent se terminer par une partie littéraire ou artistique (art. 39 et 41). Les visiteurs ne peuvent être que des maçons réguliers et pourvus du deuxième degré (art. 49 et 50). Pour le reste, tout ressemble aux dispositions des loges masculines. Dans l'atelier d'adoption qui travaille « aux grades symboliques masculins » (art. 4), les postes d'officiers ne sont pas doublés mais occupés par les femmes également responsables de tous les actes nécessaires à la bonne marche de la loge et des travaux. Les hommes n'interviennent que pour assister les sœurs au cours des initiations ainsi que pour l'accueil des visiteurs (art. 42 et 51). De plus, les tenues de l'atelier masculin et de sa loge d'adoption ont lieu le même jour et leurs sujets de réflexion sont communs. Les francs-maçons du Libre Examen semble exercer une tutelle très relâchée.

Tout marche pour le mieux jusqu'à ce que le Grand Secrétaire de la Grande Loge de France s'aperçoive que la formule ne répond pas aux critères d'organisation des loges d'adoption. Il se fâche. Le 10 décembre 1902, la loge masculine annonce qu'à partir de janvier 1903 les tenues seront séparées et elle réitère sa demande de constitution d'un atelier d'adoption.

La question de cette autorisation vient enfin en discussion au Conseil Fédéral le 5 janvier 1903. Il apparaît alors que, trois ans plus tôt, le Conseil Fédéral n'aurait pas transmis la demande de création de la loge d'adoption au Suprême Conseil au prétexte que la franc-maçonnerie d'adoption « [...] est une maçonnerie en tutelle. [...] La loge d'adoption n'appartient à aucun degré et ne peut appartenir à la Grande Loge de France et le Suprême Conseil n'est pas compétent pour délivrer une patente de constitution de loge d'adoption [31]. » Devant l'insistance des frères favorables au projet, le Conseil Fédéral s'incline et communique la requête avec des arguments contraires aux précédents, « considérant que la maçonnerie d'adoption est régulière, que par conséquent la Grande Loge de France ne peut s'opposer à la création d'une loge d'adoption, renvoie avec avis favorable la demande de la loge le Libre Examen au Suprême Conseil, seule autorité compétente [32]... ». Trois mois plus tard, la loge d'adoption est mise en sommeil, le 8 avril 1903. Que s'est-il passé ? Les dirigeants de l'obédience ont-ils voulu punir cette loge d'adoption qui, par ses pratiques, s'apparente d'avantage à la franc-maçonnerie mixte qu'à la franc-maçonnerie d'adoption ? Seul l'atelier des femmes en pâtit. Dans les turbulences du convent de 1903 au cours duquel réapparaissent des tentations séparatistes évitées de justesse grâce à l'habileté et au poids de Gustave Mesureur, les francs-maçons perdent de vue la question des loges d'adoption.

Il faut attendre 1906 pour que réapparaisse un projet de constitution de loge d'adoption. Lorsque la Nouvelle Jérusalem décide de quitter la GLSE 2, les frères promettent aux femmes de leur loge de ne pas les abandonner en chemin et d'ouvrir, pour elles, une loge d'adoption à la Grande Loge de France. « La Nouvelle Jérusalem sera demain ce qu'elle est aujourd'hui. Nos tenues auront lieu dans les mêmes formes. Nous tournerons la Constitution de la Grande Loge de France et il n'y aura rien de changé [33]. » Fidèles à leur parole, les frères demandent leur intégration à la Grande Loge de France en y ajoutant cette condition. Le 25 février 1906, le Conseil Fédéral donne un avis favorable à cette création. Le 16 juin de la même année, la Grande Loge vote l'intégration de la Nouvelle Jérusalem, réalisée le 6 juillet 1906, mais décide que la création d'une loge d'adoption doit être votée en convent. Le convent reconnaît que « les loges d'adoption sont rituelliques (*sic*) et réglementaires [34]. » L'assemblée législative vote deux amendements précisant que le Conseil Fédéral doit les réglementer et les doter d'un rituel. Le projet de Constitution qui se discute dès le mois de novembre 1906 se caractérise par un net recul par rapport aux pratiques du Libre Examen et par rapport à ce qu'envisageaient les frères de la Nouvelle Jérusalem pour leur atelier d'adoption.

La Constitution votée le 5 novembre 1906 instaure une véritable tutelle. Contrôlées par le Conseil Fédéral, les demandes de création, de suspension et de démolition d'une loge d'adoption doivent ensuite être ratifiées par une décision prise en Grande Loge (art. 1, 11 et 12). En effet, depuis 1904, c'est la Grande Loge de France, et non plus le Suprême Conseil, qui décide en matière de création ou de fermeture d'ateliers. La loge d'adoption « doit être souchée sur l'atelier qui en a fait la demande, dont elle porte le titre précédé des mots *Loge d'Adoption* » (art. 4). Matricule, budget, mots, signes et gestes diffèrent de ceux de la loge masculine à laquelle elle se rattache (art. 8 et 9). Les tenues ne peuvent avoir lieu le même jour que celles de la loge masculine et les officières sont obligatoirement assistées des officiers (art. 5 et 6). La nouvelle organisation empêche, en principe, que l'expérience du Libre Examen ne se renouvelle. L'article 5 suscite des discussions mais la Constitution est votée dans son entier sans grandes difficultés [35].

Pour leurs travaux, les femmes des loges d'adoption se trouvent dorénavant sous tutelle.

La politique de la Grande Loge de France vis-à-vis des loges d'adoption

La restauration des loges d'adoption par la Grande Loge semble répondre à de multiples raisons.

Dans les années 1899-1900, la question de l'initiation des femmes continue d'envahir les loges, suscitant conférences, articles et débats contradictoires. Les francs-maçons féministes font pression. Par ailleurs, un certain nombre de frères soutiennent l'idée qu'il faut faire revivre les loges d'adoption parce que le Droit Humain n'est pas reconnu par l'Ordre maçonnique. Que les frères veuillent, pour leurs épouses, une initiation régulière constitue une cause de cette résurgence. Les sœurs des loges d'adoption, une fois que ces ateliers seront autorisés par les instances dirigeantes de l'obédience, seront reconnues régulières par la Grande Loge de France. Il convient de rappeler que la Grande Loge Symbolique Écossaise n° 2 devient mixte dans les mêmes moments. Alors, est-ce tout simplement dans l'air du temps ?

Des conférences mettent en lumière d'autres raisons. La franc-maçonnerie doit lutter contre l'ignorance, travailler au bonheur de l'humanité et continuer d'affirmer la laïcité. Cela dit, il reste à déterminer, dans ce programme, ce qui revient à chacun des deux sexes, soutient Jean-Marie Raymond. Les femmes tempéreront par leur douce conviction l'aridité de l'instruction. Leur charité viendra épauler celle des frères « qui est peut-être moins spontanée, mais plus réfléchie. Seule la persuasion féminine pourra réaliser l'affranchissement des consciences [36]. » Les idées ne sont pas neuves mais les loges d'adoption se créent.

La politique de la Grande Loge de France vis-à-vis de ces ateliers est mal définie. La Grande Loge de France entreprend-elle des actions de recrutement et d'implantation des loges d'adoption ? Deux loges d'adoption jusqu'en 1914 : la Nouvelle Jérusalem et le Libre Examen. Elles sont situées à Paris ; la province reste étrangère au phénomène jusque dans les années 1920. Le 7 mai 1923 une troisième loge, la Tolérance, s'installe, pour la première fois en province, à Périgueux. Deux ans plus tard, Union et Bienfaisance ouvre à Paris, le 22 juillet 1925 ; le 13 février 1927, Babeuf et Condorcet est créée à Saint-Quentin. En 1931, la fondation de l'atelier Général Peigné est suivie, un an plus tard, par celle de la loge Minerve et, en 1935, par celles de la Philosophie Sociale et de Thébah. Au convent de 1928, le Conseil Fédéral invite les frères à créer des loges d'adoption. Encore le fait-il de manière ambiguë. « Les résultats de l'expérience tentée en 1907 sont loin d'apparaître à première vue comme satisfaisants », est-il affirmé sans qu'il soit expliqué le pourquoi de ce jugement sévère [37]. Mais « nos sœurs travaillent avec une discipline remarquable et produisent des travaux de valeur qui leur font honneur [38] ». Faites connaître les loges d'adoption aux frères de province, est-il répété en 1936 [39]. Les épouses sont sollicitées. « D'ici la Tenue de novembre toutes les femmes de nos Frères recevront une demande réglementaire d'initiation [40]. » Le rythme et le nombre de ces fondations restent toutefois irréguliers et espacés.

Lorsque les loges d'adoption désirent créer des œuvres sociales en direction des enfants et des malheureux, les frères refusent. La proposition de Suzanne Galand (loge le Libre Examen) d'ouvrir une permanence rue Puteaux, pendant la guerre de 14-18, pour aider le Bureau de Secours créé par les frères subit le même sort. Parfois, les propositions des sœurs sont acceptées. Pourquoi ? Seul le Grand Architecte de l'Univers doit posséder la réponse.

Le flou de cette politique peut s'expliquer par le fait que l'obédience est prise entre les accusations contradictoires de modernité et de passéisme qui conduisent les partisans des loges d'adoption à justifier leurs options. « Il me reste à souhaiter à notre loge d'adoption [...] d'oublier ses origines du XVIIIe siècle en rejetant résolument les coutumes surannées, les règlements périmés qui compromettraient son avenir [41]. » La conclusion de ce rapport ne manque pas d'intérêt car elle offre un démenti à tous ceux, contemporains ou non, qui, de façon peut-être hâtive ou parce qu'ils s'opposent à la présence des femmes dans les ateliers, ne voient dans les loges d'adoption de la Grande Loge de France que tentation misonéiste, fantaisie de frères tourmentés par l'originalité ou nostalgiques de la galanterie du XVIIIe siècle. Les autorités redoutent une mixité déguisée, ce qui leur fait prendre parfois la décision de fermer des ateliers d'adoption pour manquement aux règlements généraux.

En créant ces loges d'adoption, quelle est la véritable motivation de la Grande Loge de France ? La création du premier atelier d'adoption précède d'un mois le vote, le 10 juin 1901, de la Constitution de la Grande Loge Symbolique Écossaise n° 2 instaurant la mixité dans cette obédience. Quel est l'intérêt de multiplier les lieux d'accueil des femmes dans la franc-maçonnerie ? La Grande Loge de France et la GLSE 2 se posent-elles la question de savoir s'il existe un public suffisamment nombreux et motivé pour construire, avec les femmes, des obédiences solides et durables ? Aucun frère ne se demande s'il ne vaudrait pas mieux soutenir et aider le Droit Humain et la Grande Loge Symbolique Écossaise n° 2. L'obédience du Droit Humain s'interroge, en revanche, et s'inquiète de cette multiplication des ateliers et des obédiences ouverts aux femmes. Elle rompt avec la GLSE 2, et une lettre du frère Levy-Oulmann montre que les relations entre les groupes maçonniques mixtes se tendent. À l'occasion d'une tenue blanche organisée pour les loges mixtes et les ateliers d'adoption, il fait part de son indignation au Grand Secrétaire de la Grande Loge de France. Pourquoi inviter les ateliers du Droit Humain qui « [...] combattent nos loges d'Adoption d'une manière énergique et le plus souvent par des moyens inadmissibles pour ne pas dire plus [42]... ».

Accueillir les femmes sur un pied d'égalité aurait mis la Grande Loge de France au ban de l'Ordre. Reprendre le titre de loges d'adoption permet aux frères de revendiquer la tradition maçonnique française et de s'en prévaloir.

Malgré les difficultés, les francs-maçons féministes et quelques femmes déterminées fondent deux obédiences mixtes ·

le Droit Humain et la Grande Loge Symbolique Écossaise n° 2. La Grande Loge de France ouvre des loges d'adoption. Il reste à savoir comment les femmes vont utiliser ces nouveaux lieux offerts.

NOTES

1. *Bulletin mensuel de la Franc-Maçonnerie Mixte*, 9ᵉ année, n° 8, novembre 1903, p. 151.
2. *Idem.*
3. Boyau Rémy, *Histoire de la Fédération française de l'Ordre Maçonnique Mixte International, le Droit Humain*, imp. Jarlet, Bordeaux, 1976, 559 p. ; p. 59-66.
4. *Bulletin maçonnique, organe...*, n° 167, février 1894, p. 36.
5. *Bulletin mensuel de la Franc-Maçonnerie Mixte*, 7ᵉ année, n° 9, décembre 1901, p. 288.
6. *Bulletin mensuel de la Franc-Maçonnerie Mixte*, 16ᵉ année, n° 3, mars 1910, p. 197.
7. *Bulletin mensuel de la Franc-Maçonnerie Mixte*, 3ᵉ année, n° 2, février-mars 1897, p. 46.
8. *Bulletin mensuel de la Franc-Maçonnerie Mixte*, 8ᵉ année, n° 9, novembre 1902, p. 429.
9. *Bulletin mensuel de la Franc-Maçonnerie Mixte*, 5ᵉ année, n° 6, septembre-octobre 1899, p. 487.
10. *L'Acacia*, n° 1, janvier 1910, p. 72.
11. Grosjean Marc, *Georges Martin franc-maçon de l'Universel, fondateur de l'Ordre mixte international le Droit Humain*, éd. Détrad, Paris, 1988, t. 1, 247 p., t. 2, 249 p. ; t. 2, p. 141.
12. Les ministres Rouland et Jules Simon lui refusent des salles pour ses conférences et, en 1880, le Conseil de l'Université lui refuse à l'unanimité la salle Gerson pour y faire un cours.
13. Fraisse Geneviève, *Clémence Royer, philosophe et femme de sciences*, éd. La Découverte, coll. « Actes et mémoire du peuple », Paris, 1985, 196 p.
14. Ces renseignements ont été communiqués à l'auteur par une éducatrice de la Fondation Marie-Becquet de Vienne qui a eu la curiosité de faire des recherches sur la fondation. Qu'elle reçoive nos remerciements.
15. Jupeau Réquillard Françoise, *La Grande Loge Symbolique Écossaise...*, *op. cit.*
16. *Revue maçonnique*, n° 203, février 1897, p. 43.
17. *Idem.*
18. BGL anc. Extrait du procès-verbal de la Ten∴ Sol∴ de la GLSE du 23 juin 1897.
19. BGL anc. Grande Loge Symbolique Écossaise, lettre manuscrite au membres du Conseil de l'Ordre, signée du président le F∴ Urbain, le 16 août 1897 et BGL anc. Grande Loge Symbolique Écossaise au T∴ C∴ F∴ Bergère,

secrétaire général du Conseil de l'Ordre, lettre manuscrite du président Urbain, 27 décembre 1897.
20. *Bulletin hebdomadaire...*, n° 1036 du 27 décembre 1903 au 2 janvier 1904.
21. *Bulletin hebdomadaire...*, n° 870 du 21 au 27 octobre 1900.
22. *Bulletin hebdomadaire...*, n° 763 du 3 au 8 octobre 1898 et n° 764 du 10 au 15 octobre 1898.
23. BN imp. 16 H. pièce 110. Grande Loge Symbolique Écossaise, Constitution et règlement judiciaire, 1901, p. 4.
24. *Idem*, p. 2-4.
25. *Ibid.*
26. *La Revue maçonnique*, n° 265, avril 1902, s.n. de p. Lettre du Docteur Georges Martin Vén∴ d'Honneur *ad vitam*..... au F∴ Febvay.
27. *Les Cahiers de Clio*, 1965-1970, Grande Loge de France.
28. BN imp. 8° H. pièce 2331, Grand Orient de France, loge le Lien des Peuples et les Bienfaiteurs réunis, *Admission de la femme dans la franc-maçonnerie*, Charles Malato, 26 février 1901, p. 6.
29. Guerrand Roger-Henri, *La Libre Maternité*, 1896-1969, éd. Casterman, Paris, Tournai, 1971, 165 p.
30. *Bulletin hebdomadaire des Travaux des Loges parisiennes*, janvier 1901.
31. BGL B 50. *Bulletin et circulaires du Conseil Fédéral*, 1903, p. 23-27.
32. *Idem.*
33. BGL anc. Archives de la Grande Loge Symbolique Écossaise.
34. BGL anc. Procès-verbal du Convent de 1906, p. 102-103.
35. *Idem* BGL B 50. *Bulletin et circulaires de la Grande Loge de France*, 1906.
36. BN imp. 8° H. Pièce 2078. REAA Grande Loge de France, R∴ L∴ n° 217 Le Libre Examen, « Loges d'adoption », Conférence du F∴ J.-M. Raymond, 9 décembre 1903, 15 p.
37. Compte rendu du convent de 1928, p. 35-36.
38. *Idem.*
39. BGL. Archives de la loge Babeuf et Condorcet.
40. BGL. Archives de la loge la Philosophie Sociale.
41. BN imp. 8° H 10487 (274). GLDF RL n° 217 le Libre Examen, compte rendu des travaux de l'année 1901-1902 par le F∴ Oudinot, imp.-éd. Lyon, Paris, s.d., 12 p.
42. BGL anc. Lettre du frère Levy-Oulmann au G∴ S∴ de la G∴L∴D∴F.

IMPOSSIBLES ALLIANCES

Depuis le début du XIXe siècle, revendications féminines et courants républicains sont liés. Saint-simoniens, ouvriers, Communards, les femmes ont toujours tenté de se trouver des alliés. Dans la continuité de cette tendance, elles vont chercher à établir une collaboration avec les courants politiques et les francs-maçons. Cependant, même les deux obédiences mixtes vont rompre toutes relations.

Par ailleurs, le fait que la mixité ait fini par s'imposer en dépit des obstacles perturbe les francs-maçons et entraîne des réactions au sein de l'Ordre maçonnique dans les obédiences masculines comme dans les loges mixtes.

Les rendez-vous manqués du féminisme et de la franc-maçonnerie

Le féminisme de la Belle Époque

À la fin du XIXe siècle, diverses prises de position provoquent une multiplication des mouvements féministes et, à l'intérieur de chacun des groupes, une augmentation du nombre des tendances. Les femmes de la grande bourgeoisie président toutes ces sociétés et encore pour longtemps. À la tête du Conseil National des femmes françaises (CNFF) fondé en 1901, Sarah Monod, puis mesdames Jules Siegfried et Avril de Sainte-Croix. Plus de 150 organisations différentes, souvent rivales, forment le

CNFF, ce qui explique son manque d'unité et la difficulté – voire l'impossibilité – de définir une politique cohérente. Outre cette fédération de groupes, il y a également l'Union Nationale pour le vote des femmes présidée par Cécile Brunschwig, l'Union Nationale pour le suffrage des femmes avec, à sa tête, madame de la Rochefoucault, la Ligue pour l'émancipation et le bien-être des femmes, la Ligue Patriotique des femmes françaises, la Ligue française pour le droit des femmes présidée par Maria Pognon et Maria Vérone.

De nouveaux courants apparaissent. Notamment, en 1899, un courant féministe catholique, qui serait bien intéressé par l'attribution du droit de vote aux femmes puisque, selon l'idée usuelle, le vote féminin en faveur des candidats conservateurs leur serait acquis. Cependant, les catholiques y attachent comme conséquence la destruction de la famille, la perte de la pureté féminine et surtout l'abandon de leur devoir de soumission. Leur idéologie se révèle plus forte que la bonne compréhension de leur intérêt. L'Avant-Courrière réunit les féministes du courant modéré. La *Revue Féministe* développe l'idée qu'il faut demander des réformes sans pour autant menacer l'équilibre des rapports de sexe ; fonder un féminisme individualiste et familial sur la notion de complémentarité de l'homme et de la femme. S'attaquer au Code, certes, mais que la Femme reste la fée du logis.

Le seul point commun de tous ces groupes féministes, y compris protestants, est d'être d'origine bourgeoise, d'écarter tout contenu idéologique, toute connotation jugée subversive et politique, et de s'adonner à de multiples actions philanthropiques en direction des femmes pauvres, des enfants abandonnés et des alcooliques. Tout le reste les divise et tout particulièrement la question du suffrage des femmes. Selon l'expression de Berthie Albrecht, « leurs actions ne dépassent pas la boutique de leur modiste. »

Après le décès de Maria Deraismes et de sa sœur Anna, la Société pour l'amélioration du sort de la Femme et la revendication de ses droits (SASFRD) s'accroche à des visions passéistes. Entre les louanges à leur défunte présidente et l'éloge de la Femme-épouse-et-mère, il reste peu de place pour les interrogations nouvelles. La Société pour l'amélioration du sort de la Femme ne sait pas prendre le virage du siècle. La Solidarité des femmes, fondée par Eugénie Pontonié-Pierre et Marie-Rose Astié de Valsayre en 1889, quitte la gauche socialiste et ne représente pas une force.

En revanche, les actions spectaculaires de la première suffragette française, Hubertine Auclair, se remarquent. D'autres l'imitent, qui n'hésiteront pas à agir dans la rue. Au groupe actif de la Femme socialiste, créé en 1901 par Élisabeth Renaud et Louise Saumonneau, il faut ajouter celui de la Ligue française pour le droit des femmes (LFDF). Avant de se retirer, Léon Richer assure sa succession. Il met à la tête du mouvement des femmes dynamiques : Maria Pognon, Marie Bonnevial, Maria Vérone. Les Ligues néomalthusiennes s'organisent et font scandale, soutenues par Nelly Roussel, Paul Robin, Madeleine Pelletier, Gabrielle Petit, Claire Galichen.

Les féministes et tout particulièrement la Ligue française pour le droit des femmes tentent des alliances. Dès le début du XIXe siècle, courants socialistes et revendications féminines vont de pair. Cependant, lorsque les femmes invitent les partis à mettre leurs paroles en pratique, les ambiguïtés et les conflits surgissent. Pendant les deux décennies précédant la Grande Guerre, les gauches privilégient la lutte des classes et affirment que l'égalité formelle revendiquée par le féminisme bourgeois perpétue les inégalités sociales. Ils remettent donc aux calendes révolutionnaires la réalisation des souhaits des femmes. Elles mettront longtemps à comprendre qu'il faut dissocier leur cause de celle des gauches pour faire avancer leurs droits. Seules Jeanne Misme, pour le groupe des féministes apolitiques, et Madeleine Pelletier, dès 1908, font figures de précurseurs en ce domaine.

La gauche révolutionnaire développe une mystique qui investit les femmes d'une mission de compagne-inspiratrice sous le règne de l'Amour. Mais ces révolutionnaires, sous l'emprise de la vieille frayeur de la concurrence féminine, ne proposent rien pour l'égalité dans le travail et le salaire. Leur idéologie dresse un barrage à toute revendication dans le domaine économique.

Comme au chapitre du vote, ils sont pour sa suppression, pourquoi le demanderaient-ils pour les femmes ? Et comme ils prônent l'autonomie totale de l'individu, ils ne voient pas non plus la nécessité d'organiser le mouvement féminin. Tous les anarchistes ne sont pas unanimes sur le rôle des femmes, ni sur les thèses développées par le courant néomalthusien, ni même sur les droits à demander. La plupart des groupes anarchistes privilégient la lutte politique. Seules les personnalités telles que Nelly Roussel, Paul Robin, Eugène Humbert, le docteur Sicard de Plauzoles et leurs compagnons de la pensée néomalthusienne, en se libérant de la théorie et en militant pour un objectif concret, donnent de l'éclat à ce mouvement. Les relations entre les gauches et les féminismes se révèlent conflictuelles, le rendez-vous avec l'anarchisme est manqué, qu'en est-il de l'alliance tentée avec les francs-maçons ?

Les femmes et l'engagement maçonnique

Georges Martin encourage les femmes à utiliser les réunions maçonniques pour s'exercer à prendre la parole en public. Même celles de l'élite intellectuelle et cultivée n'ont pas l'habitude de la tribune, et Maria Deraismes, en ce domaine, constitue une exception. Le premier rapport annuel de la loge mixte le Droit Humain fait état de ce souci. « Les S∴ ont fait des progrès dans l'art de parler en public. Dans un avenir très prochain, elles pourront soutenir la discussion contradictoire contre les adversaires des droits des femmes [1]. » D'autres se servent de l'écrit. Des auteurs comme Véra Starkoff ou Marguerite Souley-Darqué, que la postérité n'a guère retenues, publient des poèmes, des romans à thèse, des drames en un acte qu'elles situent dans un décor maçonnique. Leurs œuvres sont lues dans les loges. Cette littérature est destinée à retenir de façon plaisante l'attention d'un auditoire sur les questions des droits des femmes.

Mais leurs ambitions vont plus loin. À l'ère du positivisme, Maria Deraismes et Léon Richer ont fait le lien entre libre pensée, radicalisme et franc-maçonnerie. Au soir de sa vie, Louise Michel, sur les instances de Madeleine Pelletier, accepte l'initiation maçonnique et souligne avec regret : « Il y a longtemps que j'aurais été des vôtres si j'eusse connu l'existence des loges mixtes, mais je croyais que, pour entrer dans un milieu maçonnique, il fallait être un homme [2]. » Après son initiation, elle entreprend une active campagne en faveur de l'admission des femmes dans les loges. Madeleine Pelletier souhaite que les femmes accèdent à la vie politique. « Poussée cependant par un grand désir de réaliser ce que je m'étais assigné pour but : l'admission des femmes au G∴O∴ et, par suite, l'accès pour elles à la vie politique [...] deux mois environ après mon initiation, je faisais entrer Louise Michel, afin de me servir de sa notoriété universelle comme d'un puissant levier pour la propagande de mes idées et j'organisais seule, pendant le convent de 1904, des tenues exceptionnelles qui eurent, grâce en grande partie à Louise Michel, un succès sans précédent [3]. »

Sans doute ces femmes pensent-elles que le discours et l'éthique maçonniques, par leur teneur même, vont leur être favorables, que d'emblée elles trouveront, dans ce milieu, des alliés « naturels » ? *Notice sur ma réception à la loge du Pecq* de Maria Deraismes, *Pour l'admission des femmes dans la franc-maçonnerie* ou *Les Femmes dans la franc-maçonnerie* de Madeleine Pelletier révèlent leurs illusions et leurs erreurs d'appréciation. Le relais avec les loges maçonniques ne se fait pas, ou mal. La Ligue française pour le droit des femmes entretient des relations avec des députés, des avocats, des hommes politiques socialistes et radicaux qui les aident à rédiger les propositions de lois et les déposent au Parlement. Ce groupe réunit des hommes et des femmes agissants, républicains, libres penseurs, pacifistes qui peuvent être, par ailleurs, francs-maçons. Caroline Kaufmann et Madeleine Pelletier militent à la Solidarité des femmes issue de la Ligue socialiste des femmes. Marguerite Dreyfus, Nelly Roussel, Marya Choeliga-Lévy, Blanche Cremnitz luttent dans les rangs de l'Union des femmes françaises. Les relations entre les femmes et les francs-maçons s'établissent, mais dans de faibles proportions, de façon ponctuelle ou individuelle.

Ce n'est pas que les francs-maçons ignorent leurs préoccupations, mais ils ne discutent de leurs droits politiques que pour les repousser, du travail des femmes que pour le peindre comme un mal nécessaire auquel sont condamnées de malheureuses égarées. La commission du Grand Orient de France chargée de la question du travail féminin pour l'année 1903 conclut que « allant très loin dans la voie de la protection [ils] ont demandé la suppression de tout travail de la femme [4]. » Après cette date, les francs-maçons ne se penchent plus sur ce sujet sauf pour demander, de temps en temps et avec beaucoup d'ambiguïté, l'égalité des salaires. « Le jour où les salaires seront les mêmes pour tous, on préférera l'homme et celui-ci n'aura donc plus à craindre le chômage [5]. » La prostitution constitue leur troisième préoccupation. C'est une maladie sociale conséquence de la misère et de l'atelier. Mais aussi du tempérament des femmes. Elles se prostituent « par une question de tempérament, par le besoin de bien-être et de luxe et aussi quelque peu par une paresse [6]. » Ils proposent néanmoins de faire l'éducation des garçons comme des filles, d'humaniser l'hôpital et de responsabiliser les citoyens. Dans une France très largement rurale, ils sont silencieux sur les paysannes qui représentent une grande partie des femmes qui travaillent. Ils évoquent rarement la célibataire, la mère célibataire, la femme divorcée, veuve ou âgée. Ces catégories de personnes ne les intéressent pas. Seule compte la jeune fille future femme-épouse-et-mère.

Toutes leurs attentions se concentrent en effet sur la trilogie : mariage, famille, natalité. Contre le mariage-intérêt et pour le mariage-affection, les francs-maçons blâment les parents qui font pression sur leurs enfants, particulièrement sur les filles, pour qu'ils choisissent un beau parti plutôt que les élus de leur cœur et fustige la grande bourgeoisie qui « exige que ses fils ne se marient qu'avec des gens du monde [7]. » L'amour n'est qu'un instinct sexuel affiné par l'éducation, une nécessité conservatoire de l'espèce, un besoin physiologique. Un amour modéré suffit. Les ébats frénétiques ne sont pas de mise, car il convient de rester dans les limites du bon ton et la passion se révèle contraire à « un bonheur solide dans un établissement durable [8]. »

Pour atteindre ce but, et malgré toutes leurs velléités égalitaires, les francs-maçons pensent qu'il vaut mieux se marier entre soi et s'appliquent à donner une définition claire du mariage. « Union de l'homme et de la femme en vue de fonder une famille et d'assurer l'avenir de la société [9]. »

L'alliance des femmes et des francs-maçons ne fonctionne pas plus que celle des gauches et n'aboutit à rien de construit et d'envergure. Seule joue l'entente déterminée de quelques hommes et de quelques femmes qui parviennent à proposer et à faire voter quelques lois au Parlement.

Les acquis de la Belle Époque

Bien avant le tournant du siècle dernier, une succession de lois, certes moins spectaculaires que l'aurait été l'attribution des droits civiques, entament un peu et progressivement l'incapacité juridique des femmes mariées : 1881, droit d'ouvrir un livret de caisse d'épargne ; 1884, rétablissement du divorce supprimé en 1816 ; 1886, droit de s'affilier à une caisse de retraite ; 1891 attribution de l'usufruit du quart de la succession de l'époux et de la moitié en cas d'absence d'enfants. En 1904, pour le centenaire du Code civil, le gouvernement décide sa révision et offre aux femmes d'y participer sous forme écrite et restreinte. Mais elles sont évincées des groupes de travail et, de plus, divisées. Georges Martin avance des propositions importantes mais rien ne se passe. Les femmes obtiennent seulement en 1907 la libre disposition de leur salaire et la tutelle de leurs enfants naturels ; en 1912, la recherche en paternité.

À compter de 1880, et en grande partie grâce à l'action de Georges Martin et d'un petit nombre de francs-maçons, les femmes deviennent électrices et éligibles dans les instances professionnelles : 1880, au Conseil supérieur de l'Instruction publique et aux Conseils départementaux de l'Instruction publique ; 1893, les femmes commerçantes peuvent élire les juges des tribunaux de commerce ; 1895, elles peuvent participer, en tant qu'administratrices, aux Bureaux de bienfaisance de Paris ; en 1898, elles élisent le Conseil supérieur de la Mutualité. En 1900, elles votent au Conseil du Travail et, en 1903, au Conseil supérieur du Travail ; en 1907, au Conseil de Prud'hommes ; en 1908, dans les Chambres consultatives des Arts et Manufactures. Les Françaises apprennent le civisme à travers l'exercice de leurs nouveaux droits dans les instances professionnelles. En 1900, elles acquièrent le droit de plaider. Elles sont admises dans les commissions communales d'assistance en 1905. D'électrices, elles deviennent éligibles au Conseil supérieur du Travail en 1903. À compter de 1905, un juge peut passer outre l'interdiction du mari pour qu'une femme puisse ester en justice.

Mais, en ce qui concerne le salaire, le mari peut toujours faire supprimer ce droit s'il prouve une mauvaise gestion. Les juges de paix disposent de la possibilité de passer outre l'interdiction du mari d'ester en justice ; ils peuvent aussi la respecter. Les femmes restent donc soumises à un régime discrétionnaire et à l'arbitraire. La loi sur le divorce exclut le consentement mutuel. Il s'agit de demi-mesures.

La question des droits politiques stagne. Marcel Sembat, signataire de l'Appel féministe électoral de 1898, met les droits civils et politiques à son programme ; Jean Jaurès prend parti pour le suffrage féminin en 1898 ; Louis Marin, l'un des députés suffragistes les plus actifs, fait voter l'égalité des salaires des enseignants du primaire. Ferdinand Buisson, rapporteur du projet Dussaussoy sur le vote des femmes aux élections municipales, publie en 1910 *Le Vote des femmes* et fonde en 1911 la Ligue d'électeurs pour le suffrage des femmes. La section française de l'Internationale Ouvrière soutient les revendications pour l'obtention des droits civiques, mais cette question n'avance pas. Dans la grande bataille pour faire adopter la loi de séparation des Églises et de l'État, et même après son vote, l'idée que l'électorat féminin se déterminera pour la réaction perdure. Les propositions de loi pour attribuer le droit de vote aux femmes dans les instances municipales présentées à la Chambre des députés en 1901, 1906, 1914 sont repoussées par le Sénat. Aussi, à partir de 1906, derrière Hubertine Auclair, Madeleine Pelletier, Caroline Kauffmann, Maria Vérone, Marie Bonnevial organisent des manifestations dans la rue, collent leurs affiches, renversent des urnes. Elles se font agresser, jeter à terre, molester par les passantes, bousculer par la police et juger. Ni leurs actions, ni les carreaux cassés, ni leurs jugements devant les tribunaux ne laissent de traces dans la presse maçonnique ou dans les archives des loges, pas même pour Marie Bonnevial, haut dignitaire du Droit Humain et membre du Suprême Conseil Universel Mixte.

Les avantages sociaux liés au travail se révèlent très importants. La journée de travail, à compter de 1874, diminue progressivement. Le travail de nuit (en fait, une mesure pour les exclure du travail) et certaines professions pénibles (mines, carrières) sont interdits aux femmes. Le 31 décembre 1900, le Parlement vote la « loi des chaises » qui oblige les patrons à mettre un siège à la disposition des vendeuses. Par la loi du 28 décembre 1909, les femmes enceintes obtiennent huit semaines de congé de maternité, sans traitement, mais le patron ne peut plus rompre le contrat. En 1910, congé de maternité de deux mois avec traitement pour les institutrices, octroyé aux employées des PTT l'année suivante. En 1913, la législation interdit de confier des travaux pénibles aux femmes après l'accouchement. Dans les écoles maternelles créées en 1887, les enfants sont accueillis dès l'âge de deux ans. Le nombre des crèches augmente. Grâce aux lois scolaires, les Françaises restent les plus scolarisées du monde. La chute des bastions masculins prend du temps et représente à chaque fois une rude bataille mais les acquis se fortifient. Marie Sklodowska-Curie, première femme professeur à la Sorbonne et double prix Nobel en 1903 et 1911, illustre cette situation. En 1906, 7 694 000 femmes travaillent.

Deux obédiences, deux politiques

Madeleine Pelletier : de la théorie à l'action

Madeleine Pelletier obtient très brillamment le baccalauréat de philosophie et entreprend des études de médecine. Première femme à passer le concours de l'Assistance médicale à Paris, elle est nommée médecin des Bureaux de bienfaisance, mais l'accès au concours de l'internat des Asiles lui est refusé : le règlement exige que le candidat possède ses droits politiques. Une campagne de presse menée par *La Fronde* fait de Madeleine Pelletier la première femme médecin des Asiles.

Elle est initiée par la loge la Philosophie Sociale le 27 mai 1904. Secrétaire générale de la Grande Loge Symbolique Écossaise n° 2 en 1905 et 1906, elle préside également la loge Diderot.

Pour les femmes, Madeleine Pelletier revendique toutes les émancipations, toutes les libertés : politiques, économiques, sociales, sexuelles, intellectuelles. Elle dénonce l'organisation de la famille selon le modèle bourgeois, l'oppression qui en dérive, les deux morales (l'une, indulgente vis-à-vis de l'adultère des hommes, et l'autre, sévère vis-à-vis de celui des femmes), le viol du mariage ; elle revendique le droit au plaisir sexuel, à la diffusion des méthodes contraceptives et à l'avortement en cas d'échec. Elle pense même la destruction de la famille. Lorsqu'elle demande, pour les femmes, la maîtrise totale de leur corps, elle se heurte « à la justification de la sexualité dans le mariage vécue comme remède à la concupiscence des femmes [10]. » Quand elle s'attaque à la sainte, noble et suffisante fonction de la maternité, tout le monde, y compris les anarchistes, crie à la subversion. Articles, livres, brochures démontrent qu'elle dépasse les seules revendications féministes pour s'interroger sur la spécificité féminine, la notion de sororité, de solidarité.

Madeleine Pelletier théorise ; elle agit aussi. Elle fonde un mensuel, *La Suffragiste*, et donne quelques longs articles à la seconde série du *Bulletin de la Grande Loge Symbolique Écossaise*. Après le décès d'Eugénie Pontonié-Pierre, fondatrice de la Solidarité des Femmes, elle préside ce groupe en collaboration avec Caroline Kauffmann. Avec le mouvement néomalthusien, elle met au point un certain nombre de méthodes contraceptives et pratique des avortements, ce qui lui vaudra d'être condamnée. Pour les campagnes électorales, elle fabrique des tracts, entreprend des démarches auprès des parlementaires. Son engagement dans les organisations révolutionnaires est rendu nécessaire par sa lutte contre le système social en place. Mais sa lutte en faveur des femmes se révèle dominante et totale. C'est dans ce sens qu'elle se tourne aussi vers la franc-maçonnerie.

Elle voit dans l'Ordre maçonnique un mouvement démocratisé, une école d'initiation politique guidée par des libres penseurs, des hommes politiques et des intellectuels. Elle pense que sont réunis ainsi tous les éléments susceptibles de favoriser l'éducation politique des femmes. Dès son admission, Madeleine Pelletier commence une vaste campagne dans les milieux maçonniques pour faire admettre l'initiation des femmes et la mixité. Elle souhaite que, par l'intermédiaire des loges, les femmes puissent accéder à la vie politique.

Cependant, la personnalité abrupte et le tempérament impatient de Madeleine Pelletier contribuent à créer, au sein de la franc-maçonnerie, des affaires qui seront préjudiciables à la GLSE 2 et aux objectifs qu'elle s'est fixés.

La première d'entre elles concerne le *Bulletin hebdomadaire des Travaux de la Maçonnerie en France*, qui publie chaque semaine les ordres du jour des ateliers adhérents. En 1900, 134 loges, dont les trois ateliers de la GLSE 2, composent cette société. Le 30 juillet 1900, les ateliers masculins soulèvent la question de la présence des loges jugées irrégulières par les autres puissances maçonniques, car ils souhaitent se dégager de tout voisinage jugé compromettant. Malgré les récriminations des frères les plus intransigeants, le *statu quo* dure jusqu'en 1906 grâce à Madeleine Pelletier, responsable de l'insertion des ordres du jour des loges de la GLSE 2, qui réussit à obtenir le maintien des loges mixtes dans le *Bulletin hebdomadaire*. Ses adversaires parviennent toutefois à faire voter la dissolution de la société. Une commission de réorganisation recrée immédiatement le journal, sans y apporter de changement, sauf le titre qui devient *Bulletin des Travaux maçonniques des Loges régulières*, réservé à l'usage de la seule franc-maçonnerie masculine. Ces manœuvres exaspèrent Madeleine Pelletier qui use, à la fin, de moyens de persuasion dépourvus de diplomatie. « Elle veut, avant tout, effrayer le Grand Orient ; elle l'a attaqué au Trocadéro et partout. Elle a eu des paroles malheureuses, une politique moins qu'habile », dit le frère Platel lors du jugement maçonnique de Madeleine Pelletier [11]. Elle aurait menacé de porter plainte contre le *Bulletin hebdomadaire* et contre le Grand Orient de France. Injuriée, physiquement agressée, elle aurait menacé le frère Chartier de son revolver, ce qui explique son jugement maçonnique.

La seconde affaire est liée à l'apposition d'une affiche sur les murs à Paris. Cette affiche émane de la loge l'Idéal Social créée à la fin de l'année 1904, ou au tout début de 1905, sous les auspices de la Grande Loge Symbolique Écossaise. L'Idéal Social radie le docteur Curie et Cylia de Vilars, non solidaires de cette action. Le 20 septembre 1907, le président de la GLSE 2 adresse une lettre à Frédéric Desmons, Grand Maître du Grand Orient de France, pour lui faire part de l'exclusion de la franc-maçonnerie de Madeleine Pelletier, Caroline Kauffmann et Louise Winter [12]. Devant la volonté manifestée par la loge de poursuivre la diffusion de ces affiches, la Grande Loge Symbolique vote la démolition de l'Idéal Social et la radiation des francs-maçons considérés comme solidaires [13].

Madeleine Pelletier reconnaît que, dans ses discours et sa propagande, elle se montre parfois agressive « pour aiguillonner la majorité qu'il fallait convaincre [14] ». Son comportement ne sert pas toujours sa cause et celle des femmes, mais elle est l'une des rares personnalités à mener un combat concret et à s'impliquer dans le cadre de son métier.

Son parcours traduit sa recherche d'une satisfaction sur le plan des idées comme d'une efficacité dans l'obtention des revendications. En 1905-1906, elle opte pour la tendance guesdiste du parti socialiste qu'elle quitte pour les hervéistes de 1906 à 1910. Elle choisit alors le socialisme libertaire, puis le communisme pour revenir vers l'anarchie, non par conviction toutefois, car sa pensée dépasse l'idéologie révolutionnaire. Ce nomadisme politique révèle autant sa déception de ne pas trouver de réponse en face d'elle que la qualité de sa pensée, construite, à l'avant-garde, bien supérieure à celle de ses contemporains et qui envisage, de façon profonde et nuancée, la question de la condition des femmes dans sa globalité.

Georges Martin : une certaine idée de la Femme

Ses origines, son éducation, ses relations avec Maria Deraismes relient Georges Martin au courant du féminisme bourgeois. Cependant, il réclame tous les droits pour les femmes : l'égalité civile et politique. Sa proclamation du Droit Humain expose les lignes directrices de sa pensée [15]. Ses critiques vont à l'Église catholique qu'il rend responsable, avec la complicité des hommes et plus particulièrement des francs-maçons, du niveau moral et intellectuel des femmes. Il exige la considération de leurs qualités et de leurs capacités et, partant, les mêmes libertés, une éducation identique, le même droit au travail que pour les hommes. Il soutient les initiatives de co-éducation et pense que l'affranchissement moral et intellectuel dû à l'éducation constitue la condition première de l'évolution des comportements. Pour Georges Martin, ses contemporains doivent parvenir à admettre le principe de l'égalité fondamentale des deux sexes qui se traduit par l'acquisition des mêmes droits dans tous les domaines.

Mais si Georges Martin imagine pour un avenir proche une femme libre, citoyenne et respectée, pourvue d'une solide éducation, il ne la conçoit que dans son rôle d'épouse et de mère, éducatrice des enfants dans un foyer stable et de bon aloi. « Et c'est précisément au nom de la famille, au nom du salut de la femme, de la maternité que nous réclamons, pour les femmes, une forte et sérieuse éducation et l'amélioration de leur sort [16]. » Cette réflexion d'un frère répond aux aspirations de Georges

Martin. Toute autre forme d'émancipation est exclue, tout autre sujet tabou. La femme dans et à travers la famille, elle-même prolongée par la franc-maçonnerie.

Mêlées et d'un commun accord, famille maçonnique et famille profane mènent un combat unique. La loge du Droit Humain est entièrement organisée autour du couple et de la famille. Ce choix s'explique, en premier lieu, par le fait que Georges Martin veut éviter toute critique, toute attaque perfide sur le chapitre des mœurs, qui pourrait venir aussi bien de l'Ordre maçonnique que de la presse et des milieux conservateurs – ce qu'il n'évitera pas d'ailleurs. Enfin, sa conception des rapports qui doivent exister dans le couple joue sur la désignation des futures sœurs comme sur le modèle de société qu'il cherche à proposer par l'intermédiaire de la loge mixte. « Nous avons pensé aussi que la présence des deux sexes sur les colonnes du Temple imposerait plus de retenue dans les discussions, à l'homme aussi bien qu'à la femme, plus de tenue aussi que si les deux sexes travaillaient séparément et que les réunions gagneraient beaucoup à tous les points de vue [17]. » Et toujours optimiste, il conclut : « L'avenir appartient à la Franc-Maçonnerie Mixte ; sa philosophie humaine, son programme social et sa morale familiale assureront sa domination fraternelle sur le monde entier [18]. » Sans doute faut-il chercher dans cette appréciation restreinte des droits des femmes les contradictions et les limites de sa pensée comme de celle de Maria Deraismes. Comment concilier droits et libertés avec l'image traditionnelle de la Femme épouse et mère ?

Alliance et rupture des deux obédiences mixtes

Le 24 février 1899, quelques frères de la Grande Loge Symbolique Écossaise maintenue suggèrent de recevoir les membres de la loge mixte le Droit Humain et de faire l'échange de garants d'amitié. Le 26 mai 1899, une tenue solennelle réunit trois cents francs-maçons au Salon des Familles. La loge Diderot reçoit les frères et sœurs en présence de Noël Delpech, sénateur, conseiller de l'Ordre puis président du Conseil de l'Ordre, Émile Chauvin, député, membre du Conseil de l'Ordre de 1908 à 1911, Gustave Hubbard, député, Charbonnel, etc. Tous prennent la parole, y compris les francs-maçons du Grand Orient de France, et entendent les allocutions de Marie Bonnevial sur « la mission de la femme dans l'œuvre de l'affranchissement humain » ainsi que de Marie-Georges Martin. La loge mixte remercie de la chaleur de la cérémonie et du soutien proposé par Diderot. Cette loge s'appuie sur la nécessité d'une contre-attaque des ateliers face aux entreprises cléricales et d'un enseignement philosophique des femmes pour justifier l'accueil des loges mixtes et l'échange des garants d'amitié entre les deux obédiences. La réunion se clôt sur un ordre du jour motivé et sur un vœu : que les conseillers de l'Ordre des obédiences masculines présents ce jour-là proposent à la réflexion et au vote de leurs assemblées la reconnaissance et l'organisation de la franc-maçonnerie mixte. L'écho de cette réception se prolonge. Marie-Georges Martin, à Lyon, rend hommage à la loge Diderot « du pas en avant que la franc-maçonnerie mixte lui doit [19] » et souligne l'aspect positif des tenues communes qui eurent lieu depuis le 26 mai. Le 7 juin 1899, la Philosophie Sociale suit l'exemple de Diderot. À l'occasion de leur première tenue avec le Droit Humain, le frère Régnier, vénérable de la Philosophie Sociale, proclame l'égalité civile et politique des hommes et des femmes et ajoute que leur atelier, honoré de recevoir les sœurs, ne se soucie pas des tracasseries que peut provoquer cet acte de la part de la franc-maçonnerie masculine attachée à la tradition. La loge le Droit Humain est invitée à participer, souvent et en nombre, aux réunions des ateliers de la Grande Loge Symbolique Écossaise maintenue. Diderot et la Philosophie Sociale veulent faire la démonstration que la présence des femmes, loin d'être une cause de division, est, au contraire, une raison d'union et une occasion de travaux de bonne tenue. Les deux obédiences mixtes se révèlent en accord sur ces points : le rapport annuel de l'atelier du Droit Humain laisse paraître la satisfaction et l'espérance que, par la force de l'exemple, les membres des obédiences masculines reconnaissent enfin ou admettent la mixité.

Les espoirs, dans ce domaine, sont déçus. La Grande Loge Symbolique Écossaise maintenue perd une loge qui refuse ces échanges. L'atelier les Inséparables de l'Arc en Ciel demande et obtient son affiliation au Grand Orient de France. Devenue irrégulière par le seul fait d'accueillir des femmes, la petite obédience se trouve isolée, car le Grand Orient de France et la Grande Loge de France rompent leurs relations avec elle. La Jérusalem Écossaise se scinde en trois, un groupe au GODF, l'autre à la GLDF, le troisième à la GLSE 2 sous le nom de Nouvelle Jérusalem, avec des allers et retours entre les obédiences et des mises en sommeil volontaires. L'affaire du *Bulletin hebdomadaire* évoquée précédemment offre un autre exemple des difficultés faites aux loges mixtes.

Les relations de la GLSE maintenue et de la loge mixte le Droit Humain se poursuivent pendant deux ans. Le 15 juin 1901, la Grande Loge Symbolique Écossaise maintenue se dote d'une Constitution qui institue la mixité dans l'obédience par l'initiation des femmes. Que se passe-t-il au Droit Humain ? Le 21 juin 1901, Diderot affilie cinq femmes venues du Droit Humain (Véra Starkoff, Aline Marx, Marie Bonnevial, Mary, Jenny Billioud). Ses affiliations s'accompagnent-elles de démissions ? D'autres sœurs sollicitent-elles leur affiliation ? Une accumulation de faits permet de conclure à un malaise : une adhérente du Droit Humain parle de « crise », d'autres relèvent les attaques, la malveillance, les luttes d'influence, les médisances. Georges Martin, pour protéger le Droit Humain de toute controverse qui pourrait, de façon plus ou moins grave, rejaillir sur l'obédience, et que les adversaires du féminisme exploiteraient, rompt les relations avec la GLSE 2. Désormais, chacun va œuvrer de son côté.

Après deux années d'échanges avec le Droit Humain, toujours ignorés des obédiences masculines, les trois ateliers de la GLSE 2 sont de plus en plus seuls. Faut-il voir dans ces péripéties l'effet de sollicitations trop empressées de la part de la GLSE 2 vis-à-vis des femmes du Droit Humain ? La peur de Georges Martin devant une obédience concurrente ? Ou l'effet de l'esprit qui règne au Droit Humain. Une lettre cosignée du secrétaire et du président de la GLSE 2 expose au destinataire, Noël Delpech alors président du Conseil de l'Ordre du Grand Orient de France, les raisons de leurs dissentiments avec le Droit Humain : les manières autoritaires de Georges Martin, son étroitesse d'esprit. Des femmes, mal à l'aise dans leur obédience, viennent-elles solliciter la GLSE 2 et lui demander de leur offrir une structure à leur mesure ? Est-ce les frères de la Grande Loge Symbolique Écossaise maintenue qui appartiennent au courant du socialisme libertaire qui prennent la décision de s'ouvrir aux femmes pour grossir les rangs ? Il paraît difficile de comprendre pourquoi la Grande Loge Symbolique Écossaise maintenue, après une alliance avec le Droit Humain qui aurait pu satisfaire, éprouve le besoin d'opter, elle aussi, pour la mixité. La question de savoir si deux obédiences mixtes ne sont pas de trop fut-elle jamais posée ?

Il résulte de cette rupture que les frères de la GLSE 2 sont reçus au Droit Humain mais pas les sœurs, que les conférences faites par des femmes de la GLSE 2 doivent se dérouler en tenues blanches, que l'invitation de Madeleine Pelletier est refusée. « Il existe donc au Droit Humain, une loi d'inégalité des sexes qui soumet les femmes seules à l'excommunication majeure [20]. » Les deux auteurs de la lettre font également observer que les députés de la GLSE 2 qui eurent à soutenir l'idée de la mixité dans la franc-maçonnerie n'ont pas eu de plus terrible adversaire que Georges Martin. Enfin, si les règlements généraux du Droit Humain interdisent les visites des sœurs de la GLSE 2, ils n'empêchent pas leur affiliation car cette pratique permet une vérification de leur moralité.

Voilà la Grande Loge Symbolique Écossaise n° 2 écartée et les femmes du Droit Humain en liberté surveillée. En fait, la bonne entente entre les deux obédiences cesse à partir du jour où la Grande Loge Symbolique Écossaise n° 2 décide d'être mixte. Elle procède, dans un premier temps, à l'affiliation de plusieurs sœurs appartenant au Droit Humain puis, dans un second temps, à des initiations. La potentialité d'une concurrence traverse très certainement l'esprit de Georges Martin : la peur que la GLSE 2 ne détourne des sœurs qui ne trouvent pas, au Droit Humain, une communauté d'esprit et de vues avec les objectifs de leurs luttes féministes. Il faut remarquer, en effet, que la GLSE 2 devient mixte au moment où certains courants et certaines personnalités du parti socialiste s'orientent davantage vers les thèses anarchistes puis, un peu plus tard, vers le pacifisme.

L'ordre maçonnique et la mixité

Les mesures drastiques du Grand Orient de France

Des tentatives pour faire adopter la mixité se manifestent de façon sporadique. Ainsi à l'Étoile Polaire en 1892 ou 1893, le frère Georges Martin qui rapporte le fait ne se souvient plus très bien de la date [21]. En 1899, le Conseil de l'Ordre, lors de sa séance du 5 juin, examine la réponse à faire à l'Unité Maçonnique qui demande à initier le couple de musiciens Amélie-Alexandrine et André Gédalge. Le Grand Orient de France rappelle à cet atelier la doctrine professée jusqu'ici et exprime sa conviction que la loge, soucieuse de la discipline, respectera la tradition. Selon Albert Lantoine, le Conseil de l'Ordre a toutes les peines du monde à empêcher cette double initiation. En effet, le 19 juin, le Conseil de l'Ordre reçoit une lettre de l'Unité Maçonnique soutenant que l'atelier se considère libre de procéder à l'initiation. Les frères, par ailleurs, souhaitent une réponse claire : oui ou non peuvent-ils initier Amélie-Alexandrine Gédalge ? « Si tout membre de la famille maçonnique a le droit de chercher à faire revenir le Convent sur les décisions prises, il a, en attendant, le devoir étroit de s'y soumettre tant qu'elles n'ont pas été abrogées », répond le Conseil de l'Ordre [22].

Les tentatives d'instaurer la mixité, la permanence de la question de l'initiation des femmes et maintenant la création d'obédiences mixtes sont-elles à l'origine des décisions du Grand Orient de France ?

Il prend à leur encontre des mesures draconiennes. Après l'initiation de Maria Deraismes par les Libres Penseurs, Georges Martin avait essayé d'entrer en relation avec le Conseil de l'Ordre du Grand Orient de France. Il n'avait pas obtenu de réponse [23]. Dès sa création, le Droit Humain demande sa reconnaissance aux obédiences masculines. À toutes ses initiatives, les instances dirigeantes du Grand Orient de France opposent une fin de non-recevoir. Pourtant, de nombreux francs-maçons du Grand Orient de France et des membres du Conseil de l'Ordre assistent aux tenues mixtes ou aux initiations, surtout lorsqu'elles sont brillantes, et y prennent la parole. L'éloge funèbre de Clémence Royer est prononcé par Frédéric Desmons [24]. Cette attitude double entretient la confusion. Certains frères pensent qu'il existe des relations officielles entre les deux obédiences. D'autres interprètent cette présence comme une adhésion tacite au principe de la mixité. D'autres encore n'y voient que double langage et hypocrisie. Il est vrai qu'il y a loin entre les comportements individuels et les décisions officielles. Non seulement le Conseil de l'Ordre refuse de reconnaître les loges mixtes mais, le 16 mai 1898, il réaffirme que les ateliers du Grand Orient de France doivent considérer comme nulles toutes les communications issues de la loge le Droit Humain. En outre, il enjoint aux Sociétés civiles, qui gèrent les locaux utilisés par ses ateliers, de refuser toute location aux loges mixtes qui se créent. À Paris, la première loge mixte le Droit Humain s'est d'abord organisée dans le salon de Maria Deraismes, puis dans un local plus grand offert gracieusement par Marie Becquet de Vienne. La loge déménagera quatre fois au cours des mois qui suivent sa création. En dépit de ce caractère itinérant, elle jouit de ressources qui lui permettent de se procurer un toit. En province, certaines loges du Grand Orient de France protestent des conditions faites à des frères qu'ils connaissent la plupart du temps. D'autres ateliers respectent les directives. Des ateliers prêtent discrètement leurs locaux. Les loges qui demandent l'autorisation de le faire au Conseil de l'Ordre obtiennent un refus [25]. À cause de cet ostracisme, quelques ateliers du Droit Humain se heurtent à de sérieuses difficultés matérielles. Le

Conseil de l'Ordre, par circulaire, prescrit aux frères de s'abstenir de visiter les loges mixtes. En cas de visite, ils ne doivent pas donner les mots de semestre, mais le mot de passe et le mot sacré.

Des vœux concernant l'admission des femmes sont déposés presque tous les ans au convent du Grand Orient de France. En 1900, le Lien des Peuples et les Bienfaiteurs Réunis « se déclare favorable à leur admission et forme le vœu que cette question soit portée par son délégué au convent et qu'elle soit discutée et traitée d'une manière large et précise [26]. » La commission d'examen des vœux refuse que le vœu soit discuté par 3 voix contre 3, celle du président étant prépondérante. Malgré ce résultat, les députés passent l'après-midi en exposés interminables entrecoupés de demandes de passage à l'ordre du jour, de clôture, d'interruptions de séance, de rires et de chahuts. La loge Libre Pensée dépose un autre vœu. « Il importe de se préoccuper de la situation grave produite par la puissance du clergé sur les femmes [...]. Sera renvoyée à l'étude des loges la recherche des moyens les plus efficaces pour établir l'influence des idées maç∴ sur les femmes, tenter de les arracher à l'influence des prêtres et créer telles institutions aptes à atteindre ce but [27]. » Le convent de 1901 adopte sans discussion sept paragraphes avec un amendement qui demande la reconnaissance du Droit Humain et pose la question des visites, un amendement pour que l'assemblée se prononce sur le principe de l'admission de la femme dans la franc-maçonnerie et un vœu : que la franc-maçonnerie soit ouverte aux femmes. En 1902, le convent refuse de prendre en considération un vœu identique signé de 17 francs-maçons dont Arthur Groussier [28]. Georges Martin, en mars 1903, écrit au président du Conseil de l'Ordre pour lui proposer de réfléchir en commun à des solutions. Il offre de réunir le Grand Orient de France, le Grand Collège des Rites et le Droit Humain pour élaborer une proposition adressée ensuite aux loges afin qu'elles précisent, dans les meilleures conditions, le mandat à confier à leurs députés pour le convent de 1903. Au début du mois suivant le président Noël Delpech répond en lui rappelant les résultats du vote du convent de 1902 [29]. Le Grand Orient de France reste inflexible.

L'obédience finit par assouplir sa position vis-à-vis des loges mixtes. Le convent de 1903 est important. L'assemblée doit examiner « les moyens pratiques et les formes par lesquels la femme pourra désormais devenir effectivement la collaboratrice des travaux de la franc-maçonnerie [30]. » Le vote tient compte de toutes les nuances apparues dans les réponses [31]. Les arguments ne varient pas. Cependant, une proposition très novatrice est avancée par le frère Malon : « Tout atelier de la Fédération du GODF peut, dans son règlement particulier, dûment approuvé par le Conseil de l'Ordre, admettre les femmes à l'initiation et aux travaux maçonniques. Les femmes ainsi admises dans la Franc-Maçonnerie ne pourront visiter les autres Ateliers de la Fédération ou s'y faire affilier qu'autant que le règlement particulier de ses Ateliers admettra la femme à l'initiation. Sous cette réserve, les femmes pourvues de la qualité maçonnique ont les mêmes devoirs et les mêmes droits que les Francs-Maçons hommes [32]. » Les discussions se prolongent. Le frère Froument expose que deux façons de procéder se présentent quant à la proposition faite : « La première est d'obliger tous les ateliers à devenir mixtes, la seconde est de laisser aux Ateliers qui le désireraient la faculté de le devenir [33]. » Une fois encore, le convent décide de repousser pour l'instant le principe de l'admission des femmes au même titre que les hommes dans la franc-maçonnerie, d'intéresser les femmes aux œuvres philanthropiques, de poursuivre les tenues blanches et les autres formes d'ouverture vers l'extérieur et, enfin, d'annuler la circulaire interdisant aux francs-maçons du Grand Orient de France de visiter les loges mixtes. Les femmes ne gagnent rien, mais les frères peuvent désormais aller en visite officiellement dans les loges mixtes [34] avec une restriction : s'abstenir de toute participation.

En 1905, le convent décide que « les FF∴ du GODF ont le droit de visiter les LL∴ mixtes et, par conséquent, de verser à la Caisse Hospitalière ; mais un article du Règlement général ne leur permet pas d'être membres cotisants d'une L∴ mixte, « alors qu'ils peuvent cotiser à tous les cercles d'études sociales, qu'il leur plaît, de même qu'à tous les groupes de Libre Pensée, qui les uns et les autres, sont mixtes [35]. »

Le convent de 1909 dépose la demande suivante : « Le Convent, sans rien préjuger, renvoie à l'étude des Loges la question de savoir si un membre du GO peut être membre des Loges mixtes. » Sur 391 réponses, 293 voix se prononcent contre et 93 pour [36]. Le convent de 1910 doit examiner le vœu : « Un maçon du GO peut-il être membre actif d'une Loge mixte ? » Les frères s'embrouillent au fil des rapports et des pages entre ce vœu pourtant très circonscrit et l'admission des femmes au Grand Orient de France. Dans ce vœu, les misogynes voient une manœuvre pour faire entrer les femmes de manière détournée dans leurs loges. Le débat se clôt, comme à l'accoutumée, sur l'idée qu'il est nécessaire d'accueillir les femmes mais que le moment ne semble pas opportun, que « le fruit n'est pas mûr [37] ». Les discussions ne s'en poursuivent pas moins. Apparaît alors un autre argument : « On nous parle du DH [...] mais il peut y avoir d'autres loges mixtes [...] de mœurs et de moralité inférieures au DH [38]. » Un conseiller de l'Ordre précise qu'il n'est question que du Droit Humain, ce qui est une interprétation tout à fait personnelle, cette limitation n'existant pas dans le vœu. Des frères avancent l'argument de l'irrégularité du Droit Humain qui aura des conséquences sur l'unité morale et philosophique du Grand Orient de France et mettra à mal l'entente internationale maçonnique. Denis Guillot, représentant des loges du Nord, insiste sur les conclusions de leur Congrès. Il fait ressortir la contradiction qui existe entre la possibilité de visiter les loges mixtes et l'interdiction de s'y affilier, d'autant que les francs-maçons bénéficient de cette liberté s'ils adhèrent à la Grande Loge de France. Les loges du Nord demandent donc que les francs-maçons du Grand Orient de France aient le droit de se rendre dans les loges mixtes non seulement comme visiteurs, mais comme membres actifs et que les femmes soient admises dans la franc-maçonnerie. Le débat s'enlise. Les frères dérivent toujours vers l'argument de la séduction. Ils n'en sortent pas jusqu'à ce qu'un des leurs ironise. « Ils pensent que la femme ne pourra entrer dans cette enceinte sans leur sauter au cou ! [...] Voyons ! Nous rencontrons quelquefois des femmes dans le monde [...]. Vous avez quelquefois dîné en ville, vous êtes allés en soirée, vous est-il arrivé ces mésaventures ? [...] Ne nous croyons pas comme cela des séducteurs irrésistibles et ne prenons pas de prime abord toutes les femmes pour des grues [39]. » Un petit groupe de frères propose une modification de la Constitution et du Règlement général, en particulier l'article 277 § 2. L'assemblée retient cette dernière suggestion et met aux voix « le statu quo et la possibilité de laisser les maçons libres, si bon leur semble, d'aller dans les loges mixtes comme membres actifs. » Sur 296 votants, le *statu quo* l'emporte par 183 voix contre 113 [40].

La loge Thémis, de Caen, se montre très active et unit ses efforts aux loges du Nord qui se prononcent depuis des années pour l'admission des femmes au Grand Orient de France. Tous les ans, ces ateliers déposent un vœu en ce sens et avancent même la solution des loges d'adoption. En septembre 1911, ces ateliers demandent la révision de l'article 277 des Règlements généraux, arguant de la liberté individuelle. Le convent refuse le renvoi de la question à l'étude des loges et passe à l'ordre du jour. L'année suivante, à propos d'un autre vœu en faveur de l'admission des femmes au Grand Orient de France, le frère Bouley annonce qu'« il ne peut y avoir de discussion à cet égard. Il faut que vous sachiez que, sur la demande de quelques loges, le Conseil de l'Ordre a pris la résolution l'année dernière de laisser aux Loges la faculté de constituer des Loges d'adoption. Avant la fin de l'année, les ateliers recevront un règlement et des rituels leur permettant de constituer ces Loges [...]. Lorsque l'expérience aura été faite [...], vous étudierez d'autant plus facilement l'admission des femmes dans la Maçonnerie qui se posera un jour ou l'autre inévitablement car la société est en évolution et il faudra bien qu'elle avance [41]. » L'assemblée passe à l'ordre du jour sans discussion. Les ateliers ne recevront le règlement annoncé qu'à la veille de la Grande Guerre.

Avec la Grande Loge Symbolique Écossaise n° 2, le Grand Orient de France entretient d'excellentes relations. Lorsque la GLSE 2 se reforme, les deux obédiences échangent des garants d'amitié et s'invitent mutuellement à leurs tenues, à leurs fêtes et à leurs banquets. La réunion commune de la GLSE 2 avec les loges mixtes du Droit Humain, le 26 mai 1899, provoque immédiatement l'interruption des relations avec le Grand Orient de France. La Grande Loge Symbolique Écossaise n° 2, gênée par cette décision, privée de la reconnaissance et de la caution d'une grande obédience, envoie des courriers, des justifications, des explications, demande des rendez-vous et des audiences, continue, comme si de rien n'était, à nommer des garants d'amitié, à envoyer les mots de semestre, à informer de la composition de son Bureau, à prévenir des radiations, etc. Tous les arguments sont utilisés, même une déclaration très solennelle des frères de la GLSE 2 qui se proclament « souverainement respectueux de l'autonomie des autres Ob∴ et LL∴ [42]. » En 1900, le souhait de certains ateliers du Grand Orient de France de voir les relations rétablies entre les deux obédiences est rejeté à l'unanimité. En 1901, après avoir adopté la mixité, la Grande Loge Symbolique Écossaise n° 2 sollicite à nouveau la reprise des relations officielles [43]. À toutes les demandes, d'où qu'elles viennent, le Grand Orient de France répond invariablement que le convent s'étant prononcé contre l'admission des femmes, le Conseil de l'Ordre ne peut reprendre les relations interrompues en 1899. Les frères, à titre personnel, continuent de se fréquenter.

Les loges mixtes ne s'offusquent pas de cette attitude et se montrent plutôt compréhensives, tout au moins en apparence. Un peu naïvement, les frères de la GLSE 2 exposent que le Grand Orient de France n'a pas voulu les punir de leur choix audacieux, qu'il veut observer l'évolution des groupes mixtes et leur laisser toute la responsabilité de leurs engagements. « Nous sommes convaincus que cette situation n'est qu'une situation d'attente [44]. » Néanmoins, l'attente se poursuit. Cinq ans plus tard, la GLSE 2 fait remarquer que l'expérience des loges mixtes est concluante et qu'il conviendrait que les obédiences masculines veuillent bien s'en apercevoir. Mais le Grand Orient de France continue d'exprimer très ouvertement son mépris.

Quant aux frères des loges mixtes désireux de visiter les ateliers du Grand Orient de France, les dirigeants se retranchent derrière l'application stricte des règlements. Les frères adhérents des seules loges mixtes sont exclus au même titre que les sœurs. Visites et tenues blanches leur sont interdites. Les francs-maçons réguliers membres, par ailleurs, d'une loge mixte peuvent venir en visiteurs ou pour des conférences « mais sans qu'ils puissent en aucun cas invoquer ou se servir de cette dernière qualité [45]. »

Les dispositions diversifiées des obédiences de Rite Écossais

Les obédiences masculines de Rite Écossais Ancien Accepté réagissent chacune à leur manière aux créations des obédiences mixtes.

L'obédience fondée par Maria Deraismes s'intitule Grande Loge Symbolique Écossaise, le Droit Humain. Sa création et son annonce officielle se produisent au cours des années 1893 et 1894 quand la Grande Loge Symbolique Écossaise prend le nom de Grande Loge Symbolique de France. Les fondateurs de la loge mixte n'évoquent, à aucun moment, leur intention de signifier une quelconque filiation ou d'établir un lien, même ténu, entre les deux groupes. Cependant, la Grande Loge Symbolique Écossaise redoute une assimilation fâcheuse à ses yeux et, comme au moment de l'initiation de Maria Deraismes par les Libres Penseurs, s'empresse d'adresser une circulaire à toutes les obédiences pour préciser qu'elle n'a aucune participation dans cette fondation. Les frères de la Grande Loge Symbolique de France ne se privent d'aucun procès d'intention et s'élèvent « contre la simulation de la loge mixte le Droit Humain à être la doublure régulière de la GLS∴ de France, à paraître vivre sous sa protection et à être née de sa volonté [46]. »

La lettre de Maria Deraismes, qui annonce la création officielle de la Grande Loge Symbolique Écossaise, le Droit Humain est lue en séance de Grande Loge de la GLSDF et renvoyée pour examen devant la Commission Exécutive. Le frère Maquaire tente de plaider la cause de la loge mixte au cours de la réunion du 12 février [47]. Le Travail et les Vrais Amis Fidèles demande à la Grande Loge l'autorisation d'admettre à ses travaux les membres de la loge mixte le Droit Humain [48]. Ce sont les deux seules interventions en faveur du nouvel atelier, dans une discussion qui devient vite acerbe. Le rapport de la Commission Exécutive conclut au passage à l'ordre du jour pur et simple. Au nom du respect des idées majoritaires qui constitue le principal argument des adversaires de la mixité, l'obédience décide de ne pas entrer en relation avec le Droit Humain et de rejeter la proposition de l'atelier parce qu'il a pour but d'admettre les femmes à ses réunions [49].

La Liberté Maçonnique et la Ligne Droite envoient une proposition qui vise personnellement Georges Martin. Ces ateliers demandent, par l'intermédiaire du frère Dequinsieux, « que la G∴ L∴ S∴ de France procède à une enquête pour savoir quel est le F∴ qui a donné les mots et signes Maç∴ aux femmes et que ce F∴ soit mis en jugement [50]. » Le frère Serin intervient en la faveur de Georges Martin et explique les circonstances de la création de la loge mixte. Malgré cette médiation, la proposition de mise en jugement « est adoptée à la majorité des votants [51]. » Grâce aux procès-verbaux de la création de la loge mixte, Georges Martin peut préciser quel fut son rôle et prouver que Maria Deraismes fut le véritable maître d'œuvre de cette fondation.

Se pose aussi la question des visites que peuvent rendre les francs-maçons de la GLSDF aux loges mixtes. Les visites sont autorisées comme, les dirigeants y insistent, à n'importe quelle société profane. Les frères bénéficient du droit de s'y affilier à condition qu'ils ne donnent ni les mots de semestre ni les signes. Une note du 30 avril 1894 précise que la Grande Loge Symbolique de France ne veut plus entendre parler ni des sœurs ni des frères de la loge mixte, pas plus que de ceux qui y sont affiliés. Comme au Grand Orient de France, la présence des femmes provoque de la nervosité.

Georges Martin, après la création des loges mixtes, espère « que le Sup∴ Cons∴ du Rite Écoss∴ régulariserait après l'avoir vue à l'œuvre, la Gr∴ L∴ Symb∴ Écoss∴ Mixte de France le Droit Humain [52]. » Pour cet éternel optimiste, c'est une fois de plus un espoir déçu. Cependant, le Suprême Conseil du Rite Écossais Ancien Accepté et la Grande Loge de France, s'ils refusent de recevoir les sœurs, considèrent les loges mixtes sans hostilité. La Grande Loge de France n'interdit pas à ses membres d'appartenir à une loge mixte. Georges Martin n'est-il pas à la Jérusalem Écossaise, atelier de la GLDF ? Bien d'autres se trouvent dans le même cas. Le Suprême Conseil et la GLDF louent leurs locaux aux loges mixtes comme ils le font pour d'autres associations non maçonniques. Les tenues de Grande Loge du Droit Humain ont lieu 5, rue Payenne. Les frères rendent visite aux loges mixtes. En province, des loges de la GLDF et du Droit Humain s'associent pour acquérir des locaux qu'ils exploitent en commun. Le Suprême Conseil du REAA adopte la même souplesse dans ses relations avec les loges mixtes. En 1905, la Grande Loge de France décide d'admettre par régularisation les frères du Droit Humain qui désirent appartenir en outre à la Grande Loge de France ce qui revient à reconnaître la validité de l'initiation reçue dans une loge mixte.

La systématisation du discours

Le poids des mots

Lorsqu'un petit groupe de francs-maçons confèrent à des femmes une véritable initiation maçonnique et créent par là des loges mixtes, l'événement donne lieu à l'explosion d'un vocabulaire chargé d'idéologie, à des appréciations et à un ton inhabituels.

Les commentaires des revues, dès qu'il s'agit des loges mixtes, utilisent un style absent des autres articles. Certains frères parlent de l'obédience le Droit Humain à l'imparfait. « La fondation de M. et Mme Georges Martin s'appelait le Droit Humain. Elle capta le code des ff∴, et ainsi un certain nombre de femmes, plus connues pour leur inaptitude aux délicatesses ordinaires du rôle de leur sexe et armées de forces et de prétentions masculines, devinrent des simili-maçonnes partageant avec les hommes une vie de réunion qu'on s'efforçait de faire ressembler à la vie maçonnique [53]. » Médisances, procès d'intention, fausses accusations, relations au conditionnel, rumeurs..., il en reste toujours quelque chose.

Au moment de l'affaire du *Bulletin hebdomadaire*, certains ateliers, vivement hostiles aux loges mixtes, laissent entendre que les programmes des ateliers sont divulgués dans le monde profane. D'autres que les mots de semestre des ateliers masculins se promènent dans des oreilles déloyales. Un certain V.T. (ce type d'article est le plus souvent anonyme ou signé d'un pseudonyme) écrit que le *Bulletin hebdomadaire des Travaux des loges parisiennes* est devenu un moyen pratique pour y indiquer des rendez-vous politiques, des réclames, des publications particulières, sans préciser ce qu'il entend par là. En cas de perturbations, cherchez la Femme. On sait comment, au nom de ce principe, les frères antiféministes du *Bulletin hebdomadaire des Travaux des loges parisiennes*, revue pourtant bien sage avant qu'ils ne s'en mêlent, réussirent à évincer les femmes.

Georges Martin parle invariablement de « loges mixtes », d'« obédiences mixtes ». Les frères Auguste Schäffer ou Auguste Desmoulins évoquent la « sœur » Maria Deraismes. En revanche, les très nombreux articles qui s'élèvent contre l'initiation des femmes et les loges mixtes présentent une infinité de termes : « loges dites mixtes, la franc-maçonnerie dite mixte, la soi-disant loge mixte, l'institution appelée loge mixte, la soi-disant loge de femmes, les loges féministes, le mixtage, la pseudo-maçonnerie, la pseudo-loge, etc. ». L'emploi des mots « loge » et « obédience », difficile à éviter, s'accompagne d'un préfixe qui en indique une désignation impropre. Certains frères emploient les mots de la « Société », le « Groupement », le « Groupement des deux sexes », les « Groupements féministes », « les groupes mixtes pseudo-maçonniques », les « Groupes paramaçonniques ». Enfin, cette énumération non exhaustive ne saurait être close sans signaler l'utilisation du terme « androgyne ». Utilisé pour désigner les sociétés badines et bachiques du XVIIIe siècle, le vocable apparaît, au tournant du siècle, sous la plume des antimaçons, des francs-maçons et des profanes les plus violemment opposés à la mixité et les plus grossiers. Quel que soit le texte dans lequel il s'insère, l'auteur ne prend jamais le soin de le définir. Il semble s'attacher à ce mot une connotation péjorative : il confond, en effet, les hommes et les femmes dans une sorte de particularisme sexuel fait d'incertitude qui les signale en marge des personnes normales strictement différenciées.

Parmi les termes non spécifiques, il convient de relever celui de « tuteur » suivi généralement de l'adjectif « naturel » pour désigner les hommes dans leurs rapports avec les femmes. Quand les loges mixtes ou d'adoption accueillent les épouses, les filles, les sœurs des francs-maçons, le mot garde le sens juridique du Code civil. Cependant, au fur et à mesure que les ateliers s'ouvrent à d'autres femmes que l'entourage immédiat des frères, le vocable s'applique à des personnes qui ne présentent aucun lien de parenté avec les hommes des ateliers masculins. Deux autres mots reviennent souvent. Le premier est autorité. Si les sœurs ne sont pas sages, dit en substance un frère, il est toujours temps de leur rappeler que les hommes sont investis de l'autorité par la loi [54]. Le second, « protection », est utilisé avec constance sans crainte des répétitions. « Si le Conseil Fédéral a cru devoir, et avec raison, rappeler aux Ateliers masculins les responsabilités que leur fait encourir leur qualité d'Ateliers protecteurs, ce rappel devait, par voie de conséquence, impliquer le droit, pour ces mêmes Ateliers, de décider souverainement de toute question d'ordre intérieur relative aux Loges adoptées. L'attitude des Sœurs désireuses de se singulariser est une incorrection vis-à-vis de leur Atelier protecteur [55]. »

Enfin, partisans comme adversaires des femmes ne parlent que de « la Femme », montrant bien par là qu'il s'agit d'une femme rêvée, souhaitée, modelée selon leurs désirs et leur volonté pour mieux en disposer et non d'une femme particulière, unique, individu autonome, sujet et non objet. Jamais ils ne disent « les femmes ».

Les représentations de la Femme émancipée

« En ouvrant le dernier numéro du *Bulletin* [...] j'ai cru à une citation de Monsieur Prudhomme le légendaire représentant des naïves terreurs d'une certaine bourgeoisie [56]. » Qu'est-ce qui provoque cette surprise indignée ? Les conseils du frère Ganier publiés dans un précédent numéro de la même revue. « Allez voir, écrit le frère Ganier, ce qui se passe aux réunions des féministes de la salle Molière. Les femmes empêchent les hommes de prendre la parole. Ces réunions ne sont que cris, intolérance et crêpage de chignon [57]. » D'ailleurs, ajoute l'auteur de l'article, toutes ces femmes ne sont-elles pas là parce que leurs défauts physiques les privent d'autre chose ? Madeleine Pelletier fait l'objet de leurs sarcasmes parce qu'elle s'habille en homme et porte un revolver. Sous le titre évocateur d'« une athlète intellectuelle », le journal *L'Éclair* la décrit : « [...] cheveux courts, chapeau mou, cravate blanche, faux col et gilet : c'est un être hybride, à la vérité ce n'est pas encore un homme et ce n'est plus une femme. » Sur un ton mi-figue mi-raisin, la *Revue maçonnique* indique qu'« elle a posé son gîte personnel sur la butte Montmartre, ce qui ajoute au pittoresque spécial de sa personnalité [58]. »

Laides, voire difformes, les femmes émancipées, attaquées dans leur aspect physique, le sont encore sur le plan de la moralité. Une correspondance anonyme adressée au frère Dumonchel raconte l'initiation dans une loge mixte d'une femme gracieuse, riche de tempérament, « qui combattait par l'action directe selon le terme employé aujourd'hui dans certaines écoles socialistes, l'antique préjugé de la fidélité conjugale [59]. » Un article de Louis Minot rapporte également que dans les groupes mixtes il « vient de se produire ce scandale d'un président mâle faisant grief à une adhérente notoire de ne pas se porter à l'expérience des unions libres [60]. » Pris lui-même au piège de la peur, l'homme cherche à effrayer les femmes. Celles qui veulent travailler à l'extérieur, qui souhaitent s'émanciper atteignent le ridicule et provoquent le dégoût. « Celles qui abdiquent bénévolement leur maintien de réserve et de pudeur, affectent de revêtir des airs virils et des façons cavalières, oh ! si elles pouvaient seulement se douter du ridicule dont elles se couvrent, sans compter les nausées qu'elles provoquent [61] », disait déjà le frère Desrivières de Montmorillon en 1848. Cinquante ans plus tard, les propos restent les mêmes.

Apparue tôt dans le siècle, la figure du bas-bleu se prolonge. Ridicule, le bas-bleu est classé dans la catégorie des excentriques, dans la sphère de l'anormal. Sortie de son rôle et de sa mission, la Femme devient un être qu'on ne comprend plus, qu'on ne s'explique plus, écrit le frère Desrivières de Montmorillon [62]. Mais est-ce encore un être ? La femme émancipée n'étant plus ni fille, ni épouse, ni mère devient une sorte de monstruosité sociale. Les femmes artistes ou auteurs se révèlent pires encore que les autres selon le frère Beauchery [63] car elles rompent avec les usages, les coutumes et les mœurs. « Une femme qui pense comme un homme, un homme qui pense comme une femme, quelle calamité !... [64] »

Les frères rappellent toutes les infortunes vécues par les femmes de la Révolution, Olympe de Gouges, Théroigne de Méricourt, femmes à barbe et « lutteuses du sexe [65] ». Non seulement le ridicule et la laideur les guettent, mais les frères prévoient pire encore. Ils agitent la menace, terrible entre toutes, qu'elles restent vieilles filles [66].

L'inévitable désordre

La Femme émancipée apporte à sa suite « un épouvantable cataclysme [67] » qui se manifeste de diverses manières.

Elle agit comme une sorte de dissolvant social. D'une part, par sa présence même. Il suffit qu'elle apparaisse, elle provoque troubles et querelles. « Deux coqs vivaient en paix ; une poule survint... ». Les francs-maçons appellent à la rescousse les saint-simoniens, les icariens, les auteurs contemporains et les deux coqs de Jean de La Fontaine chaque fois qu'ils mettent en avant les malheurs des loges tentées par l'admission des femmes : les

Libres Penseurs, dispersée par la faute de Maria Deraismes, l'Ère Nouvelle disparue, elle aussi, en laissant des hommes ennemis, le Temple des Familles, fort remarquée au début de ses tenues blanches, morte d'une friction entre femmes. « Des jalousies de femmes et des querelles intestines furent cause de la fermeture des travaux en 1865 [68]. » Les exemples ne manquent pas. « Dans les associations mixtes, les femmes sont le grand élément de dissolution, et M. Lucien Descaves l'a mis en illustration dans son récent drame *La Clairière* [69]. » D'autre part, les grâces des femmes, leurs vapeurs, leurs minois, leurs langueurs, toute cette fadeur sentimentale édulcore les réunions. Mais tout cela se révèle peu de chose, finalement, à côté des catastrophes envisagées.

En effet, non seulement les francs-maçons sont détournés de travaux plus graves et plus urgents que la question féminine, mais ils courent le risque, par l'admission des femmes dans les loges, d'une féminisation générale de la franc-maçonnerie [70]. Selon une logique implacable, s'il y a des femmes, il n'y a plus d'hommes et c'est la déchéance. Une réunion se tient dans le courant du mois de janvier 1900 pour poser la question de savoir s'il n'y a pas lieu d'entreprendre une campagne qui montre les dangers du féminisme [71]. Ils sont doubles d'après eux : à la « masculinisation » de la femme fait pendant la « féminisation » de l'homme, ces genres confondus aboutissant à « l'unisexualité » de l'ensemble [72]. D'ailleurs, ils constatent un affaiblissement général des caractères dans le monde masculin. L'auteur en appelle à deux exemples : celui de la littérature qui donne dans la mièvrerie, les mignardises et le joli enfantin, et celui des décorations. Les hommes maintenant courent après le moindre ruban et les bijoux [73]. La femme est un agent de dégénérescence des mœurs et porte en elle le ferment de la déliquescence morale, sociale et politique.

Que les femmes travaillent ou non, si elles participent aux travaux maçonniques, les francs-maçons prévoient encore bien d'autres calamités. Si l'on donne trop de tâches à la femme, explique le frère Piterno, si on l'accepte dans les ateliers, qu'adviendra-t-il ? En l'absence de la femme, l'homme la remplacera à la maison et « en vertu de cet axiome biologique, la fonction crée l'organe, il faudra nécessairement que l'allaitement devienne une fonction andropoiétique et que, pendant l'absence de Madame, Monsieur allaite bébé [74]. » Avilie par le salaire qu'elle reçoit pour son travail mercenaire, tuée par la double tâche à l'intérieur et à l'extérieur, la femme qui travaille est une exhibition de la vie intime de l'homme et, de surcroît, elle a des enfants illégitimes. Elle apporte le désordre dans le travail de l'homme, dans la famille et dans la société. Après tout, rappelle Onésime Dubois, si la femme oublie trop ses devoirs, il est toujours temps pour le mari « de se souvenir alors qu'il est investi de l'autorité par la loi [75]. »

Nourrissons mal nourris, couples à vau-l'eau, intérieurs sinistrés, catastrophe généralisée expriment toutes les anxiétés des francs-maçons de l'époque. Ménagère ou courtisane, reprennent les frères sur les pas de Pierre-Joseph Proudhon.

L'entrée des femmes dans les loges ne provoque aucun mouvement d'ensemble en leur faveur. La franc-maçonnerie mixte, à l'image des groupes féministes, se montre divisée : d'un côté des féministes sages et de l'autre des personnes qui s'engagent dans des actions spectaculaires. Malgré les violentes réactions de la grande majorité des francs-maçons face à la mixité et à l'émancipation des femmes, et les prises de position théoriques des partis, l'entente déterminée de quelques francs-maçons, hommes ou femmes, aboutit à faire voter des lois qui contribuent à améliorer le sort des femmes. La Grande Guerre changera-t-elle les mentalités ?

NOTES

1. *Bulletin trimestriel de la Maç. Mixte*, 1re année, n° 1, janvier 1895, p. 14. Nelly Roussel, autre conférencière talentueuse n'écrit pas ses discours. Elle les parle, s'entraîne en les répétant plusieurs fois et les prononce ensuite sans notes devant le public. Elle crée une école pour former des conférencières.

2. *Bulletin de la Grande Loge Symbolique Écossaise*, n° 3, 20 mars 1905, p. 36. Ce bulletin qui porte le même nom que celui de 1880 est en fait le journal de la Grande Loge Symbolique Écossaise n° 2.
3. *La Revue maçonnique*, n° 315, juin 1906, p. 89-92.
4. BGO. *Compte rendu aux Ateliers de la Fédération des Travaux de l'Assemblée Générale du Grand Orient de France*, 1903, p. 85.
5. BGO. Congrès des loges du Midi, 1903, p. 27.
6. *Compte rendu aux Ateliers de la Fédération des Travaux de l'Assemblée Générale du Grand Orient de France*, du 12 au 17 septembre 1904, p. 155.
7. BGO. Congrès des loges du Centre, 1914, p. 28.
8. *Idem.*
9. BGO. Congrès des loges du Sud, 1914, p. 163.
10. Pelletier Madeleine, *L'Éducation féministe des filles et autres textes*, Préface et notes de Claude Maignien, éd. Syros, coll. « Mémoire des femmes », Paris, 1978, 175 p.
11. BGL Ba. Archives de la loge la Nouvelle Jérusalem, Cahier d'architecture n° 2 du 23 mai 1905 au 11 juin 1906, tenue du 13 avril 1906.
12. BGL anc., Grande Loge Symbolique Écossaise, lettre manuscrite du Président, le frère Beuffe, au Président du Conseil de l'Ordre Frédéric Desmons, 25 septembre 1907.
BGL anc., lettre du Président de la GLSE concernant l'affiche apposée sur les murs de Paris, le 12 février 1907.
13. BGL anc., Grande Loge Symbolique Écossaise, 8, rue Rondelet. Sont radiés Mlles Martin et Cavelier, Mmes Marx et Trêves, MM. Marx, Cyvoct, Gustave Hervé et Perdrix.
14. *La Revue maçonnique*, n° 315, juin 1906, p. 90, Lettre de Madeleine Pelletier.
15. BN imp. 8° H pièce 2367. Georges Martin, *Considérations générales sur la Franc-Maçonnerie*, Secrétariat général du Rite, Paris, s. d., 23 p.
16. *Bulletin mensuel de la Maç. Mixte*, 4e année, n° 6, juillet-août 1898, p. 256.
17. Martin Georges, *Considérations générales sur la Franc-Maçonnerie*, *op. cit.*, p. 14.
18. *Bulletin mensuel de la Maç. Mixte*..., 3e année, n° 4, mai 1897, article de Georges Martin, s. ntion.
19. *Bulletin mensuel de la Maç. Mixte*..., 5e année, n° 5, juillet-août 1899, p. 470.
20. *Bulletin de la GLSE*, 1re année, n° 2, 20 octobre 1904, p. 25-26.
21. *Bulletin mensuel de la Maç. Mixte*, 6e année, n° 3, avril-mai 1900, p. 49.
22. *Bulletin mensuel de la Maç. Mixte*, 6e année, n° 3, avril-mai 1900, p. 55-56.
23. Grosjean Marc, *Georges Martin franc-maçon...*, *op. cit.*, t. 2, p. 138.
24. *Compte rendu aux Ateliers de la Fédération des Travaux du Grand Orient de France*, 1903, p. 236-239.
25. Boyau Rémy, *Histoire de la Fédération française de l'Ordre Maçonnique Mixte International, le Droit Humain*, imp. Jarlet, Bordeaux, 1976, 559 p. ; p. 255.

26. *Compte rendu aux Ateliers de la Fédération des Travaux du Grand Orient de France*, 1900, p. 26.
27. *Idem*, 1900, p. 166.
28. *Compte rendu aux Ateliers de la Fédération des Travaux du Grand Orient de France*, 1902, p. 336.
29. *Bulletin international*, 9ᵉ année, n° 4, avril 1903, p. 53-54.
30. *Compte rendu aux Ateliers de la Fédération des Travaux du Grand Orient de France*, 1903, p. 226.
31. *Idem*, p. 227. Sur 359 ateliers, 267 loges ont répondu : 53 pour l'initiation comme les hommes (avec 2 réserves sur l'opportunité) ; 152 sont contre l'initiation des femmes (45 de façon formelle ; 20 pour une franc-maçonnerie féminine) ; 133 loges préconisent les tenues blanches, etc. ; 7 préconisent l'action familiale et individuelle ; 1 est contre tout ; 1 autre propose une organisation spéciale ; 10 loges souhaitent l'autorisation de visiter les ateliers mixtes ; 9 sont pour des relations officielles avec la franc-maçonnerie mixte.
32. *Ibid.*, p. 235.
33. *Ibid.*, p. 260.
34. *Ibid.*, p. 273-277.
35. *Ibid.*
36. *Compte rendu aux ateliers de la Fédération des travaux du Grand Orient de France*, 1910, p. 60.
37. *Idem*, p. 63.
38. *Ibid.*, p. 66.
39. *Ibid.*, p. 74.
40. *Ibid.*, p. 91.
41. *Compte rendu aux Ateliers de la Fédération des Travaux du Grand Orient de France*, 1912, p. 440-441.
42. BGL anc., Grande Loge Symbolique Écossaise, À toutes les LL∴ du G∴ Or∴ en France, à toutes les LL∴ du S∴ C∴ du Rite Écossais anc∴ acc∴.
43. BGL anc., lettres manuscrites au Président du Conseil de l'Ordre du Grand Orient de France, 3 juin 1904, 5 juillet 1904, et du Président de la GLSE 2, 25 avril 1905.
44. *La Revue maçonnique*, n° 294-295, septembre-octobre 1904, p. 2.
45. *Bulletin Maçonnique, organe...*, n° 171, juin 1894, p. 131.
46. *Bulletin Maçonnique, organe...*, n° 173-174, août-septembre 1894, p. 201.
47. *Bulletin Maçonnique, organe...*, n° 168, mars 1894, p. 59.
48. *Idem*, « La L∴ le Travail et les Vrais Amis Fidèles se propose ainsi de tenter une expérience qui pourra éclairer la F∴ M∴ et lui permettre d'apprécier par la suite, en pleine connaissance de cause, les avantages et les inconvénients de l'admission définitive de la femme dans la F∴ M∴ » Signé Oswald Wirth.
49. *Ibid.*, p. 60.
50. *Ibid.*, p. 60.
51. *Bulletin Maçonnique, organe...*, n° 168, mars 1894, p. 60.
52. *Bulletin mensuel de la Franc-Maçonnerie Mixte...*, 7ᵉ année, n° 9, décembre 1901, p. 287.
53. *La Revue maçonnique*, n° 313, avril 1906, p. 53-54.

54. *L'Acacia*, 1907, 2ᵉ vol., p. 48.
55. BGL anc. Archives de la loge Union et Bienfaisance, avril-mai 1930.
56. *Bulletin maçonnique de la GLSE*, n° 65, août 1885, p. 141-142.
57. *Idem*, n° 66, septembre 1885, « En récréation », p. 178.
58. *Revue maçonnique*, nᵒˢ 300-301, septembre-octobre 1907, p. 166.
59. *La Revue maçonnique*, n° 316, juillet 1906, p. 107.
60. *La Revue maçonnique*, n° 315, juin 1906, p. 86.
61. BGO. f.a. 5428. *Discours* du F∴ Desrivières de Montmorillon prononcés dans la R∴ L∴ Ecoss∴ Les Trinitaires, à l'O∴ de Paris pendant les années 1846-1847-1848, imp. J. Dupont, Paris, 1848, 272 p.
62. *Idem*, p. 132.
63. Le Solitaire (pseudonyme), *La femme ne doit pas travailler*, éd. A. Ghio, Paris, 1886, 397 p.
64. *L'Acacia*, 2ᵉ vol, 1907, « L'androphobie » par le F∴ Onésime Dubois, p. 51.
65. *L'Acacia*, 1905, « Le rôle de la femme dans la société moderne » par le F∴ Raymond, p. 289.
66. *Le Monde maçonnique*, t. 5, février 1863, « Faits divers », p. 247.
67. *Bulletin maçonnique de la GLSE*, n° 63, juin 1885, « En récréation », p. 73.
68. *Bulletin maçonnique de la GLSE*, n° 129, décembre 1890, p. 209.
69. *L'Acacia*, 1902-1903, article de Charles M. Limousin, « Les femmes dans la franc-maçonnerie », p. 603.
70. *Bulletin Maçonnique*, n° 175, octobre 1894, le frère Catalo dans une tenue de la loge l'Équerre, p. 216.
71. *La Revue maçonnique*, n° 239, février 1900, p. 31.
72. *La Revue maçonnique*, n° 289, avril 1904, p. 64.
73. *La Revue maçonnique*, n° 239, février 1900, p. 31-32.
74. *L'Acacia*, 1906, 2ᵉ vol, p. 124-125.
75. *Idem*, 1907, 2ᵉ vol., p. 48.

LA BONNE FILLE DE LA RÉPUBLIQUE

Loin de libérer la société et les esprits des idées et des préjugés du XIXe siècle, la Grande Guerre attise les peurs : peur de l'étranger, de l'exotique, peur du communisme, peur des femmes qui favorisent le repli sur soi, l'attente, le recours à des recettes anciennes pour un monde nouveau.

L'Ordre maçonnique tente de concilier l'inconciliable : présence des femmes et conquête d'une reconnaissance des obédiences anglo-saxonnes pour les loges masculines, proclamation puis mise sous le boisseau de la liberté de conscience pour le Droit Humain, protection et liberté pour les sœurs des loges d'adoption.

Antimaçonnisme, antiféminisme

Dès la création des loges, les secrets, les serments et les révélations alimentent une curiosité qui se transforme, chez certains, en peur et en rejet. Ces préventions contre la franc-maçonnerie deviennent politiques au milieu du XVIIIe siècle et se nourrissent ensuite des événements : ainsi, au complot des arrière-loges à l'origine de la chute de l'Ancien Régime, font suite les menées dangereusement révolutionnaires de 1848. Durant le plein épanouissement du positivisme et des luttes anticléricales, la franc-maçonnerie devient une contre-Église, pour laisser la place à une collusion judéo-socialo-maçonnique à la solde de l'impérialisme britannique et qui travaillerait à la ruine de la France. Si le sentiment antimaçonnique est désormais bien étudié et continue de l'être, en général ou à travers des monographies, les historiens ne se sont pas penchés sur la réaction des antimaçons face au fait maçonnique féminin.

Les revues et les ouvrages antimaçonniques apparaissent et se multiplient à la fin du XIXe siècle, au moment de l'affaire Dreyfus. Si des livres, *La Femme chez les francs-maçons*, *Les Enfants de la veuve*, *La Femme et l'Enfant dans la franc-maçonnerie universelle*, *La Franc-maçonnerie féminine*, *La Franc-maçonnerie et la Femme* consacrent de nombreuses pages à la présence des femmes et des enfants dans les loges, les revues y attachent une importance inégale. Ces écrits présentent toutefois deux points communs : la quantité, sinon la qualité, de leurs renseignements et la volonté de reproduire rituels, comptes rendus et ordres du jour des ateliers. Les initiations des femmes sont annoncées ; les déplacements des responsables relevés ; la présence de ces femmes au côté des hommes largement soulignée. Comme si leur identité se diluait dans cette fréquentation. *Le Rappel* du mois d'août 1891, sous la plume de Grif, présente « la Sœur-Frère Maria Deraismes ». Marie-Georges Martin ne peut faire l'objet d'un commentaire sans qu'il ne soit question de ses cordons et de ses décors. Ainsi parée, elle aurait assisté, à Vichy, à une réunion masculine dans la très régulière loge du GODF, la Cosmopolite, aux côtés des frères Desmons, Dazet, Croissant, Fontaines, Bergère qui forment « avec la Grande Maîtresse une sorte de symbole d'union [1] ». Marie Bonnevial paraît dans tous les numéros, pourvue, à les en croire, du don d'ubiquité. Elle est partout. Au point que Louis Antoine, vénérable de la loge Diderot, adresse à *La France Chrétienne*, le 25 août 1902, une lettre de remerciements aux rédacteurs de ce journal pour leur faire de la publicité gratuitement [2]. Les antimaçons ne distinguent pas avec précision les invitées des conférencières, qui ne sont pas nécessairement membres de la franc-maçonnerie, ou des sœurs. Ainsi les femmes les plus talentueuses, Sarah Bernardt et Clémence Royer par exemple, sont-elles associées dans les mêmes lignes venimeuses parce que des honneurs ont été rendus à leurs aptitudes et à leurs dons.

Si l'actualité des loges mixtes et plus tard d'adoption est suivie avec constance, les faits passés font l'objet de relations dues à d'anciens francs-maçons – du moins se présentent-ils comme tels – qui auraient assisté à l'événement. Paul Stein, qui se dit ex-frère, rapporte l'initiation de Maria Deraismes par la loge les Libres Penseurs. « Vous étiez fort souffrante ce jour-là, sœur Deraismes, mais vous avez néanmoins voulu subir toutes les épreuves [3]. » Il insiste – dans quel but ? – sur les bijoux que porte Maria Deraismes ce jour-là et termine sur les paroles du vénérable de l'atelier : « Ce n'est pas comme Sœur que nous vous agréons, c'est comme Frère ; dès ce jour, quoique femme vous êtes Apprenti Maçon [4]. » Dans *Le Rappel*, Grif affirme que l'initiation de Maria Deraismes « eut lieu dans un banquet et ne saurait être considérée comme une véritable réception [5]. » Apparemment, les antimaçons ne conservent pas les mêmes souvenirs. Ils s'intéressent même aux événements plus anciens pour relever la stratégie de la franc-maçonnerie des années 1850-1860 quand le Rite de Misraïm admet les femmes, quand « la secte éprouve le besoin de conquérir la femme, de lui enlever sa foi religieuse pour en faire, au foyer, un élément d'athéisme et de ruine morale, tout en se défiant d'elle comme d'une alliée qui n'est pas sûre [6]. »

Leurs attaques violentes vont aux dirigeantes des « loges à Femmes », à celles qui ont des responsabilités maçonniques et politiques par leur présence sur la scène publique ; les « Amazones du Triangle » ont droit, entre autres, au qualificatif aimable de « viragos ». En revanche, ils disent leur admiration pour Madeleine Pelletier dont ils reconnaissent la supériorité intellectuelle et la volonté [7]. De façon générale, l'antimaçonnisme issu des milieux conservateurs et catholiques à l'adresse des femmes ne se présente ni plus violent ni plus grossier que l'antiféminisme ordinaire. Ils regrettent surtout « l'enrôlement des femmes [8] », que les femmes admises dans les loges « perdent promptement le goût de la vie sérieuse, l'amour des graves obligations d'épouses et de mères, les délicatesses de la pudeur et se prennent à rechercher une vie plus libre [9]. » « Les nouvelles sœurs s'annoncent avec des allures très différentes. Ce sont des apôtres laïques, des prêtresses du dogme émancipateur : l'égalité des deux sexes [10]. » Des compagnes émancipées et sans la crainte de Dieu. Dans les années 1920-1930, ils déplorent principalement que les femmes soient chargées, par la franc-maçonnerie, de faire du futur citoyen, outre un libre penseur, « un pacifiste, un internationaliste [11] ». Ils craignent aussi que les rapports de couple soient modifiés, que les hommes perdent tous leurs droits, que leur autorité soit mise à mal, qu'ils s'habituent à voir leurs épouses travailler et, qu'en conséquence, ils doivent se mettre au ménage. Et si, désormais, les femmes mariées peuvent choisir leur nationalité et un domicile séparé, c'est le monde à l'envers, c'est la fin de tout. Ils crient à la dictature, au chaos, à l'intrusion insupportable d'un État anonyme et omnipotent dans leur pré carré : la libre disposition de la Femme [12].

Pour lutter contre les desseins de la franc-maçonnerie qui travaille à détruire la foi et la famille, les catholiques créent, au tournant du siècle dernier, l'Association patriotique des femmes françaises, la Ligue des femmes françaises et, en 1904, l'Association antimaçonnique de France avec, en son sein, le Bureau de la Commission des Dames présidé par la comtesse de Sabran-Pontevès [13].

Les diatribes des antimaçons peuvent être dirigées contre des personnalités, le sculpteur Henri Godet lorsqu'il exécute la statue de son ami Magnaud, Président du tribunal de Château-Thierry, ou le frère Raymond dont ils ridiculisent les écrits. Elles s'adressent le plus souvent à l'ensemble des francs-maçons. Les antimaçons glosent sur les querelles entre frères féministes et antiféministes. Ils visent tout particulièrement les féministes dont ils dressent une typologie. Face aux frères galants qui ne doutent de rien, aux frères emballés qui veulent toutes les femmes et tout de suite, aux frères cocasses qui se perdent en propositions fumeuses, aux frères opportunistes qui se battent, quant à l'initiation des femmes, avec la notion du temps – le temps qui n'est pas encore venu, celui qui arrivera bien assez vite, celui qui viendra forcément – ils déplorent que « les frères hostiles à l'initiation féminine défendent leurs idées sans grande énergie et avec beaucoup de réserve [14]. » Bref, ils regrettent que les misogynes se montrent si tièdes.

Les attaques des antimaçons dépassent la franc-maçonnerie pour atteindre toutes les structures qui s'en rapprochent, en sont issues ou lui sont liées d'une manière ou d'une autre : les Fraternelles, mais aussi la Ligue des Droits de l'Homme, la Ligue de l'Enseignement, la Ligue de la Régénération Humaine, la Ligue d'Action républicaine, les œuvres « d'où l'on proscrit soigneusement toute idée et toute influence religieuse [15]. » Ils dénoncent également députés, ministres, tout particulièrement Léon Bourgeois, tous les hommes politiques qui œuvrent pour l'école laïque afin de détruire le christianisme et de restaurer le paganisme, qui veulent parvenir à l'émancipation des femmes sur le plan économique et familial. Ils mènent donc des campagnes virulentes contre toutes les mesures qui visent à établir une plus grande égalité des hommes et des femmes devant la loi, à donner des droits aux enfants, à reconnaître aux femmes une individualité distincte et entière. Les antimaçons redoutent le moment où la franc-maçonnerie deviendra mixte « car les francs-maçons ne pourront faire quelque chose qu'avec les femmes [16]. » L'antimaçonnisme se développe, plus que jamais politique, et accompagné de haine raciale. Le droit de vote concentre leurs attentions. « N'accordons pas les droits civiques aux femmes pour qu'elles aillent voter pour les Rouges et les Juifs [17]. » Les antimaçons réunissent des féministes – ou des antiféministes – qui le sont à des degrés divers. Des intrépides abbés Naudet et Bolo qui demandent tous les droits pour les femmes, à Marc Sangnier pour qui elles doivent souffrir, à Ferdinand Brunetière qui n'a de féministe que le nom.

Deux conceptions de la société s'affrontent. Contre le féminisme cosmopolite, international, franc-maçon et judaïsant, ils préconisent l'affirmation du vrai féminisme français c'est-à-dire chrétien, qui maintient les prérogatives de l'homme sur les épouses, les enfants, la famille et préserve la société traditionnelle hiérarchisée, repliée sur elle-même. Heureusement, soulignent-ils avec raison, que les frères, face à l'initiation des femmes, restent partagés entre le désir et la peur.

Stratégies maçonniques

Les sœurs de la Grande Loge de France

Le livre d'immatriculation de la loge le Libre Examen Adoption indique que les sept fondatrices sont initiées ensemble le même jour, le 30 avril 1901, aux trois premiers degrés. Selon quel rite sont-elles initiées ? Selon quelle cérémonie leur atelier est-il installé ? Ces rituels s'inspirent-ils de ceux de la franc-maçonnerie d'adoption du XVIIIe ou du XIXe siècle ? Innovent-ils et à partir de quoi ? Comment les loges d'adoption ouvrent-elles et ferment-elles leurs réunions puisqu'elles sont en partie communes avec celles des hommes ? En 1906, lorsque la Nouvelle Jérusalem Adoption est fondée, les mêmes questions se posent. Les frères bricolent-ils ou improvisent-ils les cérémonies d'initiation et d'installation ? Sans doute. Le premier rituel apparaît vers 1912, rédigé par Oswald Wirth. Il n'existe vraisemblablement qu'en exemplaire unique ou peu s'en faut. Des courriers évoquent, à différents moments en 1912, 1913, 1920 et jusqu'en 1931, des rituels qu'il faut prêter, rendre, recopier, rembourser. Le premier *Mémento de l'apprentie* paraît en 1939.

L'examen du tableau des fondatrices la Nouvelle Jérusalem Adoption éclaire plusieurs points. Blanche Muratet vient du Libre Examen où elle fut affiliée le 26 février 1902, ce qui signifie qu'elle était déjà initiée. Où, selon quel rite et quand ? Les autres fondatrices reçoivent les trois premiers degrés, à la Grande Loge de France, en trois mois, les 31 mai, 17 juin et 22 juillet 1907. Or, ces sœurs sont issues de la Grande Loge Symbolique Écossaise n° 2 où elles furent initiées au Rite Écossais Ancien Accepté ou du Droit Humain qui travaille également au Rite Écossais Ancien Accepté [18]. À l'encontre de la tradition maçonnique et du caractère même de toute initiation qui se doit d'être unique et de conférer à vie une qualité, en l'occurrence ici celle de franc-maçon, ces sœurs sont initiées deux fois ? Il est décidément toujours appliqué aux femmes un régime d'exception. Pourquoi les initier deux fois si ce n'est pour paraître irréprochable aux yeux des francs-maçons anglais quant au respect de leurs oukases. Les femmes doivent passer pour avoir été reçues au Rite d'Adoption. Ces initiations ont-elles réellement eut lieu, ont-elles été faites par communication ou n'est-ce qu'un jeu d'écriture pour se préserver de tout reproche ? Dans la liste des fondatrices du Libre Examen Adoption réveillé – créé dit le Conseil Fédéral car la première loge n'avait pas eu de patente – figure Véra Starkoff qui fréquenta le Droit Humain puis la GLSE n° 2, elle aussi initiée au Rite Écossais Ancien Accepté. Et les frères ? puisque ce sont eux qui initient les femmes ? Comment transmettent-ils le Rite d'Adoption, une initiation qu'ils n'ont jamais eue ? La première initiation, celle au Rite Écossais Ancien Accepté ne concerne pas une ou deux femmes mais tout un groupe, celui des fondatrices des nouvelles loges. Leur seconde initiation dont les caractéristiques restent obscures n'efface pas la première : elle occulte leur passé maçonnique.

Quelques tableaux de loges d'adoption révèlent qui sont les femmes de la Grande Loge de France. La Nouvelle Jérusalem, le 31 décembre 1907, compte dix-huit sœurs : une seule est sans profession. Les autres sont artistes lyriques (trois), publicistes (deux), institutrices ou directrices d'école (trois), licenciée en sciences sociales (une), infirmière (une), rentière (une), employées et secrétaires (quatre), industrielle (une), la dernière signalant qu'elle travaille dans une manufacture de fourrures sans préciser son emploi. Le Libre Examen, au 31 décembre 1913, présente également dix-huit femmes dont sept sans profession. Cinq d'entre elles sont artistes lyriques, auteur, harpiste ou pianiste ; les autres occupent des emplois de publicistes, d'institutrices ou sont employées. Un registre de la Nouvelle Jérusalem Adoption recense les femmes initiées dans les années 1920 et 1930. Sur quatre-vingt-huit femmes : quatre sont sans profession et pour onze d'entre elles, la profession n'apparaît pas. Les autres se répartissent en commerçantes, hôtelières, acheteuses, blanchisseuses (dix), négociantes (six), publicistes (deux), artistes (quatorze), modélistes, couturières (quatre), journalistes (deux), étudiantes (deux), professeurs, institutrices, inspectrices (cinq), employées, secrétaires, postières (vingt-trois), dentiste (une), antiquaire (une), fondée de pouvoir (une). L'une d'elles est à la fois artiste et parachutiste. À la veille de la Seconde Guerre mondiale, les loges d'adoption de la Grande Loge de France réunissent environ cent quatre-vingts sœurs.

Beaucoup d'écrivains soutiennent qu'elles ne traitent ni question sérieuse ni symbolisme. Rien là de très nouveau. La culture continue d'être déniée aux femmes. Les archives révèlent au contraire des travaux similaires à ceux des hommes. De plus, ateliers masculins et d'adoption travaillent la plupart du temps ensemble. Peu de symbolisme, en effet, mais ni d'un côté ni de l'autre, l'époque ne s'y prête pas encore. Les questions morales, politiques et sociales d'une période très fortement marquée par le pacifisme, le racisme, les difficultés économiques, les haines internationales. Les travaux peuvent se classer en plusieurs catégories : domaine politique et social, questions relatives aux jeunes, à la laïcité, la morale et le comportement, la condition des femmes (égalité des sexes devant la loi, éducation de la femme, la femme et la loi, la femme au foyer, le droit de vote) et, au fur et à mesure de la montée des périls, comment préserver la paix. Les questions maçonniques sont en lien avec la situation des femmes au sein de la franc-maçonnerie : la femme franc-maçonne, l'initiation des femmes. Les sœurs étudient également les sujets mis à l'étude des loges masculines.

Leurs écrits, leurs travaux, leurs courriers révèlent un ensemble de pensées et d'appréciations qui répondent à celui de la majorité des femmes de cette époque. Elles se placent, dans leurs argumentaires pour demander des autorisations au Conseil Fédéral, dans l'optique de l'éternel féminin défini par les hommes. « Ce que toute femme entend par remplir sa mission, c'est satisfaire aux trois aspirations qui résument sa vie : être maternelle, éducatrice, consolatrice. [...] En un mot, mes FF∴, nous vous demandons instamment de nous signaler toutes les infortunes, quelles qu'elles soient de vos FF∴, de vos orphelins, de vos malades, de vos vieillards. [...] Associez-nous à vos œuvres de progrès social ; chaque religion a ses Dames de charité, ses Dames patronnesses. Nous serons, nous, les sœurs de Dévouement [19]. » Au moment du convent de la Grande Loge de France de 1921, Jeanine van Migom et Suzanne Galland adressent un manifeste aux députés à propos de la question « l'entrée de la femme dans la Maçonnerie : sous quelle forme son admission est-elle possible ? » dont ils doivent débattre. « Il vous apparaîtra donc, à cette heure, qu'il ne reste plus à la GLDF qu'à encourager les femmes qui ont répondu à son appel, à les protéger, à les défendre même et à contribuer au développement de ses loges d'Adoption avec la conviction que là, et là seulement, est la vraie solution, dans le présent, du problème féminin en Maçonnerie [20]. » Une autre lettre, sur le même sujet et signée Suzanne Galland, s'exprime de la même façon. « La Maçonnerie, en s'engageant dans une forme mixte où hommes et femmes participeraient aux mêmes travaux, constituerait une erreur symbolique et sociologique qui s'opposerait au développement complet d'égalité de l'homme et de la femme [21]. » En compagnie de profanes, car les tenues blanches sont nombreuses, elles sont conviées à entendre ce que les hommes désirent : la Femme chargée d'introduire, dans la société, la bonté, la tendresse [22] doit se dévouer et se sacrifier pour que la solidarité devienne réelle. Là encore, rien de très nouveau, ni de très révolutionnaire. Dans l'ensemble, les sœurs de la Grande Loge de France ne paraissent ni plus ni moins évoluées qu'ailleurs.

Impatiences et résistances

Une succession de faits plus ou moins importants laisse penser que les francs-maçons de la Grande Loge de France et leurs sœurs des loges d'adoption ne suivent pas toujours les règlements et la Constitution à la lettre.

Le Conseil Fédéral doit faire face à des initiatives ou à des impatiences. Des contestations s'élèvent, des demandes lui parviennent. Au convent de 1925, les loges d'adoption demandent que soient modifiées les conditions de radiation des ateliers d'adoption [23]. Le convent refuse, comme pour bien d'autres souhaits, au nom des principes internationaux qui régissent l'Écossisme *. L'argument résiste au temps. En 1928, l'atelier d'adoption Union et Bienfaisance rejette le port du cordon de gauche à droite c'est-à-dire à l'inverse des frères, le symbole des cinq points au lieu de trois. Marie-Louise Lantzerberg utilise l'expression « loge féminine » au lieu de loge d'adoption. Malgré ses appels à l'Histoire, au temps où l'on parlait de loges de Dames, le Conseil Fédéral lui ordonne de revenir à l'appellation de loge d'adoption, mais elle obtient gain de cause sur le port du cordon. En 1930, cette loge écrit directement au Conseil fédéral, oubliant le règlement qui oblige à s'adresser d'abord au vénérable de l'atelier masculin auquel la loge d'adoption est rattachée. Au début de l'année 1934, deux autres loges omettent encore de suivre cette voie hiérarchique et se font rappeler au respect des règlements généraux [24].

Des conflits éclatent, en janvier 1925, au Libre Examen Adoption, en 1936 à Union et Bienfaisance Adoption, en 1939 à la Philosophie Sociale Adoption. « Loin de témoigner d'un esprit de conciliation et de déférence maçonnique à l'égard de l'Atelier sur lequel la Loge d'Adoption est souchée, la Grande Maîtresse s'est permis de porter des jugements malveillants sur le V∴ M∴ et les Frères de l'Atelier [25]. » Certaines questions montrent que coexistent deux groupes de femmes. À la fin de l'année 1936, une sœur de la Philosophie Sociale Adoption entreprend une campagne en faveur de la mixité au sein de la Grande Loge de France. Cet événement, ajouté au fait que les frères de la Philosophie Sociale ouvrent leurs tenues à toutes les sœurs visiteuses et envisagent de travailler, pendant un an, en collaboration avec le Droit Humain, provoque une réaction du Conseil Fédéral... mais aussi des femmes. Les autorités font savoir qu'elles entendent faire cesser ce régime de loge mixte. Les loges d'adoption appuient cette initiative, mais lorsque la Grande Maîtresse décide, en février 1938, de mettre l'atelier en sommeil, le Conseil Fédéral accorde des dispenses à certaines sœurs afin que l'atelier continue d'exister. Ce sauvetage déplaît aux sœurs. Le Secrétariat des loges d'adoption manifeste sa réprobation devant cette décision qui soutient des « femmes révoltées, inexpérimentées qui mettent en péril le fonctionnement et l'harmonie des loges d'adoption [26]. » La Philosophie Sociale, sourde aux rappels à l'ordre, sera démolie le 17 juin 1939. Ces quelques faits montrent que rien n'est uniforme. Il n'existe pas, à la Grande Loge de France, un bloc masculin rétrograde qui freine des quatre fers pour maintenir dans la sujétion des femmes avant-gardistes ni un ensemble homogène de femmes soumises. Les événements induisent, en fonction des stratégies de chacun et des données du moment, des attitudes beaucoup plus nuancées et parfois contradictoires, y compris chez les mêmes personnes.

Il semble bien que, s'il ne s'agit pas de loges mixtes, cela y ressemble fort. L'une des conditions mises par la Nouvelle Jérusalem à son intégration à la Grande Loge de France révèle l'état d'esprit des partisans de la présence des femmes dans les loges. Ces frères demandent la prise en compte des effectifs de l'atelier d'adoption dans le calcul du nombre des députés masculins de la loge au convent. Avantageux pour la loge, ce mode de calcul donne une véritable existence aux femmes. Le convent finit par rejeter ce vœu resté pendant jusqu'en 1913 [27]. Les tenues ne doivent pas avoir lieu le même jour que celles de la loge masculine. Les rituels sont, ou seront, approuvés par la Grande Loge de France, et défense est faite de s'en écarter [28]. Les dirigeants prennent, pensent-ils, toutes les précautions. Cependant, la Nouvelle Jérusalem laisse les femmes de la loge travailler selon les pratiques de la Grande Loge Symbolique Écossaise n° 2. Ils se font rappeler au respect des règles par le Secrétaire général de l'obédience en novembre 1907. Des initiations de femmes ont lieu à la Nouvelle Jérusalem « sans que les Règlements généraux de la loge aient été strictement observés [29]. » Aux loges qui demandent l'autorisation d'organiser « des tenues blanches pour permettre aux Sœurs d'assister à leurs travaux toutes les fois que le sujet traité peut être utile à leur éducation ou qu'elles peuvent y apporter le résultat de leurs observations et de leurs réflexions personnelles [30] », le Conseil Fédéral répond qu'il « ne peut donner une autorisation qui est tacite, que les loges ont évidemment ce droit en tenue blanche [31] » jusqu'à ce qu'il se rende compte que ces tenues se multiplient. Le choix de jours communs pour les réunions de la loge masculine et de l'atelier d'adoption oblige le Conseil Fédéral à intervenir de temps en temps pour empêcher cette mixité plus ou moins déguisée. Dans une lettre du 15 décembre 1935, le vénérable de la Philosophie Sociale écrit à la grande maîtresse de la loge d'adoption : « Notre intention est de collaborer avec vous de la façon la plus active... Il avait été convenu que votre Tenue de Comité voisinerait avec notre Tenue Solennelle et que votre Tenue Solennelle serait proche de notre Tenue de Comité. De cette façon, nous pourrions aller facilement chez vous et vous chez nous. Nous vous confirmons que nous transformerons régulièrement nos Tenues en Tenues Blanches Fermées pour permettre à nos Sœurs de participer à nos Travaux et nous apporter leur pierre [32]. » Cet ensemble de faits incite à penser que les loges d'adoption de la Grande Loge de France et leurs ateliers masculins, malgré la résistance d'un certain nombre de femmes, pratiquent dans bien des cas une mixité qui ne dit pas son nom.

Lorsque la Grande Loge de France veut donner leur indépendance aux loges d'adoption, elles la refusent. Au cours du convent de 1934, le Grand Maître lit la proposition suivante : « Le Convent de la Grande Loge de France, rendant hommage à l'effort accompli par les loges d'adoption pendant vingt-cinq ans [...] considérant que l'avenir des Loges féminines réside dans le complet épanouissement de l'intelligence et du cœur des femmes ; qu'elles ont démontré leur pleine capacité de se diriger elles-mêmes ; considérant d'autre part qu'en raison des habitudes de travail de certains Ateliers masculins, ces groupements d'adoption ont pris un caractère tel qu'ils permettent, notamment à l'étranger, d'accréditer que la Grande Loge de France possède des LL∴ mixtes [33] [...]. » La Grande Loge de France veut se défaire de ses loges d'adoption. Hormis l'hommage rendu, tout est dit : pour l'étranger, l'obédience française possède des loges mixtes, caractéristique rédhibitoire pour qui veut obtenir la très convoitée reconnaissance de la Grande Loge Unie d'Angleterre, car l'étranger en question, c'est principalement elle. Au convent international de l'Association Maçonnique Internationale (AMI), les délégués de la Grande Loge de France avaient posé deux questions concernant la présence des femmes dans les obédiences maçonniques [34]. Aucune décision n'avait été prise et la question était revenue les deux années suivantes. Le devoir d'être reconnue tourmente la Grande Loge de France.

L'autonomie proposée équivaut en fait à l'exclusion des loges d'adoption de la GLDF et à leur mise au ban de l'Ordre maçonnique, car elles ne seront pas reconnues. Le rapport fait en outre ressortir toute l'indépendance acquise peu à peu par les loges d'adoption qui travaillent à leur convenance et qui « en arrivent (remarque qui a sa gravité) à communiquer directement avec le Pouvoir central [...] de sorte qu'aujourd'hui elles sont sur un pied complet d'égalité maçonnique avec les FF∴ [35]. » Mais il insiste aussi sur la manière cavalière dont la Grande Loge de France dispose d'un groupe de personnes sans auparavant recueillir leur opinion. Un certain nombre de rapporteurs se sont donc rendus auprès des Grandes Maîtresses pour qu'elles fassent part de leur avis. Toutes les loges d'adoption se prononcent pour le *statu quo*. Soixante-quatorze ateliers masculins également ; dix-sept pour l'autonomie. Les femmes et la très grande majorité des francs-maçons refusent une indépendance qui serait un congédiement.

Les femmes gagnent. Elles restent au sein de la Grande Loge de France et obtiennent, au cours des années suivantes, un Secrétariat général, un local et la tenue d'un convent, quasiment le statut et les conditions de fonctionnement d'une obédience autonome.

Les tournants de l'obédience mixte internationale le Droit Humain

La création, en 1897, d'un Suprême Conseil mixte et international, vraisemblablement grâce au frère Décembre-Allonnier, dote l'obédience mixte le Droit Humain d'une nouvelle dimension.

À la veille de la Première Guerre mondiale, elle compte, en France, quatre-vingts loges, sept chapitres, un aréopage, presque quatre mille membres. En 1939, l'obédience possède des loges sur tous les continents : les trois Amériques, Asie, Australie, Afrique du Nord, Europe centrale, Pologne, pays de l'Europe du Sud (Portugal) et de l'Europe du Nord, Islande. Dans les ateliers français, se réunissent des fonctionnaires, des professions libérales, des cadres moyens et petits, les épouses sans profession des francs-maçons du Droit Humain ou des obédiences masculines.

Si la création d'un Suprême Conseil international favorise son extension à l'étranger, elle soulève rapidement des difficultés en France. Georges Martin, avec la discrétion et la patience qui le caractérisent, attend que l'obédience se développe, qu'une demande suffisante afflue pour donner une importance internationale au groupe. Il tient la création du Suprême Conseil Universel Mixte secrète pendant deux ans. Dictée par la prudence, cette décision, une fois de plus, l'est aussi par l'espoir. « Et deux années, ce Suprême Conseil ne s'est pas dévoilé, attendant que la Franc-Maçon∴ masculine de France veuille bien accueillir fraternellement la Franc-Maç∴ Mixte [36]. » Ses revers antérieurs et présents, son expérience d'homme politique se trouvent probablement à l'origine de cette démarche réfléchie et circonspecte.

Le Suprême Conseil Universel Mixte, « puissance créatrice, directrice et régulatrice de l'Ordre [...] souverain pour l'univers entier » selon le vœu de Georges Martin et dont au moins neuf des membres sont français, possède tous les pouvoirs législatifs et constitutionnels afin de préserver l'unité de l'obédience. Le fait qu'il concentre tous les pouvoirs et que l'obédience soit constituée de façon linéaire et pyramidale, réunissant, du 1er au 33e degré, toutes les loges, provoque de l'hostilité. Dès le départ, Georges Martin constate une forte opposition et prend le soin d'expliquer très longuement, à chaque occasion, à travers la presse et dans les loges, les raisons de ce choix. « Tous nos FF∴ et toutes nos SS∴ doivent bien se pénétrer de ces idées, et bien savoir que s'il y a des officiers dans les Ateliers de tous les degrés, c'est pour assurer le bon ordre des travaux ; que s'il y a des Ateliers de différents degrés, c'est pour assurer la stabilité de l'Ordre Maçonnique ; que si au-dessus de tous les Ateliers, il y a un Suprême Conseil, c'est pour donner les patentes constitutives des Ateliers de tous les degrés, les Rituels, les statuts et les Règlements Généraux qui assurent le développement et le fonctionnement de la Franc-Maçonnerie [37]... » Pendant des années, il s'applique à défendre ses décisions. « Allant plus loin que le Convent de Lausanne, qui ne fit que l'union des Suprêmes Conseils entre eux, c'est-à-dire l'union des Ateliers de Hauts Grades, [...] notre Constitution ne fait qu'un bloc de tous les Ateliers Mixtes du 1er au 33e degré dans le monde entier [38]. » C'est bien précisément ce que lui reprochent les loges françaises qui demandent la tenue d'un convent annuel pourvu du pouvoir législatif. Les dirigeants de l'obédience acceptent le principe d'une réunion annuelle qui se tient, pour la première fois, en septembre 1907 [39].

En fait, il s'agit d'un congrès et non d'un convent, bien que les deux termes apparaissent indifféremment, car les délégués ne possèdent aucun pouvoir législatif. Georges Martin saisit l'occasion de cette réunion pour expliquer une fois encore que l'organisation linéaire de l'obédience, sans corps administratif intermédiaire entre les loges bleues et les hauts grades, garantit l'autonomie des loges bleues et le fonctionnement démocratique de l'ensemble. Il ne parvient pas à convaincre. Le courant contestataire présente des propositions susceptibles de pourvoir les députés de véritables pouvoirs législatifs. Elles sont toutes refusées. Le congrès de 1909 décide que le Suprême Conseil n'interviendra plus dans l'organisation de ces réunions annuelles. Cette tâche revient désormais à une commission renouvelable par vote tous les ans. La montée du mécontentement s'exprime l'année suivante à travers la demande de modification de la Constitution internationale afin que le congrès des loges puisse se réunir officiellement et qu'il nomme une Commission Exécutive en charge des affaires nationales. Georges Martin quitte la salle de réunion. Il faut toute la diplomatie de Marie Bonnevial et d'Amélie-Alexandrine Gédalge pour parvenir à un compromis : soumettre cette proposition au Suprême Conseil [40]. Le Suprême Conseil s'emploie à empêcher le congrès des loges de 1911.

Malgré les entraves, les frères et les sœurs se réunissent, comme d'habitude, et tentent une dernière démarche pour faire aboutir leurs revendications. Au cours de 1912, le Suprême Conseil annonce qu'un convent international aura lieu en 1914 et donne son accord pour un congrès national des loges. Mais les ateliers reçoivent deux convocations, l'une du Suprême Conseil et l'autre de la Commission du Congrès. Il se tient donc deux réunions, l'une sous l'égide du Suprême Conseil du 18 au 21 septembre 1912, rue du Cardinal-Lemoine, et l'autre du 20 au 23 septembre 1912. Les francs-maçons contestataires demandent la modification de la Constitution du Droit Humain afin d'inscrire dans les textes la réunion d'un convent annuel, l'élection de la Commission Exécutive, et la séparation des pouvoirs : au Suprême Conseil, le pouvoir créateur et régulateur de l'obédience ; au Convent, le pouvoir législatif ; à la Commission, le pouvoir exécutif. Ils donnent six mois au Suprême Conseil pour répondre. Le délai passé, Blanche Lantoine et Ernestine Rousseau, élues respectivement Présidente et Secrétaire de la Commission, envoient, le 15 janvier 1914, une circulaire à toutes les loges pour annoncer la rupture avec le Droit Humain. Les quatre loges prennent le nom de Grande Loge Symbolique Écossaise Mixte de France. Vingt ans après sa création et autour de l'idée de démocratie dans l'organisation de l'obédience, le Droit Humain connaît sa première scission.

Créé en France par les francs-maçons rationalistes et anticléricaux réunis autour de Maria Deraismes et de Georges Martin, le Droit Humain adopte, dans les premières années du XXe siècle, des préoccupations spiritualistes. Son développement international est pour beaucoup dans cette évolution. Annie Wood-Besant, séduite par les thèses du mouvement théosophique fondé en 1875 par Héléna Petrovna-Blavatsky et le colonel Henry Steel Olscott, est initiée en 1902 à Paris. Aidée de Franscesca Arundale, initiée elle aussi à Paris en 1896, membre fondateur de la loge de Zurich en 1899 et adhérente de la Société Théosophique, Annie Wood-Besant crée une loge du Droit Humain à Londres. À partir de la capitale anglaise, des ateliers se forment dans toutes les colonies britanniques : Inde, Australie, Nouvelle-Zélande, dans lesquelles la pensée théosophique se répand.

Le convent international prévu en 1914, reporté à des jours meilleurs, se tient à Paris du 10 au 15 août 1920. Ce convent accède aux demandes des loges françaises. Les ateliers de chaque pays peuvent désormais s'organiser en fédérations autonomes. Les statuts que se choisit la Fédération française du Droit Humain sont approuvés le 6 novembre 1921 par le Suprême Conseil. Ils prévoient un Convent annuel doté des pouvoirs législatifs et qui élit les Grands Officiers. Les Grands Officiers composent le Conseil National présidé par un Grand Maître élu en son sein. Le convent est formé de la réunion des représentants des loges bleues et des ateliers de hauts grades. La Grande Loge Mixte qui n'a pas réussi à se développer depuis 1913 [41], à qui la reconnaissance est refusée par les obédiences masculines, rejoint le Droit Humain le 12 mars 1922.

Dès ce premier convent international, les hauts grades et les loges des pays anglo-saxons, sous l'influence de la théosophie et dans la mouvance des obédiences dogmatiques, soulèvent la question de la croyance en Dieu, divinité révélée, qu'ils entendent imposer à l'ensemble des francs-maçons de la planète. Le convent adopte une déclaration de principes ambiguë qui proclame « la liberté de croyance en l'éternité ou la non éternité de la vie spirituelle » et renvoie le sujet au prochain convent. La notion de liberté de croyance en une « non éternité » ou en une « non vie spirituelle » peut-elle être bien saisie ? Cette formule, exagérément subtile, est-elle synonyme de liberté de conscience ? Les difficultés ne tardent pas à apparaître. En 1923, une loge de la Grande Loge de France dépose un vœu en faveur de la reconnaissance du Droit Humain. Le convent rejette la proposition pour des raisons multiples mais principalement à cause de la présence de ses propres loges d'adoption et des orientations nouvelles du Droit Humain que l'obédience soupçonne de liens étroits avec la Théosophie. En 1926, une loge présente un vœu identique qui reçoit, pour les mêmes raisons, un accueil semblable. La Grande Loge de France conserve une attitude de neutralité bienveillante mais s'en tient au *statu quo*. Dans les années

1925-1926, des loges, ou des personnes, font du prosélytisme en faveur du spiritualisme, à tel point que le Suprême Conseil Universel Mixte doit intervenir. Le 5 avril 1926, il envoie à toutes les loges une circulaire pour rappeler que : « Dans les ateliers, les discussions ou débats ayant trait aux questions sociales ou religieuses ne pourront, en aucun cas, avoir d'autre but que d'éclairer les membres et leur permettre de remplir, en meilleure connaissance de cause, leurs devoirs de francs-maçons [42]. » La circulaire précise plus loin : « L'obédience ne peut ni ne doit paraître faire siennes des convictions qui ne sont pas celles de l'universalité de ses membres [43]. » Une autre circulaire signée du Suprême Conseil Universel Mixte et du Conseil National de la Fédération française est encore adressée aux ateliers le 27 décembre 1926 [44]. Dieu et le Grand Architecte de l'Univers figurent à nouveau à l'ordre du jour du convent international suivant qui se tient du 8 au 15 septembre 1927. Un nouveau texte est adopté : « Respectant toute liberté d'interprétation, l'Ordre reconnaît le symbole du G∴A∴D∴L∴U∴ comme symbole traditionnel de la Maçonnerie. Mais tous les ateliers travaillent selon leurs conceptions philosophiques à la Gloire de l'Humanité ou à la gloire du Grand Architecte de l'Univers. »

Le silence dont Georges Martin entourait les étapes et les travaux du Droit Humain fut souligné. Il évitait de renseigner les francs-maçons ennemis des loges mixtes. Il répète une fois encore cette nécessité dans le *Bulletin international* du mois de mars 1910. Cette mesure de prudence nécessitée au début par le climat d'hostilité aurait dû s'estomper avec le changement d'attitude des obédiences masculines. Or, il n'en est rien. Ce choix perdure alors que des relations cordiales se sont instaurées depuis longtemps. Dans un ouvrage récent, *La Franc-Maçonnerie mixte et le Droit Humain*, l'auteur insiste sur cette orientation et lui consacre un paragraphe d'une demi-page [45]. Ces tournants institutionnels et philosophiques seront à la source d'autres difficultés dans les années à venir.

Les tentations du Grand Orient de France

Le Conseil de l'Ordre du Grand Orient de France adresse à toutes les loges un règlement des loges d'adoption [46] composé de 21 articles qui les organisent. L'article 21 précise que « ces dispositions ne sont pas exécutoires » : le Conseil de l'Ordre attend de nouvelles suggestions qu'il invite les ateliers à lui faire parvenir avant le 31 août 1914.

La guerre interrompt ce projet que l'obédience reprend le 22 décembre 1918 en envoyant une circulaire à tous ses ateliers afin qu'ils se prononcent sur la question. La Grande Loge Mixte Symbolique de France, scission du Droit Humain, adresse une lettre-circulaire à tous les ateliers du Grand Orient de France le 17 avril 1919. Marguerite Martin, successeur de Blanche Lantoine au Secrétariat général de l'obédience, exhorte ses frères à choisir la mixité. « Appelez les femmes vers vous, mes FF∴ parce que l'heure est venue, parce que cela est nécessaire et parce que cela est juste. Le geste contraire serait maladroit, odieux et quelque peu ridicule [...]. Elles attendent le cœur battant votre décision avec l'espoir que cette décision promptement généralisée par la Grande Loge de France sera la proclamation de l'égalité maçonnique à laquelle elles ont droit [47]. » Selon elle, si le Grand Orient de France crée des loges d'adoption, « il y a dix chances contre une, non seulement pour que cet essai ne puisse aboutir, mais encore pour que cette décision entraîne la chute définitive des loges d'adoption déjà existantes et le triomphe absolu de la Maçonnerie mixte qui a puissamment grandi pendant la guerre [48]. » Chacun pense que la Première Guerre mondiale a changé les mentalités. Le Grand Commandeur et le Grand Maître du Droit Humain lancent un appel à toutes les puissances maçonniques du globe soulignant que toutes les sœurs et tous les frères du Droit Humain seront heureux de recevoir la visite, dans leurs loges, de tous ceux qui voudront bien les honorer de leur présence. Le 7 juillet 1919, la loge les Enfants de Gergovie de Clermont-Ferrand (GODF) demande l'admission pure et simple des femmes dans la franc-maçonnerie. Elle est rejointe par d'autres ateliers dont Thémis de Caen.

Seuls 207 ateliers répondent à la circulaire : 93 optent pour l'admission des femmes, 56 contre et 58 pour la formule des loges d'adoption. Le Conseil de l'Ordre estime insuffisant le nombre des réponses et décide d'organiser un référendum fixé au 30 mai 1919 sur la double question : faut il une franc-maçonnerie mixte ? faut-il une franc-maçonnerie féminine [49] ? Sur 220 votants, par 123 voix pour, 96 voix contre, la question est renvoyée à l'étude des loges.

Au cours de ce même convent 1920, le Conseil de l'Ordre saisit la Commission des vœux de communications : la Grande Loge Mixte Symbolique de France offre de fusionner avec toute obédience masculine régulière qui se déciderait à l'admission des femmes ; les loges du Maine-et-Loire invitent le Grand Orient de France et la Grande Loge de France à reconnaître immédiatement la Grande Loge Mixte Symbolique et, pour ne pas brusquer l'entrée des femmes dans les loges, propose de laisser les ateliers libres de nouer ou non des relations avec « les loges de femmes ». La troisième communication émane de la loge le Phrare de Chaouïa (Casablanca). Cet atelier estime que la position du Grand Orient de France vis-à-vis des loges mixtes lui fait perdre beaucoup d'influence [50]. Le Convent passe à l'ordre du jour.

Le projet de créer des loges d'adoption piétine, mais il provoque des remous. Les francs-maçons farouchement opposés à l'initiation des femmes donnent de la voix avec vigueur. La Grande Loge de France qui possède deux loges d'adoption à cette époque et le Droit Humain expriment leurs craintes devant cette concurrence inattendue.

Le 21 septembre 1921, le convent invite le Conseil de l'Ordre à reconnaître le Droit Humain. Pour emporter la décision, il est précisé que seuls les frères sont concernés. Le Grand Orient de France n'accorde la réciprocité des visites qu'à la part masculine de l'obédience mixte. Les deux obédiences signent une convention qui prévoit que les francs-maçons du Grand Orient de France peuvent désormais participer aux travaux des ateliers du Droit Humain, que tous les renseignements administratifs sont échangés, que des garants d'amitié – masculins –

sont désignés. Le 13 septembre 1930, par décret, le Conseil de l'Ordre dénonce cette convention, dénonciation ratifiée par le convent le 16 septembre de la même année. Le Grand Orient de France avance quatre raisons. La Grande Loge de France refuse de reconnaître le Droit Humain, ce qui place le Grand Orient de France dans une position délicate vis-à-vis de ces obédiences ; la Constitution internationale adoptée par le Suprême Conseil Universel Mixte est incompatible avec la nécessaire autonomie des obédiences et des loges symboliques ; le fait que le Droit Humain soit international oblige le Grand Orient de France à nouer des liens avec des fédérations étrangères ; l'Association Maçonnique Internationale (AMI) recommande l'unité d'obédience sur un même territoire. À la suite du vote de cette décision, le Grand Orient de France envoie au Droit Humain le décret, la copie de la circulaire adressée à ses loges accompagnés d'une lettre du Président du Conseil de l'Ordre et d'un document avec le nom des nouveaux garants d'amitié. Car, et la circulaire le précise, il ne s'agit pas d'une rupture. Les deux obédiences maintiennent toutes leurs habitudes de collaboration : échanges administratifs, de garants d'amitié, des mots de semestre. En fait, l'accord dénoncé pour des raisons internationales plus qu'interobédientielles françaises n'altère en rien les bonnes relations.

La question C de la circulaire n° 1 du 17 octobre 1933 porte à nouveau sur « l'étude du réveil de la Maçonnerie d'adoption au sein du GODF [51] », question exposée au convent de 1934. La commission chargée de ce travail reçoit 261 rapports, nombre insuffisant estime le rapporteur. En outre, les francs-maçons n'y répondent pas par oui ou par non et, ajoute le rapporteur, « non seulement vous avez élargi la question, mais vous y avez répondu en la construisant vous-mêmes [52]. » Le frère Grilliat analyse finement les conclusions des rapports qui peuvent se diviser en trois groupes : ceux hostiles à l'admission des femmes avec toujours les mêmes arguments, ceux qui optent pour l'admission immédiate et sans restriction des femmes et, entre ces deux extrêmes, des rapports qui concluent soit à la création de loges d'adoption, soit au maintien de la situation actuelle, considérant que Le Droit humain suffit à répondre aux souhaits des femmes, soit à la création des loges féminines [53].

Restaurer l'ordre ancien

Des enfants pour la France

Au lendemain de la Grande Guerre, l'épouvantable hécatombe, un traité de Versailles mal conçu, le grave malaise social, les grèves, la peur du bolchevisme contribuent à faire élire le Bloc National, conservateur et nationaliste, aux élections de décembre 1919. *La Garçonne*, publié en 1922, produit de la guerre et des années folles, vaut à son auteur, Paul Marguerite, la radiation de l'Ordre de la Légion d'honneur et la vente d'un million d'exemplaires. Mobilisées dans les usines, patriotes, les femmes de la Première Guerre mondiale avaient répondu en donnant toutes leurs forces. Médecins et intellectuels s'étaient mis à dénoncer le risque « d'anarchie morale » qui résulte de la confusion des sexes. À la femme ouvrière, l'imagerie officielle avait préféré celle de l'infirmière ou de la patronnesse, celle de l'épouse ou de la promise accueillant son Poilu d'un air enamouré. À ce déferlement symbolique, succède à la fin de la guerre la dure réalité. La démobilisation signifie pour elles le retour à leur tricot ou aux métiers dits féminins au nom du droit des anciens combattants, au nom du redressement national et de la défense de la race. Pour le Bloc National, pour cette improbable Chambre bleu horizon, il paraît urgent de restaurer l'ordre ancien.

Les premières lois votées par ce gouvernement visent à repeupler la France. Le 31 juillet 1920, le Parlement adopte le texte interdisant toute propagande anticonceptionnelle. Ferdinand Buisson vote cette loi. En 1923, un nouveau texte durcit les peines en cas d'avortement, devenu un délit et passible de la correctionnelle. Ces dispositions, soutenues par plusieurs associations qui existaient déjà avant la guerre, l'Alliance nationale de la population française du docteur Jacques Bertillon, le Comité pour le relèvement de la natalité française, le Cartel de Salut national, sont renforcées par l'attribution d'allocations diverses, familiales et de maternité, par l'octroi de primes à la natalité, de dégrèvements d'impôts et de sursalaires qui s'intègrent désormais dans un système d'assurance santé. Ce que la plupart des groupes féministes demandaient depuis longtemps, la reconnaissance de la fonction sociale de la maternité par le paiement d'allocations, se réalise. En avaient-elles envisagé ces effets ?

La période de chômage des années 1930 offre à la politique nataliste l'occasion d'agir sur les femmes avec toute sa violence, d'autant que le nombre des naissances atteint son niveau le plus bas malgré l'instauration de toutes ces mesures, de la fête des Mères et de la remise de médailles aux couples qui ont cinq enfants et plus. S'il y a du chômage, la faute en revient aux femmes. Les patrons entretiennent un savant équilibre entre tâches à domicile et travail au noir, au moment où les hommes vivent de fortes vagues de licenciement. Ce faisant, non seulement ils discréditent les femmes qui travaillent, mais ils continuent de les sous-payer. Les dispositions sur les indemnités de chômage prévoient des sommes inférieures pour les femmes, en excluent automatiquement les femmes mariées et le personnel de maison. Avec les difficultés, les vieux démons resurgissent.

Les femmes obtiennent un décret (25 mars 1924) sur l'identification des programmes scolaires de l'enseignement secondaire pour les garçons et pour les filles. Depuis le début du siècle, d'éminents hommes de science combattent les conclusions de Paul Broca sur l'infériorité intellectuelle des femmes ; l'idée qu'elles ne sont pas plus bêtes que les hommes commence à faire son chemin. Cependant, tout le système scolaire encourage les filles à limiter leurs ambitions intellectuelles et professionnelles. Se développe la théorie des emplois réservés aux femmes : emplois sédentaires, subordonnés et sous-payés comme celui de bibliothécaire dont il est dit : « L'homme n'y est pas à sa place ; c'est une science qui est la servante des autres sciences. Ce rôle subordonné convient mal à la fierté naturelle de l'homme. La femme ne se sentirait pas humiliée de servir, de jouer à la bibliothèque le rôle qu'elle joue dans son ménage [54]. » Nombre de femmes soutiennent cette option que viendra renforcer celle du salaire d'appoint. Les quelques rares femmes nommées professeurs d'université sont présentées comme une invasion, une ruée, un envahissement, moyen le plus sûr d'attiser la haine de ceux qui s'effrayent à l'idée que la gent féminine ne devienne leur maître.

Le discours officiel se fait triomphant et présente une nouvelle venue : la Femme mère, épouse, sans profession. Les femmes n'exercent pas de profession ? Certes, en 1921, le nombre de femmes actives retombe au niveau de celui de 1911 [55], mais selon les années, les Françaises représentent entre 36,6 % et 37,9 % de la population active. Néanmoins, le pouvoir politique insiste sur le fait que le travail féminin recule après la guerre, présente les chiffres et commente les statistiques de manière à fausser la réalité pour appuyer une propagande nataliste alors à son paroxysme.

Pour les femmes, l'acquis de l'entre-deux-guerres se révèle minime. À compter de 1920, elles peuvent adhérer à un syndicat sans l'autorisation de leur époux [56]. Depuis 1927, la Française qui épouse un étranger reste française : elle ne perd plus sa nationalité. Enfin, la loi du 18 février 1938 donne la capacité juridique aux femmes mariées, mais une capacité restreinte par le maintien de la puissance paternelle. Si l'article 215 du Code civil et la puissance maritale tombent, l'homme reste le chef de famille et, à ce titre, fixe le domicile conjugal et peut toujours interdire à sa femme d'exercer un métier. Toujours les demi-mesures.

Au cours de cette période, la libération la plus tangible pour les femmes est celle de leur corps. Débarrassées des corsets, des baleines, des jupes à traîne et de leurs encombrants couvre-chefs par le couturier Paul Poiret, elles dansent le charleston et réapprennent la mixité grâce au sport et à la découverte des loisirs. Cette importante évolution ne touche cependant qu'une minorité. Offensif et fort de sa diversité, le féminisme d'avant 1914 revendiquait des droits pour les femmes au nom de l'égalité de tous les individus et au nom des caractéristiques de chaque sexe ; celui de l'entre-deux-guerres argumente non sur les droits des femmes, mais sur les besoins des mères, s'appuie non sur les idées d'égalité et de spécificité, mais sur les concepts de différence et de complémentarité, exige non des avantages pour tous, mais des protections particulières. Cela explique la cassure avec les minorités d'avant-garde et les mouvements néomalthusiens. Les exaltations de la Mère et les hommages appuyés à la ménagère s'accompagnent d'une critique virulente de la femme libre.

Les travaux d'Hiram

Dans l'entre-deux-guerres, c'est-à-dire en vingt ans, la Grande Loge de France ne consacre qu'une seule étude aux femmes. En 1926, « La situation de la femme dans la société moderne » apparaît dans les questions mises à l'étude des loges [57]. Les autres thèmes concernent l'enseignement (coéducation des sexes, mesures à prendre dans l'intérêt des jeunes gens et des jeunes filles à leur sortie de l'école), les questions sociales ou la démographie en 1936. Sous l'angle maçonnique, la situation des femmes est abordée en 1920, 1922, 1927 et 1935 chaque fois qu'il se produit un événement qui touche l'Ordre dans son ensemble comme les problèmes relatifs au Droit Humain, la question de sa reconnaissance ou celle du devenir des loges d'adoption. La liste des travaux des loges masculines montre la prédominance des préoccupations politiques qui, au fil des années, s'orientent vers ce qui touche à la préservation des libertés et de la paix.

Le Grand Orient de France s'intéresse aux questions de la réglementation du travail des femmes et des enfants (qu'il associe), à la réforme de l'enseignement, à la protection des nourrissons et des mères avant et après l'accouchement, à la création, la défense et le développement des œuvres péri- et postscolaires, à l'étude des droits respectifs de l'État et du père de famille en matière d'éducation, aux loisirs (mais cet article ne concerne que les jeunes gens et les hommes) [58], à l'éducation civique des femmes pour les préparer à l'exercice du vote.

Au Droit Humain, frères et sœurs réfléchissent à l'hygiène, la renaissance républicaine, l'importance scientifique du racisme, la maternité. Ils traitent du travail des femmes, des droits de la femme, du vote des femmes, du rôle de la franc-maçonnerie dans l'évolution. Ils évoquent Jean Jaurès et Blanqui.

Les titres des travaux et des articles, ainsi que l'absence de certains sujets, ne suffisent pas à rendre compte du travail des loges. Ils donnent un aperçu des préoccupations à un moment donné, mais ne révèlent rien de l'idéologie développée.

En 1919, l'appel d'Aristide Briand en faveur du vote des femmes reste sans écho. En 1927, le Parlement repousse une proposition en faveur du droit de vote aux élections des conseils municipaux, au nom de l'esprit chevaleresque français clame haut et fort Arthur Huc dans *La Dépêche du Midi*. De toute façon, ajoute-t-il plus loin, le cerveau des femmes « n'est pas ouvert aux problèmes du forum. L'interdiction [de voter] provient du sexe de leur cerveau [59]. »

La natalité constitue la grande affaire de l'entre-deux-guerres. *L'Acacia* de janvier 1924 présente l'article d'Émile Perrin, professeur de l'université, président du Cartel de Salut national intitulé « Politique républicaine de la natalité ». L'appel aux législateurs, sociologues, éducateurs qui doivent être conviés à la recherche des solutions les meilleures, « c'est-à-dire conformes aux lois inflexibles de la biologie [60] », laisse deviner la suite. Avec l'aide de Lazare enjoint de se réveiller en toute hâte, le professeur veut obtenir quatre à six enfants par femme. « Tout être adulte et sain a deux grands devoirs à remplir : produire c'est-à-dire travailler, se reproduire c'est-à-dire fonder une famille [61]. » Ensuite, il se lance dans un calcul compliqué pour en arriver au résultat que « le célibataire et l'infécond n'est qu'un demi-citoyen qui ne représente qu'une fraction démographique de $14\,079/40\,000^e$ [62] » et qu'il faut attribuer aux électeurs un nombre de voix en proportion du nombre d'enfants. La puissance paternelle fait l'objet d'un autre article. Dans « L'enfant, la Famille, l'État », G. Dubois écrit : « Le père de famille en Grèce ou à Rome exerce sur ses enfants, comme sur sa femme d'ailleurs, les droits les plus absolus. Est-ce par arbitraire ? Non pas ! Il s'agit surtout de maintenir la perpétuité et la vigueur du groupe familial [63]. » Ces références à l'Antiquité introduisent la presque totalité des travaux des francs-maçons de l'époque. La diminution de la population et la baisse du nombre des mariages n'affolent pas que les hommes politiques. Églises, médecins, scientifiques, intellectuels participent de cette idéologie à laquelle se rallie la majorité de la franc-maçonnerie.

Face à cette coalition, les néomalthusiens, et notamment Madeleine Pelletier, non seulement osent ne pas déplorer la baisse du nombre des naissances, mais ils l'encouragent. Paul Robin avait créé le Centre de consultation et de vente de contraceptifs en 1889, fondé en 1896 la Ligue Néomalthusienne et plusieurs journaux dans les années suivantes. La contraception constitue le moyen fondamental sur lequel reposent la dignité et la liberté des femmes. Les féministes lui reprochent toutefois de ne prendre en considération, dans la question féminine, que celle de la reproduction, d'omettre les aspects politiques, économiques et sociaux. Par ailleurs, avec quelques autres francs-maçons, il prône l'union libre, ce qui n'est pas du goût de toutes les femmes. La position plus nuancée de Gabrielle Petit, de Nelly Roussel ou d'Odette Laguerre qui n'implique pas le rejet de la maternité plaît davantage. Nelly Roussel articule théories néomalthusiennes et doctrine féministe. Elle demande la reconnaissance de la maternité par des mesures sociales appropriées à condition que la contraception soit légalisée et encouragée, afin que la maternité soit consciente, volontaire, et que les femmes deviennent maîtresses de leur corps. L'avortement ne constitue qu'un instrument de dernier recours, les pratiques anticonceptionnelles devant l'éviter. Toutefois, Nelly Roussel ne relie pas la question de l'avortement aux revendications féministes. Seule Madeleine Pelletier opère le lien parce qu'elle aborde toutes ces questions de façon globale, dans une vision politique d'envergure.

Autour de Paul Robin, une poignée de francs-maçons se revendiquent de la pensée néomalthusienne. S'ils font de temps à autre des conférences dans les ateliers, leur pensée et leurs travaux sont très rarement publiés dans la presse maçonnique. C'est pourtant tout ce courant de scientifiques, de médecins et de chercheurs qui fait faire des progrès considérables à la recherche dans le domaine de la maîtrise de la reproduction. Les articles parus dans *La Chaîne d'Union* ou *L'Acacia,* ou ceux consacrés aux femmes, provoquent l'indignation du docteur Sicard de Plauzoles qui milite pour l'abrogation des lois de 1920 et de 1923. Il s'insurge contre « ce dogme de l'État qu'il est interdit de discuter, de contredire [...] : croissez et multipliez [64]. » Dans leur grande majorité, les francs-maçons rejoignent l'opinion publique et les théories repopulationnistes apparues après 1870. Non seulement ils ne soutiennent ni Madeleine Pelletier, ni Nelly Roussel, ni les néomalthusiens réunis autour de Paul Robin et du docteur Pierre Sicard de Plauzoles, mais ils les combattent avec vigueur.

L'Ordre maçonnique participe à la campagne électorale de 1924. Elle se déroule dans une atmosphère de combat et porte le Cartel des Gauches au pouvoir, mais rien n'empêche la marche inexorable vers la guerre. Cette participation active des obédiences à la vie quotidienne de la nation sera la dernière : l'Ordre maçonnique se retire de la scène politique. L'intérêt des francs-maçons pour la question des femmes peut se mesurer au nombre de leurs publications sur le sujet. Après les centaines de textes parus jusqu'en 1914 dans toutes les revues maçonniques, les centaines de comptes rendus de fêtes, de conférences, de tenues blanches, les rapports, les courriers, les réponses, elles se raréfient. Les radicaux, les socialistes, les francs-maçons non seulement ne mettent rien en œuvre durant cette période pour faire voter des lois significatives en faveur des femmes, mais ils n'osent pas faire abolir les lois de 1920 et 1923 interdisant la contraception. Même pendant le Front Populaire lorsque Léon Blum appelle quelques femmes au pouvoir (Yvonne Dornès et Alice Jouenne, membre du Droit Humain, collaboratrice de Suzanne Lacorre). La franc-maçonnerie règle son pas sur celui des gouvernements successifs et, avec ensemble, réagit en bonne fille de la République.

Des mouvements contradictoires marquent cette période prise entre freins et désirs. À force de velléités et d'hésitations entre refus et accueil des femmes, entre répudiation et indulgente protection, le *statu quo* l'emporte. Les loges d'adoption préservent la Grande Loge de France d'un féminisme plus exigeant. Les bonnes relations du Grand Orient de France avec le Droit Humain le protègent de l'accueil ou de l'initiation des femmes par ses ateliers. « Ils ont agi adroitement en faisant la part du feu. Ils ont bien réussi. Les concessions faites ont paré au danger en paraissant donner une satisfaction raisonnable aux défenseurs de la proposition [65]. » Cette situation satisfait bien des francs-maçons qui exultent.

NOTES

1. *La France chrétienne*, organe du Conseil antimaçonnique de France, n° 3, 15 mars 1897.
2. *La France chrétienne*, n° 36, 4 septembre 1902.
3. Rive A. C. de la, *La Femme et l'Enfant dans la franc-maçonnerie universelle*, éd. Delhomme et Briguet, Paris, 1894, 746 p. ; p. 485.
4. *Idem*, p. 485-486.
5. *Ibid.*, p. 483.
6. Tourmentin J., *Les Enfants de la veuve*, éd. Victor Retaux, Paris, 1900, 415 p. ; p. 239.
7. *Bulletin du Comité antimaçonnique de Paris*, 25 juillet 1906, p. 216.
8. *La Franc-Maçonnerie démasquée*, 1re année, n° 16, 25 février 1903, p. 123.
9. *La Cité antichrétienne*, p. 452.
10. Georges Bois, *Causeries du dimanche*, 1re série, éd. Victor Retaux, Paris, 1897, 334 p. ; p. 282.
11. Ollivier Georges, *Le Féminisme et la franc-maçonnerie*, Ligue catholique et RISS, Paris, imp. Cloix, sd., 24 p. ; p. 8.
12. *Idem*, p. 8-11.
13. *Bulletin du Comité antimaçonnique de Paris*, 2e année, n° 47, 10 juin 1904, p. 371.
14. Tourmentin J., *Les Enfants de la veuve, op. cit.*, p. 320.
15. *La France chrétienne*, n° 11, juillet 1897, p. 327.
16. Tourmentin J., *La Femme chez les francs-maçons, op. cit.*, p. VII.

17. BGO BR 911. Alfred Drouin, lettre ouverte à madame de la Rochefoucault, Présidente de l'Union Nationale pour le vote des femmes, « La vérité sur le suffrage universel et le vote des femmes », chez l'auteur, s. d., 8 p.
18. Sur le tableau de la Nouvelle Jérusalem (GLSE 2), Jeanne Lubin vient de la loge n° 1 Le Droit Humain, Félicie Numitka-Teutcher de Diderot (GLSE 2) ; Émilie Barre de la loge du Droit Humain n° 4. Elles sont initiées au Rite Écossais Ancien Accepté, rite adopté par l'obédience mixte du Droit Humain. Laurence Agnard dite d'Argan, Ernestine Granjean dite Gardès, Andrée Levy-Oulmann dite Andrée Lorec, Julie Macaire née Lévy, Thérèse Pech née Delmouly, Palmyre Plaquet née Flament, Emma Sohn née Katz, Délie Steens, Henriette Yvelin née Boucher-Cleyre sont toutes initiées à la Nouvelle Jérusalem (GLSE 2) donc au Rite Écossais Ancien Accepté. Louise Magne (s'il s'agit de la même personne car selon les registres, la profession et l'adresse diffèrent) est membre de Diderot donc également de la GLSE 2 de Rite Écossais Ancien Accepté.
19. *L'Acacia*, n° 1, janvier 1910, Circulaire de la loge d'adoption de la L∴ Nouvelle Jérusalem n° 376 de la Grande Loge de France adressée aux loges, p. 67-68.
20. BGL a.n.c. archives du Libre Examen.
21. *Idem.*
22. Les lecteurs ont remarqué que, depuis le XVIIIe siècle, le mot tendresse revient en permanence sous la plume des hommes. La tendresse, encore une valeur à durée longue. Signalons le festival Tendresses, qui a lieu tous les ans début juillet en Avignon, organisé par Gérald Pagès et les revues *Psychologies* et *Nouvelles Clés*.
23. BGL Grande Loge de France, *Compte rendu aux Ateliers de la Fédération des travaux du Conseil Fédéral et de la Grande Loge de France*, Compte rendu du convent de 1925, p. 162-163.
24. BGL Grande Loge de France, *Compte rendu aux Ateliers...*, Compte rendu de la réunion du Conseil Fédéral, 21 février 1934, p. 37.
25. BGL anc. Archives de la loge.
26. BGL anc. Archives de la Philosophie Sociale.
27. BGL Grande Loge de France, *Compte rendu aux Ateliers...*, Compte rendu du convent de 1923, p. 53.
28. BGL, annexe au procès-verbal de la tenue de Grande Loge. Constitution des loges d'adoption, 5 novembre 1906.
29. BGL B50, décembre 1907, p. 13.
30. BGL, Grande Loge de France, *Compte rendu aux Ateliers...*, Compte rendu du Conseil Fédéral du 16 juin 1913, p. 238.
31. *Idem.*
32. BGL anc. Archives de la loge la Philosophie Sociale.
33. BGL, Grande Loge de France, *Compte rendu aux Ateliers...*, Compte rendu du convent 1934.
34. Le 21 octobre 1921 à Genève, les délégués sont mandatés pour : premièrement, obtenir des obédiences représentées que l'admission des femmes ne soit pas une cause de rupture entre les puissances maçonniques du monde, chacune d'elles pouvant agir à sa guise, admettre ou ne pas admettre

les femmes ; deuxièmement, en cas de négative, consulter les délégués pour savoir d'eux quelle serait l'attitude de leur obédience vis-à-vis d'une GLDF ou d'un GODF qui admettrait la femme est son sein.
35. BGL anc. Rapport sur les loges d'adoption.
36. *Bulletin mensuel de la Franc-Maçonnerie Mixte*, 7e année, n° 9, décembre 1901, p. 288.
37. *Bulletin international*, 7e année, n° 9, décembre 1901, p. 290-291.
38. *Bulletin international*, 19e année, n° 4, mai 1913, p. 232-233.
39. Chaque atelier doit se faire représenter à cette réunion par un député par tranche de cinquante membres.
40. Le Droit Humain, comptes rendus des convents de toutes ces années.
41. Composent l'obédience, les loges Liberté, Harmonie, Science et Vérité, Sagesse, Raspail l'Ami du Peuple, Concordia, d'après Rémi Boyau, p. 334.
42. Boyau Rémi, *Histoire de la Fédération française...*, *op. cit.*, p. 387.
43. *Idem*, p. 388.
44. *Ibid.*, p. 393.
45. Charpentier de Coysevox Noëlle, *La Franc-Maçonnerie mixte et le Droit Humain*, Éditions maçonniques, Paris, 1998, 127 p. Dans ce petit ouvrage in 16° de 127 pages, le mot apparaît plusieurs fois, p. 102, 103, 110 en plus du paragraphe.
46. Compte rendu des Travaux du Grand Orient de France, janvier 1914-décembre 1914, circulaire n° 7 du 27 avril 1914, règlement des loges d'adoption, p. 3-8.
47. BGL anc., Loge F.V. Raspail l'Ami du Peuple, 17 avril 1919, lettre-circulaire de Marguerite Martin.
48. *Idem*.
49. *Compte rendu aux Ateliers... des Travaux du Grand Orient de France*, convent de 1920, p. 169-194.
50. *Idem*, p. 219.
51. *Ibid.*, p. 134.
52. *Ibid.*, p. 138.
53. *Ibid.*, p. 137.
54. Duby Georges, Perrot Michèle, *Histoire des femmes*, *op. cit.*, t. 5, p. 438.
55. En 1906 : 1 million d'ouvrières d'usine et 7 694 000 femmes qui travaillent. En 1921 : 1 220 000 ouvrières d'usine ; en 1926, 1 470 000 ouvrières d'usine. Paysannes, commerçantes et travailleuses à domicile représentent 46 % des femmes qui travaillent. Elles ne sont généralement pas prises en compte dans les statistiques. En 1920, la moitié des salariées sont mariées ; 55 % en 1936.
56. Cette disposition provoque une poussée du syndicalisme. En revanche, la participation des femmes à la vie publique demeure très faible.
57. BGL anc., Liste des questions à l'étude des loges.
58. *La Chaîne d'Union*, n° 6, mars, 4e année, 1937-1938.
59. Huc Arthur, *Hommes et doctrines*, éd. Grasset, Paris, 1935, p. 62-63.
60. *L'Acacia*, n° 6, janvier 1924, p. 511.
61. *Idem*, p. 514.
62. *Ibid.*, p. 514.

63. *L'Acacia*, n° 95, janvier 1933, p. 253-258.
64. *L'Acacia*, n° 67, mars 1930, p. 402-407.
65. *Le Symbolisme*, 1937, Albert Lantoine, « Les loges d'adoption », p. 89-97 ; p. 89-90.

LES FEMMES EN MARGE

Les femmes possèdent une obédience mixte, et à la sortie de la Seconde Guerre mondiale, une obédience féminine. Est-ce à dire que leur liberté de choix quant à un lieu d'initiation ira en grandissant au cours des années 1970 ?

Ce n'est qu'au milieu des années 60 qu'elles commencent à mener des actions pour leurs droits propres et l'amélioration de leurs conditions de vie : droit au travail, égalité des salaires, protection de leur corps, de leur santé et de leur vie, grâce à la contraception et à la dépénalisation de l'avortement.

Auront-elles le soutien de leurs frères dans ses revendications qui demanderont bien des années avant d'aboutir ?

Citoyennes... mais toujours sous tutelle

Le 21 avril 1944, le droit de vote est accordé aux femmes, ainsi que le droit à l'éligibilité à tous les niveaux des institutions politiques. Les termes de cette ordonnance du Gouvernement provisoire, adoptée après un vote de l'Assemblée consultative d'Alger, sont répétés solennellement le 25 août de la même année. Face au nombre de droits acquis par les femmes dans le reste du monde et à leur héroïsme dans la guerre et la Résistance, la position des adversaires se révèle intenable. De plus, joue, chez beaucoup d'hommes, l'idée que les femmes étant d'esprit conservateur elles apporteront une tendance modératrice dans les consultations électorales. De la part des gaullistes, le fait d'accorder le droit de vote aux femmes n'est pas exempt d'arrière-pensées. Une réflexion de Georges Bidault montre que la décision ne relève pas d'un désir effréné de donner dans la modernité. Il aurait dit : « Avec les femmes, les évêques et le Saint-Esprit, nous aurons cent députés [1]. » Le contexte ayant changé, en 1945, le vote féminin n'est plus perçu comme une menace pour les institutions républicaines mais comme un rempart à un possible déferlement communiste. En effet, lors de ces premiers votes, les femmes privilégient les forces conservatrices modérées.

Le 29 avril 1945, les femmes participent aux élections municipales, le 21 octobre 1945 au scrutin pour désigner les membres de l'Assemblée constituante. Sur les listes des candidats, pour les élections à la proportionnelle, figurent des femmes. C'est le Parti communiste qui les met en meilleure place. Sur les listes des modérés, elles sont moins avantagées. Au terme de ces consultations, trente-neuf femmes siègent à la Chambre des députés. Trois femmes sont nommées ministres. En 1946, l'égalité des sexes est inscrite dans la Constitution française.

Des droits fondamentaux sont acquis, sans analyse globale et réactualisée de la condition des femmes, sans plan défini, sans aucune transformation des modèles traditionnels et des comportements du couple. L'inégalité des salaires persiste ; dans la justice, les postes à responsabilité leur restent fermés ; dans la Fonction publique, tous les emplois leur sont ouverts, en théorie, mais dans la pratique, le système des dérogations joue totalement ; dans la vie privée, les régimes matrimoniaux, le divorce et autres mesures qui règlent chaque acte (ou plutôt non-acte) des femmes entravent leur liberté d'action et surtout mettent dans la gestion de leur vie quotidienne mille obstacles qui leur compliquent les démarches (argent, comptes en banque, autorisations diverses) et introduisent de l'insécurité (gestion de leurs biens et choix du logement par l'époux) dans leur existence. Des droits nouveaux coexistent avec les lois natalistes de 1920 et 1923, toujours en vigueur, et que viennent renforcer d'autres mesures : allocations familiales, primes, quotient familial, décret du 24 décembre 1945 qui transforme le ministère de la Santé en ministère de la Population ; exhortation publique du chef de l'État à faire des enfants.

La soudaineté de la mesure prend beaucoup d'hommes par surprise et les atteint dans leur conscience masculine : à la perte d'un monopole s'ajoute la prise de conscience qu'ils sont dépassés par le nombre. Les femmes représentent plus de 50 % du corps électoral et se trouvent en position d'arbitre. Les femmes sont également surprises. La décision du pouvoir sape les anciennes organisations féministes fondées sur la revendication du droit de suffrage et d'éligibilité. Elles ne parviendront pas à se reconstituer sur de nouveaux objectifs et avec un discours cohérent. Comme en 1918, elles sont renvoyées à leurs foyers. Elles ne protestent pas. Leur participation active à la guerre est occultée. Elles ne s'offusquent pas. Que penser de cette génération de femmes, de tout le siècle la plus silencieuse, la plus prolifique, la moins active, la moins engagée sur le plan politique comme sur le plan social ? Prises entre publicité pour articles ménagers, souci du qu'en-dira-t-on et formalisme, ces femmes se taisent.

Sans choix, pas de liberté

La liberté pour récompense...

À la fin de la Seconde Guerre mondiale, les francs-maçons de la Grande Loge de France se retrouvent, comme tous ceux des autres obédiences, pour se réorganiser. Au siège, rue Puteaux, les sœurs viennent exprimer leur désir de reprendre leurs activités au sein des loges d'adoption. Il leur est répondu qu'elles doivent attendre la restructuration de la Grande Loge de France et les nouvelles dispositions qui seraient prises pour leurs ateliers. Elles comprennent que leur devenir maçonnique dépend d'elles.

Les trois sœurs du Secrétariat général des loges d'adoption font appel à d'autres et forment un Comité de reconstruction. Comme les autres obédiences, elles procèdent à la vérification des activités et des options politiques de chacune pendant le conflit. Au cours de ses réunions successives, le Comité de reconstruction décide :
• la rédaction d'une nouvelle Constitution ;
• une date butoir fixée au 31 décembre 1945 pour reformer les ateliers ;
• la constitution d'une Commission de liaison pour travailler avec leurs frères à l'examen des moyens matériels.

Au moment où la Grande Loge de France, elle-même réorganisée, tient son premier convent d'après-guerre, le 17 septembre 1945, les loges d'adoption sont reconstituées.

Le Grand Maître, Michel Dumesnil de Gramont, qui obtint par ordonnance du 15 décembre 1943 l'abrogation de la loi du 13 août 1940 interdisant la franc-maçonnerie, met la question des loges d'adoption à l'ordre du jour. Le propos du Grand Maître est clair. Les sœurs ont contribué à l'action et à la prospérité de la Grande Loge de France ; elles ont promis de poursuivre leurs activités dans le respect des principes de la franc-maçonnerie de rite écossais ; dans la société civile, elles ont acquis leurs titres de citoyennes et prouvé leurs capacités. La franc-maçonnerie ne peut conserver une organisation telle que les loges d'adoption, certes historique, mais qui était le reflet de l'incapacité juridique et politique des femmes. La Grande Loge de France propose d'apporter son concours matériel et moral pour aider les loges d'adoption à organiser la première franc-maçonnerie féminine de France. La Constitution des loges d'adoption de 1906 et les Règlements généraux sont abrogés.

Les femmes franchissent une à une les étapes de la mise en place de leur institution. Dès le mois suivant, le 21 octobre 1945, elles tiennent leur première assemblée générale. Elles élisent leur Bureau et prennent les décisions indispensables :
• élections des officiers des loges et des délégués auprès du Conseil supérieur avant la fin du mois de janvier ;

- choix des jours des tenues ;
- montant des cotisations ;
- les frères et les sœurs visiteurs sont reçus seulement en tenue blanche fermée.

Elles travaillent vite. Le premier congrès des loges a lieu le 31 janvier 1946. La première Grande Maîtresse ainsi que les membres du Conseil supérieur de l'obédience (qui s'appellera plus tard Conseil Fédéral) sont élus. L'Union Maçonnique Féminine de France (UMFF) adopte le système de deux tenues de Grande Loge par an, en janvier et en juin, et d'un convent annuel en septembre. Leur première Constitution d'obédience féminine autonome est votée.

Les sœurs disposent de bien peu de moyens. Le nombre des femmes qui se retrouvent après la guerre représente environ le tiers des effectifs de 1939. En moyens matériels ensuite. La Grande Loge de France met à la disposition de l'UMFF un local situé 63, rue Froidevaux dans le XVe arrondissement de Paris et en assure le loyer pendant cinq ans. De plus, elle verse une somme de 20 000 F pour aider l'obédience à s'installer. En 1947, l'Union Maçonnique Féminine de France est momentanément hébergée rue Ramey. Cependant, comme les femmes sont vite à l'étroit, elles déménagent une fois encore pour s'installer, en 1950, rue de la Condamine où l'obédience vient d'acquérir des murs et de créer un temple. Elles terminent leurs pérégrinations rue de Charonne lorsque l'obédience peut acheter des locaux adaptés à ses besoins.

Le Congrès des loges de 1947 se penche sur les questions de symbolisme, les références bibliques des rituels, sur la valeur respective des acclamations « liberté, égalité, fraternité » et « sagesse, force, beauté ». Le convent du 22 septembre 1952 entérine le changement de nom de l'obédience. Le titre d'Union Maçonnique Féminine de France imposé par la Grande Loge de France en 1945 est remplacé par celui de Grande Loge Féminine de France. Les nombreuses études consacrées au symbolisme et aux rituels aboutissent, en 1953, à la décision d'adopter, pour les tenues, le port d'une robe noire, longue et uniforme, garnie, outre les décors maçonniques, du bijou propre à chaque atelier. Enfin, le convent de 1957 vote le principe de la révision du rituel. Malgré la précaution de langage, le projet suscite remous et démissions de la part de sœurs hostiles à tout changement. L'agitation est grande, mais la révision a lieu. Le convent de 1958 vote l'adoption des nouveaux rituels. En effet, il s'agit bien non d'une révision, mais d'un changement de rite. La Grande Loge Féminine de France abandonne le Rite d'Adoption pour utiliser le Rite Écossais Ancien Accepté. Cette décision provoque la démission d'une dizaine de femmes qui créent, à Clichy, la loge Cosmos afin de continuer à travailler au Rite d'Adoption. Placé en dehors de toute obédience, Cosmos constitue un atelier indépendant. Il travaillera ainsi pendant dix-huit ans jusqu'au moment où il demandera son intégration à la Grande Loge Féminine de France, ce qui lui sera accordé le 5 janvier 1977. Aujourd'hui, Cosmos, fier de sa particularité, perpétue, au sein de la Grande Loge Féminine de France, la tradition des loges d'adoption du début du siècle. Outre cette réaction, le changement de rituel suscite le mécontentement des frères. Ils accusent les femmes d'usurper le Rite Écossais Ancien Accepté.

En 1973, l'obédience féminine obtient du Grand Orient de France la patente du Rite Français pour permettre aux ateliers qui le désirent de travailler à ce rite. En 1977, elle féminise ses titres : les franches-maçonnes portent le nom d'officières, de grande maîtresse et de députées.

Pourvue de loges d'apprenties, de compagnonnes et de maîtresses, la Grande Loge Féminine de France ambitionne de continuer à gravir les trente-trois degrés de l'échelle symbolique du Rite Écossais Ancien Accepté. Gisèle Faivre exprime le souhait que les rites des ateliers supérieurs leur soient transmis par des femmes [2]. Des contacts sont pris avec the Order of Women Freemasons mais ces sœurs anglaises se sont arrêtées au 18e degré de la chaîne symbolique du REAA qui en compte trente-trois. Gisèle Faivre fait appel à une obédience anglaise, the Order of Ancient Free et Accepted Masonry. Cette obédience, créée en 1925 par Aimée Bothwell-Gosse et Marjory C. Debenham, est une scission du Droit Humain britannique provoquée par le refus des choix d'Annie Wood-Besant et de la main mise de la Théosophie sur le Droit Humain. L'entreprise de transmission des grades supérieurs à sept sœurs françaises [3] demande beaucoup d'allers et retours entre Londres et Paris, bien des efforts sur le plan linguistique (en Angleterre, les rituels sont mémorisés et exécutés sans l'aide du texte) et plusieurs années de travail. Entre la cérémonie de transmission du 18e grade, le 10 mai 1964, et l'installation du Suprême Conseil Féminin de France (SCFF), il s'écoule six ans. Le Suprême Conseil du Royaume-Uni et du Commonwealth installe le Suprême Conseil Féminin de France et son premier Très Puissant Souverain Grand Commandeur, Gisèle Faivre, le 19 avril 1970, à Londres [4]. Le SCFF entretient des relations avec les autres suprêmes conseils : Suprême Conseil de France, Grand Collège des Rites, Suprême Conseil Universel Mixte. Il réunit aujourd'hui trente-six loges de perfection, douze chapitres, quatre aréopages, un souverain tribunal et un consistoire. La Grande Loge Féminine de France, forte de ses loges en province, va essaimer à l'étranger : Suisse, Belgique, Italie, Espagne, Portugal, Allemagne, Antilles, Afrique, Canada, Venezuela, etc.

À la sortie de la Seconde Guerre mondiale, les Françaises créent la première obédience féminine au monde. Issue des loges d'adoption du début du siècle et de la Grande Loge Symbolique Écossaise n° 2, il ne faut que quelques années à la Grande Loge Féminine de France pour renouer avec son rite d'origine, ses racines et pour se définir une identité.

... Mais un choix plus que restreint

Après la Seconde Guerre mondiale et jusqu'au début des années 1970, les femmes désireuses d'être initiées peuvent s'adresser soit à la Grande Loge Féminine de France soit à l'obédience mixte le Droit Humain. Ouvertes l'une et l'autre aux visiteurs et aux visiteuses des autres obédiences, au Rite Écossais Ancien Accepté, pourvues d'un Suprême Conseil et de hauts grades, composées de personnes des classes moyennes et moyennes supérieures, ces deux obédiences diffèrent par le fait d'être mixte ou strictement féminine. Si chaque loge possède son caractère propre, souvent en lien avec les personnalités présentes, sa manière de travailler, ses sujets de prédilection, et jouit d'une certaine liberté, il n'empêche que leurs actions, dès lors qu'elles sortent de la routine, et les orientations générales de l'obédience relèvent de ses dirigeants. Faut-il, en loge, aborder les questions politiques ? Est-il nécessaire de prendre position publiquement ou par l'intermédiaire des médias sur des questions intéressant la vie de la Cité ? Ces choix appartiennent aux Grands Maîtres et à leurs conseils. Selon le rituel – déiste, gnostique, hermétiste, chrétien, etc. – selon la présence ou non d'un Suprême Conseil et de hauts grades (même séparés théoriquement des grades bleus, leur influence reste considérable), la matière maçonnique diffère et la réflexion, les choix philosophiques des francs-maçons s'en trouvent imprégnés ou modifiés. Cet ensemble indissociable qui établit la vie quotidienne des loges ainsi que les options majoritaires de leurs adhérents donnent une couleur à chaque obédience.

Les tournants pris par l'obédience mixte et internationale le Droit Humain amènent à leur suite des difficultés. Le courant mystique et théosophique, soutenu par une minorité active, le repli choisi par le Droit Humain ne conviennent pas à tous les francs-maçons. Le choix entre deux invocations, l'une au Grand Architecte de l'Univers et l'autre à la Gloire de l'Humanité, censé préserver la liberté de conscience, ouvre en fait la porte à toutes les entreprises de prosélytisme. Un malaise s'installe. À cette question fondamentale qui touche à la liberté de chacun s'ajoute celle de l'orientation générale de l'obédience. Dans l'entre-deux-guerres, les obédiences abandonnent progressivement l'action politique telle que l'avaient vécue les francs-maçons du début de la IIIe République. Au Droit Humain, les ateliers qui étudient en priorité les questions sociales font l'objet d'inspections systématiques de la part des autorités maçonniques. L'organisation pyramidale d'un pouvoir à la fois national et international avec ses deux niveaux de Suprêmes Conseils font que bien des frères et des sœurs ne se sentent plus libres dans leur loge et dans leur obédience. Au début des années 1930, le nombre des démissions et des radiations, 67 radiations et 79 démissions pour la seule année 1931 pour un nombre total de 70 loges, inquiétait déjà les dirigeants.

Le malaise donne lieu à une scission. Les protestataires évoquent les mêmes causes qu'en 1913 : ils rejettent la stagnation intellectuelle et le recul sur le principe de la liberté de conscience. En 1973, les trois loges qui se séparent (Lucie Delong, Marie Bonnevial et le Devoir) fondent la Grande Loge Mixte Universelle (GLMU) qui affirme d'emblée sa volonté de s'ouvrir au monde. La nouvelle obédience conserve le Rite Écossais Ancien Accepté mais proclame, dans sa Constitution, la liberté de conscience. Colloques, communiqués de presse et interviews livrent à la réflexion de tous les résultats des travaux effectués en atelier. La Grande Loge Mixte Universelle se penche sur les questions du partage du travail, de l'exclusion, de l'échec scolaire, du nucléaire, du pouvoir de la presse, de la faim dans le monde, du Code de la nationalité, du Sida, du système pénitentiaire, etc. L'obédience adhère à différentes œuvres laïques et à des associations humanitaires telles que Enfance sans frontières, la Ligue internationale contre le racisme et l'antisémitisme (LICRA), Solidarité laïque. Cette obédience laïque de quatre cents membres revendique la tradition de l'engagement de la franc-maçonnerie française.

La Grande Loge Mixte Universelle connaît à son tour une scission. En 1982, quelques loges quittent la GLMU et fondent la Grande Loge Mixte de France. Cette nouvelle obédience reprend à son compte, dans un premier temps et telle quelle, l'actuelle Constitution du Grand Orient de France. Dans *Les Filles du pasteur Anderson*[5], l'auteur fait remarquer que la Grande Loge Mixte de France se fonde au moment où, au Grand Orient de France, des loges favorables à l'initiation et à l'entrée des femmes dans leur obédience s'activent le plus. Certains francs-maçons du GODF, pourtant favorables à la mixité, trouvent le moment inopportun pour tenter de faire adopter l'entrée des femmes dans leur obédience. Aider à créer la Grande Loge

Mixte de France présenterait l'avantage de faire la part du feu et de reporter à plus tard la réalisation de la mixité au Grand Orient de France. Toujours la même antienne. La Grande Loge Mixte de France apparaît en effet, à ses débuts tout au moins, comme la petite sœur du Grand Orient de France.

Le convent de la GLMF de 1988 décide de modifier la Constitution. L'obédience adopte une formule pluraliste, identique à celle que s'était donnée la Grande Loge Symbolique Écossaise n° 2 le 15 juin 1901 et qui prévoit que les ateliers soit, selon leur choix, mixtes, masculins ou féminins. Par-delà les années, la Grande Loge Mixte de France noue ainsi le lien de l'Histoire avec les pionnières. Cependant, pour l'heure, il ne semble pas que l'obédience compte d'ateliers masculins ou féminins. Est-ce la preuve que, pour les obédiences modernes, la mixité constitue la seule formule acceptée par les adhérents ?

Le Rite de Memphis Misraïm, également devenu mixte, a pris le nom de Grande Loge Symbolique Mixte de France.

Le malaise que vit le Droit Humain ne s'apaise pas après la scission de 1973. Des démissions importantes ont lieu également dans les années 1980 car des pressions s'exercent auprès des ateliers qui utilisent l'invocation à la Gloire de l'Humanité pour qu'ils l'abandonnent au profit de l'invocation déiste. Depuis trois ans, de 1996 à 1999, l'obédience enregistre six cents démissions par an. Les dirigeants s'inquiètent de difficultés internes survenues à propos des relations des loges symboliques et des hauts grades. Mais est-ce la seule raison ?

La Femme doit entrer dans la franc-maçonnerie parce que la franc-maçonnerie est une famille qui serait incomplète sans l'épouse et les enfants. « La Franc-Maçonnerie mixte [...] constitue la famille agrandie, car le mari et la femme, le fils et la fille, le frère et la sœur viennent y travailler en commun à la révolution sociale », répétait sans cesse Georges Martin [6]. Cette démarche, transformée en système, modifie la notion de mixité – mixité n'est pas synonyme de couple – et contribue à enfermer l'obédience dans une image figée depuis longtemps par les francs-maçons eux-mêmes : le Droit Humain est la franc-maçonnerie du couple. Jacqueline Nebout remarque à ce propos : « La présence des couples en loge constitue bien souvent un fléau. Ils ont tendance à reproduire les rapports de force qui régissent leur vie profane : l'un surveille l'autre, et dans la hiérarchie des postes c'est souvent le mari qui occupe le poste le plus important [7]. » L'obédience s'est-elle interrogée sur les changements intervenus dans la société civile et surtout dans le couple et la famille depuis trente ans ?

Les femmes attirées par la franc-maçonnerie bénéficient actuellement d'un choix plus que limité. Celles qui veulent rester entre femmes se dirigent vers la Grande Loge Féminine de France qui réunit aujourd'hui entre 10 000 et 11 000 adhérentes. L'obédience possédant des loges dans toutes les villes de quelque importance, sa progression se poursuit mais plus lentement qu'à une certaine époque. Elle a atteint sa vitesse de croisière. Les femmes peuvent se diriger aussi vers l'une des quatre obédiences mixtes [8]. Ce sont de petites unités. Leur multiplication présente l'inconvénient de disperser un nombre restreint d'adhérents dû à leur création récente. De plus, le Droit Humain, avec sa position confuse et plus qu'ambiguë sur la laïcité, son organisation pyramidale et son malaise endémique, son refus d'aborder des questions politiques, ses statuts internationaux qui lui imposent une totale neutralité, ne répond pas au vœu des femmes dynamiques, laïques, qui vivent en individus autonomes détachés des schémas sociaux traditionnels liés au couple et qui opèrent une séparation nette entre profession, engagement et vie privée.

Malgré ce qu'en disent les francs-maçons hostiles à la mixité, qui trouvent dans la multiplication des obédiences mixtes une excellente raison de soutenir que les femmes disposent d'une gamme étendue, elles ne peuvent pas appartenir à une grande obédience mixte, active et laïque ce que souhaiteraient beaucoup d'entre elles. Pour les femmes, sans choix possible, aujourd'hui encore la liberté n'existe pas.

Les francs-maçons et l'émancipation des femmes

Un engagement parcimonieux

Après la Seconde Guerre mondiale, de grands chantiers attendent les Français : nationalisations, économie distributive, plans d'équipements, traité de Rome, Europe. Jusqu'en 1950 environ, les loges masculines se penchent sur les droits des enfants, la jeunesse et la morale, l'école laïque, l'éducation et les devoirs civiques, la santé, les conflits de génération, l'enfance inadaptée, l'information, l'éducation permanente, mais le contexte de la guerre froide qui commence oriente leurs travaux vers des questions intéressant la paix, la bombe atomique, les équilibres internationaux, le partage des matières premières, l'ONU, les monnaies.

En vingt ans environ, de la fin de la guerre à 1968, la Grande Loge de France met à l'étude des loges, en 1950, la morale sexuelle ; morale traditionnelle et démographie en 1959 ; contraception et liberté en 1962. Les convents du Grand Orient de France s'intéressent en 1947 à l'éducation civique des femmes ; en 1965 à la libération du couple et au planning familial. Dans le cadre de colloques ou de journées d'études, une petite place est faite à la paysanne en 1963. Dans les Journées sur la jeunesse (1958), dans les études sur le jeu et le travail (1953), sur la violence (1962), sur la société des loisirs (1966), sur l'avenir de la médecine (1967), pas un mot qui ne concerne les femmes. Dans un article intitulé « 1968 : l'année mondiale des Droits de l'Homme », rien non plus sur les femmes [9]. Silence également sur le viol, les régimes matrimoniaux, les programmes scolaires et l'orientation discriminante à l'égard des filles ou l'image de la femme-objet. Mutisme sur l'action des organisations dites familiales, de l'Union nationale des associations familiales (UNAF) et de l'Union féminine civique et sociale (UFCS) qui s'opposent à la création de crèches pour empêcher les femmes de travailler.

La presse maçonnique se révèle quasiment muette sur tous les droits des femmes qu'il reste à conquérir. Seul le *Bulletin du*

Centre de documentation du GODF, qui prend le nom d'*Humanisme* en 1966, consacre quelques pages à la question du contrôle des naissances : 2 articles en onze ans, de 1957 à 1968, une page sur le colloque de Royaumont des 4-5-6 mai 1963 consacré à la planification familiale, et un compte rendu d'ouvrage, *La Pilule, échec au roi*, dû au docteur Raymond Baud. « La prévention de l'avortement par le contrôle des naissances [10] » dénonce le décret-loi du 29 juillet 1939 qui n'autorise que l'avortement thérapeutique. L'article intitulé « Le contrôle des naissances [11] » met en évidence le poids et l'extraordinaire influence des groupes de pression puissants, bien organisés et très efficaces de l'Église catholique qui œuvrent pour interdire toute contraception et qui parviennent à obtenir que des maladies telles que la rubéole, aux conséquences désastreuses pour les mères et les enfants, ne soient pas considérées comme dangereuses. Dans son ouvrage intitulé *La Pilule, échec au roi*, le docteur Raymond Baud présente une enquête menée auprès des francs-maçons du Grand Orient de France, de la Grande Loge de France et du Droit Humain. « Nous constatons que, dans ce domaine, les Maçons des obédiences spécifiquement masculines réagissent en hommes : loin de se comporter en rationalistes ou d'incarner le progrès, ils ont longtemps épousé les préjugés de leur environnement social [12]. » Le Droit Humain, en revanche, a traité de la planification familiale dès 1951, bien avant les obédiences masculines. Les autres revues maçonniques ne publient rien ni sur le contrôle des naissances ni sur les droits que les femmes doivent encore obtenir.

Dès 1951 le Droit Humain a mis en effet la question de la contraception à l'ordre du jour de ses travaux. La Grande Loge Féminine de France se penche sur les droits des femmes. En 1957, cette obédience demande l'abrogation de tous les textes législatifs ou réglementaires qui contrarient le contrôle des naissances, le droit à l'avortement, la révision du Code civil, la création de centres de conseil et de prophylaxie.

Les mouvements féministes vidés de leur substance par l'octroi du droit de vote aux femmes ne parviennent pas à se réorganiser. Dans la société, la grande majorité des femmes se montre passive. Cependant, dès la fin du conflit de 1939-1945, le courant néomalthusien, qui a perdu la bataille de la libre maternité consciente et heureuse contre les gouvernements conservateurs de l'entre-deux-guerres, s'exprime à nouveau. C'est grâce à ces petits groupes opiniâtres qu'Eugène Humbert réussit à maintenir tant bien que mal, en dépit des condamnations pour infraction aux lois anticonceptionnelles, que les Françaises et les Français vont connaître une grande avancée sur le plan du mieux-être dans leur vie sexuelle. Le journal *La Grande Réforme* reparaît de 1945 à 1949. L'impulsion vient de deux médecins : Jean Dalsace et Marie-Andrée Lagroua Weill-Hallé. Après plusieurs communications remarquées et la publication d'articles, Marie-Andrée Lagroua Weill-Hallé fonde l'association la Maternité Heureuse en 1956. Le journal *Libération* lance une enquête ; Jacques Derogy publie *Des enfants malgré nous* ; des médecins distribuent des moyens de contraception toujours interdits par la législation.

Un mouvement est lancé en lien avec l'Union rationaliste présidée par Paul Langevin, le syndicat des instituteurs et des institutrices, les associations protestantes, des ligues néomalthusiennes étrangères. Ni la SFIO ni le Parti communiste n'y participent, ce dernier optant contre la contraception. Seul le Mouvement démocratique féminin, créé en 1950 en réaction contre l'OAS, et son mensuel *Femmes du XXe siècle* poussent le candidat François Mitterrand à se prononcer pour la légalisation des méthodes contraceptives au cours de la campagne pour les élections présidentielles de 1965. Des francs-maçons, Yvonne Dornès, Pierre Simon, Anne-Marie Dourlin-Rollier ainsi que des hommes et des femmes qui appartiennent à la gauche laïque et intellectuelle participent de façon très active à l'association la Maternité Heureuse. Les premiers centres d'accueil des femmes appelés ensuite Centres de Planning familial s'ouvrent. Dans les soixante-dix centres qui existent, environ, ils distribuent des moyens de contraception et la pilule contraceptive disponible depuis 1961.

La Grande Loge Féminine de France et le Droit Humain apportent leur soutien, sans ambiguïté, au mouvement du Planning familial. L'obédience féminine recommande à ses membres de participer à l'ouverture de centres. Pierre Simon, qui sera Grand Maître de la Grande Loge de France, joue un grand rôle sur la question du contrôle des naissances. Il milite depuis longtemps en faveur de la contraception, prend contact avec des parlementaires. Il demande à tous les francs-maçons de les rejoindre, de soutenir le mouvement, de créer des centres et d'entrer dans leurs conseils d'administration. De très nombreux francs-maçons, hommes et femmes, s'engagent. Pierre Simon participera à l'élaboration du projet de loi Neuwirth. Les traditionalistes s'insurgent, le pape condamne, le Conseil de l'Ordre des médecins rappelle que le fait, pour un praticien, « de recevoir des clients qui lui seraient adressés par le Planning le rendrait passible de sanctions disciplinaires [13]. » Le texte vient à la discussion à la Chambre. Des parlementaires se révoltent devant ce pouvoir absolu concédé aux femmes « tandis que les hommes perdent la fierté de leur virilité triomphante [14]. » Le 28 décembre 1967, Lucien Neuwirth, député et franc-maçon du Grand Orient de France, parvient, après bien des difficultés, à faire voter le projet de loi qui autorise la vente de moyens de contraception. Cependant, toute propagande antinataliste, toute publicité commerciale pour les méthodes et les produits contraceptifs restent interdites. Les centres de planification et d'éducation familiale sont soumis à l'agrément ministériel. Pour les mineures, l'autorisation parentale est exigée. De plus, il faudra attendre cinq ans, c'est-à-dire 1972, pour que les décrets d'application soient promulgués.

À ce progrès s'ajoute la réforme des régimes matrimoniaux dans laquelle la franc-maçonnerie ne semble pas avoir de part. Durant la Seconde Guerre mondiale, comme pendant la Première, la mise sous tutelle des femmes mariées, quand les hommes sont au front, les place devant des difficultés insolubles puisqu'il faut l'autorisation de l'époux pour chaque acte de la vie quotidienne. Les législateurs s'étaient trouvés dans l'obligation de modifier les régimes matrimoniaux le 1er février 1943.

Par la loi du 13 juillet 1965, les époux peuvent désormais changer de régime matrimonial après deux ans de mariage, le régime de la communauté est limité aux acquêts et les épouses administrent seules les biens propres dont elles disposent. Les femmes mariées peuvent ouvrir un compte en banque et un compte de titres et exercer une profession sans que le mari s'y oppose.

Comment les francs-maçons conçoivent-ils la promotion des femmes dans la société et dans la franc-maçonnerie ? Un rapport élaboré en 1966 fait le point. La Femme vit une révolution qui touche le mode de vie et l'équilibre de tous, constate le rapporteur. L'instruction, l'électro-ménager, les professions envahies par les femmes « nous obligent à repenser les règles qui régissent les rapports des hommes et des femmes dans la société de demain [15]. » Attention ! surtout pas de déséquilibre, pas de « femme-dragon qui porte le pantalon », veillons à « ne pas trop verser dans le féminin où l'on s'est rangé des siècles durant [16]. » Le rapporteur remarque que les francs-maçons n'étudient pas les conditions de travail des femmes, ni la question des crèches ou des cantines, ni de la formation continue ou professionnelle, ni des loisirs. Les francs-maçons demandent la liberté pour les femmes mais « réclamer leur émancipation et l'égalité des droits avec l'homme, ce n'est pas réclamer la similitude absolue impossible et non souhaitable car [...] l'homme et la femme ont un comportement différent [17]. »

Que proposer aux femmes sur le plan maçonnique ? L'initiation dans et par une obédience masculine ? C'est prématuré. « Et d'ailleurs, le DH est là [18]. » Les visites ? Les qualités et les sentiments sont différents chez les uns et les autres, ainsi que les préoccupations et les manières de travailler, donc ce serait une catastrophe, insiste le rapporteur. « Ce qu'il faut éviter, c'est un changement brutal auquel les esprits ne sont pas préparés [...]. La F∴ M∴ n'est pas le forum. Elle doit progresser dans le calme et il semble bien que l'esprit maçonnique ait toujours préféré une évolution méthodique aux aléas d'une révolution [19]. » Les solutions préconisées consistent à permettre la visite des sœurs dans des circonstances limitées et particulières comme les fêtes solsticiales, l'étude en commun d'une ou deux questions de société, l'organisation de comités pour que frères et sœurs se rencontrent en dehors des loges. Il conclut toutefois que rien ne pourra se faire sans les femmes.

Peu de temps après, la vie intime des Françaises et des Français parade dans les rues et sur la place publique, dans le grand défoulement désorganisé du printemps 1968, dans le refus de tous les tabous qui enserrent les hommes aussi bien que les femmes, mais ces dernières bien davantage. Vies bornées, familles repliées, morale étriquée, censure, mentalités étroites, carcans sexuels, contraintes professionnelles et domestiques. Les exubérances en tous genres qui éclatent traduisent l'affirmation douloureuse de la nécessité de changer la société. Les jeunes et les étudiants y croient. Les femmes aussi qui déchantent très vite. Repoussées une fois de plus – qu'elles prennent la parole n'est pas jugé indispensable –, elles choisissent d'avoir leurs propres mots d'ordre : « Les femmes dans la rue, pas dans la cuisine. »
Le Grand Orient de France organise, le 11 mai 1968, un colloque sur « Le rôle de la femme dans la société moderne ». Éliane Brault, vice-présidente du Droit Humain, y développe le thème de « l'émancipation de la femme facteur de la libération de l'homme ». La Grande Loge Féminine de France proclame sa volonté de faire disparaître les tabous. Jacqueline Thome-Patenôtre, ancien ministre, relève qu'il y a loin entre le rôle des femmes dans la société et la place qui leur est reconnue. Le Grand Commandeur du Grand Collège des Rites s'appuie sur Anatole France. L'émancipation des femmes revient à les dépouiller de leur charme et de leur mystère. Il souligne les liens affectueux noués par le Grand Orient de France avec le Droit Humain et la Grande Loge Féminine de France. Il insiste sur le fait que les francs-maçons s'intéressent aux femmes, mais sans elles. « La présence corporelle de nos compagnes n'est d'ailleurs pas indispensable pour étudier, en toute objectivité et en toute sérénité, dans nos loges, les problèmes qui les préoccupent. Peut-être même une présence invisible est-elle souvent plus efficace qu'une présence réelle [20]. » Bref, ils veulent

continuer à décider sans elles et pour elles. La journée d'étude s'achève sur la lecture du communiqué du Grand Orient de France destiné aux contestataires. Pour les femmes, tout ce remue-ménage printanier ne suffit pas à changer l'ordre des choses.

Le repli

Les loges retrouvent le calme et le cours de leurs travaux. Elles réfléchissent à la situation des travailleurs immigrés, à la croissance, à la violence, à la distribution des ressources de la planète, à l'art et la culture de l'Homme en l'an 2000, à la construction de la Cité par la méthode maçonnique, aux liens entre démocratie et technique, à l'environnement. Toutes les obédiences bénéficient d'un temps d'émission à la radio sur France-Culture, le dimanche matin ; le Grand Orient de France agit en direction de l'extérieur grâce à la revue *Humanisme*, à des colloques et des journées d'études bi-annuelles. Cependant, toutes les obédiences, après la Seconde Guerre mondiale, poursuivent le mouvement amorcé dans l'entre-deux-guerres et se retirent de la scène politique.

Une fois de plus, la surprise vient de la rue et de femmes investies dans une nébuleuse de groupuscules et de publications que les médias, à défaut d'autre nom, vont appeler Mouvement de libération des femmes (MLF). Ces groupes s'orientent vers des actions spectaculaires, aussitôt qualifiées de ridicules : une cérémonie en l'honneur de la femme du soldat inconnu à l'Arc de triomphe le 28 août 1970, l'invasion des locaux de l'association Laissez-les vivre en 1971, une manifestation devant l'Élysée le jour de la fête des mères. Les femmes expriment l'ambition d'une prise de conscience collective de la situation d'oppression qu'elles vivent. Mais il faut qu'elles clament bien fort leur volonté d'imposer des changements radicaux dans les comportements, « qu'un homme sur deux est une femme », bref qu'elles s'entêtent à faire brûler le torchon pour que l'attention des pouvoirs publics et de l'opinion se portent enfin sur elles.

Dans la bataille pour l'avortement, elles vont utiliser le poids de la publicité et des médias. *Le Nouvel Observateur* publie, le 5 avril 1971, le Manifeste des 343. Il révèle le nom de femmes connues ayant avorté au moins une fois dans leur vie alors que l'acte est toujours passible des tribunaux. Il dénonce l'inégalité des situations devant l'avortement car les femmes qui ont de l'argent vont avorter en Angleterre, aux Pays-Bas ou en Suisse. Le Mouvement pour la liberté de l'avortement et de la contraception (MLAC) s'associe au Planning familial. Choisir, fondé en 1971 par Gisèle Halimi, est présidé par Michèle Chevalier et Jacques Monot. Au procès d'une mineure à Bobigny, en novembre 1972, des personnalités de poids, Jacques Monot et Paul Milliez, viennent témoigner. Ce procès retentissant démontre l'archaïsme de la législation existante.

En 1971, le Grand Orient de France organise une journée d'étude sur « Le rôle de la femme dans la société moderne » ; les 9 et 10 mars 1974, un colloque sur « contraception et avortement ». De 1969 à 1975, *Humanisme* publie 8 articles concernant les questions de sexualité et un article sur la nécessité de réviser la législation sur le divorce [21]. « Libération des femmes année zéro [22] » dénonce l'oppression économique et sexuelle subie par les femmes. Oppression économique en raison des charges domestiques non rémunérées car décrétées hors des modèles d'échange commerciaux et déqualifiées. Oppression sexuelle parce que ce sont les hommes qui décident pour les femmes, qui contrôlent leur sexualité par l'interdiction de la contraception et de l'avortement, par le choix par la négative – dépendance vis-à-vis de l'époux ou double journée – qui perpétuent les préjugés et les peurs. L'auteur met au même plan capitalisme et socialisme, l'un et l'autre ayant intérêt à maîtriser production et reproduction. « L'avortement thérapeutique, son aspect social, religieux et scientifique [23] » fait un constat de faillite : 800 000 avortements provoqués, 150 000 femmes infirmes, 25 000 à 30 000 décès par an. L'auteur s'en prend à l'Église catholique et au Conseil de l'Ordre des médecins. Le Code déontologique médical (décret du 28 novembre 1953) ne tolère l'avortement que si la vie de la mère est en danger ou en cas d'anomalies très graves. Même en cas de viol, l'avortement reste interdit. La justice peut prendre la responsabilité de l'autoriser, mais le Conseil de l'Ordre s'y oppose formellement. Anne-Marie Dourlen-Rollier, secrétaire générale de l'Association nationale pour l'étude de l'avortement créée en 1969 et co-auteur avec le docteur Pierre Simon du rapport sur le comportement sexuel des Français paru aux éditions Julliard, se montre très directe. La France étant un État laïc, l'ensemble de la population n'a pas à subir les directives de l'Église catholique. L'État doit donc légiférer pour tous en toute liberté. Ensuite, les croyants se détermineront pour eux-mêmes.

L'Association nationale pour l'étude de l'avortement rédige deux propositions de loi, l'une en 1969, l'autre en 1973. Le Parlement cède une fois de plus devant les groupes de pression catholiques et l'association Laissez-les vivre. Il refuse de discuter les textes. « Les députés bavardaient, bâillaient ou dormaient » à la séance de la Chambre du 14 décembre dernier. Ils reculent à l'idée d'affronter les tenants scrupuleux de l'observance religieuse appliquée à tous et à toutes, s'indigne Gisèle Halimi [24].

Où sont les Centres de planification familiale ? Combien en existe-t-il ? Que diffusent-ils et à qui ? Où en sont les campagnes pour la contraception ? Lors de la journée organisée par le Grand Orient de France les 9 et 10 mars 1974, aux côtés de Gisèle Halimi, mesdames Sorhaitz, vice-présidente de la Fédération française du Droit Humain, et Edwige Prudhomme, Grande Maîtresse de la Grande Loge Féminine de France. Elles dénoncent le fait que l'éducation sexuelle introduite à l'école par les instructions du 23 juillet 1973 reste à l'état de principe. Elles demandent l'abrogation des lois anticonceptionnelles de 1920 et 1923. La Grande Loge Féminine de France rappelle qu'elle exhorta ses loges à soutenir toutes les actions qui affirment le droit des femmes à décider par elles-mêmes pour elles-mêmes. Elle proclame « à la veille du débat parlementaire sur l'avortement, son opposition à tout projet portant atteinte au libre choix de la femme [25] ».

Si 75 % de la population est ralliée au projet de loi légalisant l'avortement, des difficultés n'en demeurent pas moins. Des divergences apparaissent dans les mouvements de revendication. Certains veulent lier la bataille de la contraception et de l'avortement. Les autres souhaitent dissocier les deux. Les francs-maçons se rangent dans ce dernier courant. « Les maçons, eux, tenaient à séparer la bataille de la contraception de celle de l'avortement. [...] Nous voulions faire du Planning un mouvement d'éducation permanente, alors que les maçons n'avaient pas cette volonté. [...] Ils ont par la suite constitué un frein [26]. » Si le mouvement des Centres de planification familiale, à ses débuts, fut soutenu par les frères, ils changent bientôt de politique. C'est une volte-face dès que se pose la question de la dépénalisation. Un grand nombre d'entre eux s'affirment hostiles à l'interruption volontaire de grossesse et prennent ouvertement position contre. Beaucoup sont médecins et soumis à leur Conseil de l'Ordre qui refuse toujours ce qui va dans le sens de l'amélioration de la santé et des conditions de vie des femmes. Bien des francs-maçons sont d'estimés notables de province où la discussion de tels sujets reste impensable. Ils veulent donner la décision aux médecins, ce qui revient à enterrer le projet.

Robert Boulin, ministre de la Santé publique et de la Sécurité sociale, membre de la Grande Loge de France, s'engage en faveur de la dépénalisation de l'avortement. Le projet de loi préparé par Simone Veil est voté le 28 novembre 1974 par 289 voix contre 189 à l'Assemblée nationale, par 182 voix contre 91 au Sénat le 16 décembre de la même année. Plus de vingt ans après le premier projet présenté à l'Assemblée nationale par Henri Caillavet, député, membre du Grand Orient de France et président de la fraternelle * des parlementaires [27]. Le texte est promulgué le 17 janvier 1975. Toutes les femmes enceintes de moins de dix semaines peuvent avorter, l'autorisation parentale étant obligatoire pour les mineures. Les médecins ont la possibilité de se récuser pour des questions de conscience et doivent remettre aux femmes un dossier énumérant les aides et les avantages sociaux offerts aux mères et à leurs enfants. Le 6 mai 1975, une loi nouvelle autorise le remboursement des moyens de contraception et donne le droit aux mineures de les utiliser sans avoir besoin de l'autorisation parentale.

La réforme du divorce marque également les années 1970. L'article de Jean Lachowski met en lumière la situation scandaleuse générée par des procédures qui mettent à mal la dignité des personnes, par le jeu hypocrite et malsain des vraies fausses dénonciations auquel doivent se soumettre les candidats à la séparation et, une fois de plus, la puissance des groupes de pression catholiques que n'osent affronter les parlementaires [28]. La loi autorisant le divorce par consentement mutuel est votée en juin 1975. Enfin, les dernières années du septennat de Valéry Giscard d'Estaing, outre l'instauration de la majorité à 18 ans, sont encore marquées par le vote de textes importants pour les femmes sur le plan professionnel. Ces textes concernent la Fonction publique : tous les grades et tous les concours leur sont ouverts ; pour les femmes mariées, l'âge limite pour le recrutement est repoussé à 45 ans afin de leur permettre de reprendre une activité professionnelle ; enfin, pour les mères célibataires, la loi du 7 juillet 1979 accorde des avantages particuliers et supprime toute limite d'âge pour se présenter aux concours.

Les francs-maçons prennent part aux débats et à l'action en faveur de la légalisation de la contraception et de la réforme du divorce. Néanmoins, lorsqu'il s'agit de l'avortement, plus d'un demi-siècle après Nelly Roussel, Madeleine Pelletier, Pierre Sicard de Plauzolles et quelques autres, leurs pensées et leur engagement paraissent timorés.

Permanences

Arrêt sur images

Au cours du XIXe siècle, la parole des francs-maçons sur les femmes se présente envahissante, foisonnante, conquérante. Leur regard s'arrête à leurs toilettes et à leur charme avec infiniment de délicatesse. Tous les comptes rendus des fêtes d'adoption puis des tenues blanches s'y attardent longuement. « L'illustre sœur de Livoys [...] s'avance, au son d'une musique imposante, avec la grâce et la majesté qui lui sont familiers [29]. » La Grande Maîtresse « arriva moins parée des riches ornemens (*sic*) qu'elle portait avec un goût exquis que de ses charmes naturels [30]. » Quant à la jeune initiée du jour, Charlotte Félicité Huet, quand le bandeau tombe, « Ah ! Combien elle était jolie ! Que d'attraits et que de fraîcheur [31]. » À la fin du siècle, les compliments se raréfient. Les hommes austères de la IIIe République, pris entre cols durs et favoris, pensent vraisemblablement qu'ils risqueraient une part de leur vertu dans un hommage.

La Femme, être physiologique, recueille moins de louanges. Dominée par une imagination débordante « que nous n'avons pas cherché à équilibrer, à maîtriser en rien [32] », être de cœur et d'amour, la Femme, prête à tous les excès, se trouve toujours à la frontière de la folie et de la déraison. « Si avec son cœur elle est susceptible de se tenir à la hauteur de toutes les vertus [...], avec son esprit et ses passions sans contrepoids, elle peut aussi se laisser aller jusqu'aux absurdités les plus grandes et jusqu'aux débordements les plus ignominieux [33]. » Qu'est-ce que la Femme sinon un être de fièvre et d'enthousiasme, aux organes fragiles ?

Physiquement débile, la Femme oblige à prendre garde à ses exubérances. Seul un cadre moral rigide et surtout immuable (il vaut mieux fixer les choses une fois pour toutes) se montre susceptible de parer à tout danger. La liberté féminine est limitée à une alternative : « Il lui faut avant tout être un ange ou un démon, et cela à tous les échelons de la société [34]. » En vertu de cet axiome universel, elle ne peut aller que d'un extrême à l'autre. Lorsqu'elle est en phase de déviation, « immédiatement ses qualités les plus brillantes se changent en autant de défauts et ses louables instincts en autant de mauvaises passions [35]. » L'écraser de devoirs et d'affections, les pauvres, les orphelins, les vieillards, les malades, l'empêcher de penser constituent les meilleurs garants de sa moralité. Certains frères se rendent bien compte que toutes les femmes ne répondent pas à ce modèle, mais il n'empêche que les carences demeurent. Qu'elles assistent aux tenues, elles y entendront « tout ce qu'on dit contre elles et cela leur fera le plus grand bien [36]. »

La morale proposée repose sur la pudeur complétée d'abnégation, de timidité, d'effacement, de résignation. « La femme doit avant tout pratiquer les vertus de son sexe : l'honneur, la sagesse, la chasteté, la pudeur, la modestie et la douceur [37]. » Destinée à une vie de dévouement, ce sacerdoce lui confère une splendeur enviable. Écrasée de devoirs, noyée de larmes, la Femme possède alors « un charme invincible qui ravit [38]. » De plus, elle doit souffrir : des francs-maçons laïques aux catholiques sociaux tel Marc Sangnier, tout le monde le clame. Lorsqu'elle répond à ce modèle, elle est promue au rang de divinité. Que se passe-t-il alors ? Les loges vont-elles l'accueillir ? Non pas. Elle est bien trop parfaite. L'atelier n'est pas digne d'elle en raison même de l'excès de ses qualités [39].

Capricieuses, imprévoyantes et imprévisibles, téméraires, que faire des femmes « lorsque le vertige de la folie vient à s'emparer de leur faible tête ? [40] ». Il faut les éduquer mais à la maison car l'éducation de la famille offre quotidiennement aux filles « l'exemple des vertus domestiques, la connaissance des intérêts journaliers de la maison [41]. » L'enseignement du cloître, en revanche, présente l'inconvénient de leur distiller une « collection de sciences décousues, d'habitudes anormales et de désirs excentriques [42]. » Le savoir sans but et sans utilité se révèle dangereux et comme la Femme est avant tout faite pour aimer et se dévouer aux autres, que lui faut-il apprendre ? La morale, la propreté et la religion. L'infériorité intellectuelle des femmes sert de prétexte à leur éloignement des loges. Les fêtes familiales sont trop rares regrette un orateur ; cela est dû à « l'infériorité intellectuelle qui pèse sur le sexe féminin comme une fatalité naturelle [43]. » Pendant que des frères évoquent le rôle de la franc-maçonnerie, d'autres remarquent que « la partie féminine de l'Assemblée manifeste son impatience pour le bal. C'est le sort auquel sont habitués à se résigner les orateurs parlant à des femmes que sollicitent d'une façon plus éloquente les attraits du bal [44]. » Frivole, légère et sans cervelle, telle est dépeinte la

Femme par l'expression courante, mais aussi par le discours scientifique. C'est l'époque où les médecins pèsent les cerveaux pour démontrer qu'à poids égal du corps, le cerveau masculin représente 2,16 % du poids total et le cerveau féminin 1,99 %. Il faut bien des preuves irréfutables de l'infériorité.

L'une des grandes affaires est la Famille et, à l'intérieur de cette Famille, l'homme détermine la Femme : fille par rapport à son père ; épouse par rapport à son mari. Aussi lui est-il imposé, malgré la loi, de porter son nom et ses enfants, légitimes de préférence. Née pour faire le bonheur de l'homme, la Femme a « pour mission de faire le charme et les délices de notre vie [45]. » De ce présupposé il ressort que la condition de la femme se trouve rivée au foyer, au mariage et à la famille. « Elle ne peut avoir de valeur réelle qu'au sein de la famille et du devoir [46]. » La franc-maçonnerie diffuse le modèle de la famille restreinte imposé par la bourgeoisie : le père, la mère, les enfants. Les propres parents du couple en sont exclus et la domesticité se trouve reléguée dans des combles sans eau et sans chauffage.

Le foyer constitue l'univers des femmes. « Dites donc, au contraire, à votre fille, ce que sont le monde et ses inutiles futilités, son bavardage et son esprit d'emprunt et ce que vaut, au contraire, la noble et sainte institution du mariage [47]. » S'occuper de l'homme, veiller à son confort domestique et le séduire par la poésie du pot-au-feu ; bonne à tout faire, infirmière à l'occasion, consolatrice, dame de compagnie et amie dans les vieux jours, sa mission ne s'arrête pas là.

Sa mission, sa place : « la maternité et toutes ses sublimes fonctions [48] » dans les liens sacrés du mariage. « Nous glorifions le mariage et réprouvons tous autres moyens. Ce ne sont pas les mères de famille qui réclament [49]. » Par là, les femmes servent de lien entre la cellule familiale et la société. L'œuvre du frère Beauchery (ou Bauchery), *La Femme ne doit pas travailler*, donne lieu à une grande diffusion dans les loges car elle recueille l'adhésion des francs-maçons. La Femme doit être épouse et mère. L'auteur vilipende Louis Blanc et la démocratie qui apprennent aux femmes à réclamer la place des hommes ; il reprend Pierre-Joseph Proudon, Sylvain Maréchal et la comtesse de Rémusat ou encore Alexandre Weil qui écrit en 1863 : « Le mari et l'enfant lui sont plus nécessaires que le boire et le manger [50]. » Et comme le sexe détermine les fonctions : « L'homme et la femme ont été créés égaux, mais chacun pour des devoirs différents [51]. » La grande particularité des femmes est que si leurs actions se développent dans la sphère publique, elle perd automatiquement toute valeur.

Puis des femmes, il est moins parlé. Qu'est-ce que la Femme ? se demandent encore toutefois les francs-maçons. « Une situation, des relations, une bonne pondeuse et la compagne des vieux jours, un animal favori qu'on caresse et qu'on brise » répond en vrac un frère d'un atelier écossais de Toulon en 1920 [52]. Le discours change. Au chapitre des capacités intellectuelles, les hommes commencent à penser que les femmes sont en bonne voie. « L'infériorité actuelle de la femme est momentanée et transitoire [53] », mais il convient de rester prudent car, « s'il faut en croire saint Jérôme, les femmes sont les instruments les plus propres à propager une secte ; leur légèreté fait qu'elles s'éprennent aisément de nouveautés ; leur ignorance les rend crédules ; leur babil fait qu'elles répandent les opinions dont elles sont imbues [54]. » L'heure des bons points n'est pas encore venue. Et sur le plan moral, tout ne s'arrange pas non plus. Selon Henri Thiriet, la franc-maçonnerie est une « élite constituée expressément pour une œuvre qui suppose avant tout, l'énergie, la puissance, le courage, la volonté, la ténacité et *l'esprit de suite* ; toutes vertus peu ou point compatibles avec la nature féminine [...] ; et on n'aperçoit pas ce que les femmes pourraient y faire, sinon amollir l'âme de leurs compagnons [55]. » En 1934, dans son rapport devant le convent à propos du réveil de la franc-maçonnerie d'adoption, le frère Grilliat y insiste : il n'est plus possible de soutenir que chez la Femme, « le sensuel déborde l'intellectuel », que les femmes sont moins intelligentes que les hommes [56]. Pourtant l'image pérenne de la Femme, être de sensibilité, fait preuve d'une excellente vitalité. « S'il est vrai qu'avec sa sensibilité instinctive la femme ne voit pas toujours juste, il arrive aussi à l'homme de s'égarer dans le labyrinthe de ses raisonnements. La logique masculine contrôle l'intuition de la femme, la sensibilité féminine adoucit et tempère la sécheresse du raisonnement masculin. Ce sont là constatations indiscutables [57]. » Après la Seconde Guerre mondiale, les francs-maçons se détournent de ce qu'ils ont adoré et brûlé. La Femme, être de chair, disparaît. La Femme, cœur sensible ou intelligence, n'éveille plus l'intérêt. Il reste l'être social, sa place et son rôle dans la société avec, en perspective, bien des efforts. « Il vous restera désormais à vous affranchir du mythe de votre infériorité » recommande Fred Zeller en 1972 [58]. Il reste aussi une grande théorie, largement partagée par les hommes comme par les femmes, celle de « la Femme-doit ». Selon une formule qui ne s'applique qu'à elle, la Femme doit être mère, elle doit être épouse, elle doit être professionnelle, elle doit être ménagère et elle doit, en plus, faire tout cela de bonne grâce. Décidément, il est toujours beaucoup demandé aux femmes.

Fidélités

Les envolées et les élans d'une inspiration lyrique se sont apaisés. Est-ce à dire que les passions s'estompent ? Les affrontements entre les francs-maçons partisans et adversaires de l'initiation des femmes perdurent.

Les débats ne s'enflamment plus à propos de l'initiabilité des femmes : elles ne sont plus considérées comme inaptes sauf pour quelques héritiers des écrivains symbolistes tel Oswald Wirth. Dans « Initiation féminine et initiation de métier [59] », René Guénon s'appuie sur l'absence de société initiatique destinée aux femmes en Occident et le manque de documents concernant le Moyen Âge pour conclure qu'il paraît difficile d'organiser une initiation féminine qui pallie ces carences. Comme, par ailleurs, il exclut l'initiation chevaleresque et de métier « parce que les métiers appartiennent exclusivement aux hommes et que la connexion entre l'initiation et le métier est indispensable [60] » tout autant qu'entre l'initiation et la chevalerie, il propose un symbolisme fondé sur le tissage, l'aiguille et la broderie. Un autre auteur trouve une explication à l'inexistence d'initiation mixte dans les sociétés traditionnelles dans le sexe, car tout est sexe. Pourquoi cette séparation entre les hommes et les femmes ? Parce que « le sujet à initier n'est pas un sujet abstrait, intemporel et immatériel [...]. Le sujet à initier est un être, un être existant, un être concret, fait de chair et de sang, en particulier un être sexué qui a une certaine polarité sexuelle : il est soit mâle soit femelle. Et la sexualité constitue notre nature ou contribue à la constituer [...]. À mesure que l'on monte dans l'échelle des êtres vivants, on a pu constater une certaine différence, ou différenciation sexuelle, une différenciation anatomique, physiologique, morphologique des sexes [...]. Cette différenciation sexuelle, en particulier chez les animaux supérieurs et encore plus chez l'homme, pénètre l'organisme tout entier. Il n'est pas une fonction, un organe, un tissu, une humeur qui ne reçoive l'empreinte sexuelle [61]. » Hormis chez ces auteurs et chez quelques francs-maçons, la question de l'initiabilité des femmes ne se pose plus, pas plus que celle de la régularité de la création du Droit Humain si longtemps avancée pour refuser relations interobédientielles et reconnaissance. Le degré auquel Maria Deraismes fut initiée et les conditions réelles de la création de la loge n° 1, que tout le monde ignore jusqu'à preuve du contraire, ne représentent rien d'essentiel au regard de l'acte politique constitué par son initiation et la fondation du Droit Humain. Bien des obédiences ou des loges connaissent des naissances entachées de quelque illégitimité qu'efface la patine des ans. Pour les frères d'aujourd'hui, pour les loges ou les régions qui, au sein du Grand Orient de France, militent pour instaurer la mixité dans leur obédience, la question « la Femme est-elle initiable ? », avec le temps, s'est métamorphosée. « La franc-maçonnerie masculine doit-elle devenir mixte ? », se demandent-ils maintenant. La préoccupation se déplace des femmes vers l'obédience. Les raisons évoquées opèrent donc elles aussi une translation.

« Je ne pense pas être misogyne, j'ai participé avec intérêt à des tenues mixtes [...], cependant, je suis opposé à l'instauration de la mixité au G∴O∴D∴F∴ [62]. » Les raisons des francs-maçons opposés à la mixité se groupent sous quatre grands titres. Les premières d'entre elles appartiennent à l'Histoire. Les francs-maçons occultent l'existence des loges d'adoption du XVIIIe siècle puis des fêtes et de toutes les autres pratiques du XIXe siècle. De 1727 à 1893, il ne se passe rien dans les loges dans ce domaine [63]. D'autres évoquent rapidement cette réalité mais la déprécient, lui dénient toute valeur intellectuelle et symbolique. Les loges d'adoption n'étaient que « d'aimables bagatelles » répètent les francs-maçons les uns après les autres, « d'innocents divertissements féminins qui venaient mettre de temps à autre dans les fêtes une note charmante au milieu de la sécheresse et de l'aridité du véritable travail maçonnique [64]. » Les loges d'adoption comme, par la suite, les fêtes ou les tenues blanches n'étaient que très secondaires, un luxe, un délassement qui ne pouvait nuire aux vrais mystères pratiqués seulement par les hommes. D'ailleurs Albert Lantoine qu'aucun doute n'effleure martèle à plusieurs reprises : « Le symbolisme des loges d'adoption n'existe pas [65]. » Il n'y a pas d'histoire pour les loges du passé qui accueillirent les femmes.

Les autres causes au refus de la mixité sont à chercher du côté des peurs : peur des femmes, de leur énergie et de leur force. « Chez elles, en effet, dans l'effort, il existe une endurance qui peut justifier une telle méfiance [66] » ; peur de la Femme-Mère, de la Mère-Femme-Epouse, de la féminité, y compris de la part qui réside en eux-mêmes. « Certains même vont jusqu'à ne pas pouvoir admettre le contact des femmes [67]. » Peur de la domination des femmes : et, si un jour, l'une d'elles était élue Grand Maître ? Peur du risque, redouté entre tous, que le Grand Orient de France ne se transforme en Droit Humain *bis*, en une franc-maçonnerie du couple, une franc-maçonnerie familiale. Ils ne souhaitent pas vivre chez eux ce qu'ils louent ailleurs. Enfin, peur de la séduction et que la présence de femmes ne cause des difficultés aux couples de francs-maçons. Sont également redoutés le changement, la disparition de la liberté de parole et de la sérénité, la perte du pouvoir. Un espace strictement masculin offre à ces frères un cocon douillet et protégé où ils se sentent bien.

En outre, devenir mixte ne manquerait pas de créer des difficultés pour les obédiences mixtes et pour la Grande Loge Féminine de France, soutiennent les frères qui se font l'écho des craintes exprimées par ces obédiences. À ces écueils s'ajouterait, en cas de mixité, un risque d'éclatement du Grand Orient de France : schisme, scission, démissions probables car les hommes ayant fait le choix d'une obédience masculine sur cette caractéristique se sentiraient trahis. Sur le plan des relations extérieures, il serait à craindre que l'hégémonie d'un Grand Orient de France fort de troupes nouvelles ne froisse d'autres obédiences masculines françaises.

Enfin, la quatrième catégorie d'arguments relève de la fidélité : fidélité à l'Église catholique, au sacré et aux Anglais. Il faut chercher la raison de l'exclusion des femmes dans la culture judéo-chrétienne. « La Maç∴ s'inscrit dans l'histoire de l'Église catholique qui considérait que la femme n'a pas d'âme [...]. La société est une société d'hommes, nous sommes fondés sur les bâtisseurs de cathédrales, nos outils sont des outils d'hommes [68]. » Les francs-maçons soulignent que « le sacré est le symbole du pouvoir suprême, et comme tout acte de pouvoir, on ne le partage pas facilement [69]. » Quant aux Anglais et aux maçonneries dogmatiques, comment réagiraient-ils ?, se demandent les Français toujours préoccupés des puissances maçonniques qui les ont rejetés depuis longtemps.

« On vous admire, vous les femmes, on vous estime et on vous aime », proclame Fred Zeller en 1972 [70]. Nous avons hérité d'une situation, nous faisons tout ce qui est en notre pouvoir pour « mettre notre obédience sur les rails du XXIe siècle », ajoute-t-il [71]. Nous y sommes au XXIe siècle, remarquent les francs-maçons partisans de la mixité. La raison et notre intérêt bien compris militent en faveur de ce choix. Les femmes représentent 50 % de la population, l'évolution des mentalités et de la société est telle que nous nous heurtons au reproche et à l'incompréhension des jeunes. Comment nous mettre en accord avec la législation ? « Aucune association ne doit avoir de règlement sexiste et discriminatoire au regard de la loi, mais également par rapport aux valeurs de la République [72]. » La mixité et sa ribambelle d'arguties sur la séduction et le manque de sérénité ne se posent ni dans le travail ni dans les loisirs. Pourquoi dans la franc-maçonnerie ? Sur le plan des principes, l'évocation de la solidarité, de la fraternité, de la laïcité, et de l'universalité met en lumière les contradictions entre les propos des francs-maçons et leurs actes. Non seulement les femmes seraient pour eux un apport considérable, un facteur de renouveau, une force face aux francs-maçonneries dogmatiques, mais elles constitueraient un formidable et dynamique vecteur de leurs valeurs.

Lorsque les francs-maçons opposés à la mixité étudient la question, ils terminent sur un constat – la difficulté et la complexité de la question – et sur deux nécessités : attendre que les idées mûrissent, qu'une majorité se dessine et prendre le recul nécessaire. Depuis quelques années, certains d'entre eux achèvent leur raisonnement sur des suppositions : « Il faudra bien, un jour prochain, travailler avec nos épouses [73] », inventer une structure nouvelle, réviser rites et rituels ; pourquoi ne pas créer une large confédération de trois fédérations mixte, masculine, féminine, avec un règlement général commun et la réciprocité des visites dans les loges ?

Bien des idées ne sont pas neuves et la voix majoritaire propose toujours la solution de l'autre chose, ailleurs et plus tard. Pourquoi les francs-maçons refusent-ils la mixité ? La réponse la plus acceptable est « parce que » dit l'un d'eux [74].

La course à la reconnaissance

La reconnaissance désigne la légitimation des obédiences entre elles ; la régularité, les règles auxquelles se soumettent les obédiences pour être reconnues régulières par la Grande Loge Unie d'Angleterre. La reconnaissance s'opère soit sur le plan national entre obédiences d'un même pays, soit sur le plan international. La démarche entraîne des relations officielles, bien qu'elles aient lieu sans cela, un échange de garants d'amitié chargés de relations entre les obédiences et de renseignements administratifs concernant les candidats à l'initiation ou les francs-maçons radiés de l'Ordre.

Lors de la création de la Grande Loge de France, en 1894, l'organisation institutionnelle, les affirmations dogmatiques du Suprême Conseil et les prérogatives qu'il se réserve conduisent le Grand Orient de France à refuser la reconnaissance sollicitée par la nouvelle obédience. Les difficultés rencontrées en raison de cette situation et, en 1903, la menace d'une scission conduisent le Suprême Conseil à reconnaître une indépendance administrative à la Grande Loge de France. L'autonomie et la souveraineté de la Grande Loge de France étant acquises par le décret du 26 juillet 1904, le Grand Orient de France reconnaît l'obédience en 1905. En revanche, lorsque la GLDF crée des loges d'adoption, le GODF refuse non seulement de les reconnaître, mais de considérer qu'elles existent. Pour le Droit Humain, les loges d'adoption ne sont pas des loges maçonniques et les rituels pratiqués ne confèrent pas une véritable initiation. La présence des femmes, vice rédhibitoire, exclut également le Droit Humain du bénéfice de cette reconnaissance de la part du GODF jusqu'en 1921. Sur le plan international, le Grand Orient de France est lui-même frappé d'ostracisme. Depuis que le convent de 1877 fit disparaître toute référence au symbole du Grand Architecte de l'Univers et proclama la liberté de conscience, la franc-maçonnerie dogmatique décréta le GODF infréquentable.

Au lendemain de la Première Guerre mondiale, les obédiences souhaitent se rapprocher les unes des autres. L'Association Maçonnique Internationale (AMI) naît de cette volonté manifestée par une vingtaine d'obédiences de divers pays. La Grande Loge de France, en raison de la présence de ses loges d'adoption et de son grand désir de reconnaissance de la part de la Grande Loge Unie d'Angleterre, porte la question de la présence des femmes dans les loges au premier congrès de l'AMI de 1921. La commission de la Grande Loge de France chargée de l'examen de la question de l'admission des femmes dans la franc-maçonnerie au cours de l'année précédant le Congrès conclut favorablement et donne mandat à ses représentants « de poser la question devant le Congrès mondial et d'obtenir si possible que cette admission ne puisse être une cause de rupture avec les autres Ob∴ s'inspirant de ce que chaque Obéd∴ serait libre d'agir à sa guise c'est-à-dire d'admettre ou non la femme dans la Maç∴ sans qu'il puisse en résulter de troubles entre les puissances maçonniques [75]. » Lorsque les représentants de la Grande Loge de France auront fait connaître le résultat des discussions du Congrès mondial, le prochain convent aura à statuer sur cette question. Elle restera en l'état. Les francs-maçonneries anglo-saxonnes ne font pas partie de l'AMI, mais l'association subit leurs assauts et ceux des francs-maçonneries qui s'en réclament. Ces affrontements ont raison de cette institution internationale en 1947.

En 1952, la Grande Loge Suisse Alpina et la Grande Loge de Vienne rompent leurs relations avec la Grande Loge de France et, sur les traces de la Grande Loge Unie d'Angleterre, énoncent, elles aussi, les cinq conditions qui permettent de prétendre à la régularité maçonnique : invocation au Grand Architecte de l'Univers, présence de la Bible dans les loges, respect des anciens Devoirs et de la patrie, interdiction des discussions politiques et religieuses dans les ateliers. Louis Doignon, Grand Maître de la Grande Loge de France, obtient que la Bible soit placée dans les ateliers de l'obédience et espère toujours gagner les faveurs de la Grande Loge Unie d'Angleterre.

Lorsque le Grand Orient de France et le Grand Orient de Belgique fondent, le 22 janvier 1961, le Centre de liaison et d'information des puissances maçonniques signataires de l'Appel de Strasbourg (CLIPSAS) pour réunir la franc-maçonnerie libérale, la question de la présence des femmes dans les ateliers revient à nouveau. En 1979, le CLIPSAS refuse l'adhésion de la Grande Loge Mixte du Québec et, en 1981, celle de la Grande Loge Mixte du Chili. À l'assemblée de Berne, le 12 mars 1982, lors du banquet final, Paul Gourdot, alors Grand Maître du Grand Orient de France, affirme : « Le CLIPSAS doit se développer et il le fera grâce à la mixité [76]. » Le principe de la mixité sera adopté par l'assemblée du CLIPSAS en 1984 [77]. À cette époque, le CLIPSAS compte une quarantaine d'obédiences des quatre continents. Les obédiences féminines et mixtes viennent grossir ses effectifs. En 1984, la Grande Loge Mixte de France. En 1985, la Grande Loge Mixte Universelle et la Grande Loge Féminine de France.

D'une manière générale, les francs-maçonneries laïques, au travers de leurs actions dans les institutions internationales, ne se montrent pas défavorables à la mixité. Cependant les relations extérieures jouent un grand rôle soit dans les décisions internes des obédiences, soit dans leurs relations d'obédience à obédience. La Grande Loge de France et le Grand Orient de France se sont trouvés souvent en froid. La question de la présence des femmes refusée par la franc-maçonnerie anglo-saxonne et la course à la reconnaissance entreprise par certaines obédiences françaises, comme la Grande Loge de France, au cours des années 1920-1930 lorsqu'elle possède des loges d'adoption, créent, chaque fois, un climat d'insécurité pour les femmes dont le sort est suspendu aux réponses. Les femmes se trouvent être, avec le Grand Architecte de l'Univers, la pomme de discorde de l'Ordre maçonnique mondial dès qu'il s'agit de régularité, de reconnaissance mais aussi de fusion entre les obédiences. L'idée n'est pas neuve et resurgit périodiquement tout au long de l'histoire de l'Ordre. À la fin de la Seconde Guerre mondiale, la tentative de fusion entre le Grand Orient de France et la Grande Loge de France bute sur l'espoir d'une reconnaissance que nourrit toujours la GLDF.

Maintenant, la Grande Loge Nationale française « Bineau » bénéficie de la reconnaissance de la Grande Loge Unie d'Angleterre et une seule obédience peut être reconnue par pays. Il convient de se demander ce qui pousse les obédiences françaises à jeter des regards avides vers l'Angleterre. Mises en position délicate par ces demandes insistantes, que peuvent-elles attendre de leur démarche ? L'argument toutefois s'ajoute à d'autres pour refuser aux partisans de la mixité cette évolution souhaitée.

Vingt-cinq ans après

Égalité de droit, inégalité de fait

Les faits et les chiffres parlent d'eux-mêmes. La Sécurité sociale rembourse de moins en moins de pilules contraceptives ; de moins en moins d'établissements hospitaliers pratiquent l'interruption volontaire de grossesse (IVG). « On ne cesse de remettre en cause des acquis [78] », s'insurgent les femmes qui regardent avec consternation des commandos s'attaquer aux cliniques et aux hôpitaux où se pratiquent les interventions. Le Conseil supérieur de l'éducation sexuelle ne fait guère parler de lui. Que font les centres de planification familiale ? La décision récente du ministre délégué à l'Éducation nationale, madame Ségolène Royal, quant à la pilule dite du lendemain, donne toute la mesure des carences dans la mission d'éducation des jeunes dont les éducateurs, les enseignants et les structures furent investis. La campagne d'information sur la contraception commencée en ce début de l'an 2000 paraît bien tardive. Le nombre d'adolescentes qui mènent à terme une grossesse montre à la fois les lacunes des textes législatifs et la réalité des pressions exercées sur elles. Quel est l'avenir d'une fille qui est mère à 14 ans ? Quelles sont les incidences sur son développement physique et psychique ? Le secrétariat d'État aux Droits des femmes conduit-il des études à ce sujet ? L'annonce d'une éventuelle révision de la loi sur l'IVG pour porter le délai légal d'intervention de dix à douze semaines suscite déjà des discours alarmistes sur les dangers que courraient les femmes. Combien de décès ou d'accidents ont eu lieu dans les pays qui pratiquent des interventions jusqu'à vingt, voire vingt-quatre semaines de grossesse ? Un discours univoque, tenu par les hommes comme par les femmes, accompagne ces questions. Ainsi l'avortement est-il toujours présenté comme un drame alors que le soulagement et la joie de nombre de femmes sont passés sous silence.

Malgré les progrès accomplis, un taux d'activité des femmes de 61,3 % [79], bien que les femmes soient les moteurs de la croissance puisqu'elles génèrent des richesses, tout au long de ces vingt-cinq années, la conception du droit à l'emploi, pour elles, n'a pas évolué. D'une part, barrières sexistes et de classes sociales continuent de se conjuguer : un fils de cadre a 50 % de chances de devenir cadre avant trente ans contre 3,5 % pour une fille d'ouvrier. Pourcentage qui atteint 28 % si elle est fille de cadre [80]. D'autre part, dans les années 1960, les femmes venaient sur le marché du travail pour travailler à plein temps. Avec le chômage massif et persistant, deux raisonnements perfides apparaissent. Le premier consiste à faire croire aux femmes que travailler ou ne pas travailler relève d'un libre choix où elles s'épanouiront. Le second que le travail partiel représente pour elles le bonheur sans mélange de pouvoir concilier vie privée et vie professionnelle. Or, si ces paroles lénifiantes restèrent sans effet sur leur détermination [81], elles sont les premières et les plus nombreuses parmi les victimes du chômage, du temps partiel et de la précarité. La vision idyllique de l'harmonisation pensée pour elles se dilue dans les salaires de misère, dans les galères ou dans l'absence totale de ressources : 85 % des personnes à temps partiel, 51 % des chômeurs sont des femmes [82]. Le travail n'est toujours pas considéré comme un droit naturel pour les femmes alors qu'il l'est de tout temps pour les hommes.

Enfin, toujours considérées comme des agents perturbateurs – l'enfant valorise l'homme mais pénalise les femmes – sélectionnées plus durement, les femmes subissent les discriminations professionnelles à la fois avant et pendant leur carrière [83]. Avant, à partir de la crèche et même de la maternité où les chambres peintes en rose sont réservées aux filles. À l'école où les activités, les jeux et plus tard les livres qui reprennent, à peine modernisées, *Les Vacances de Nanette* des années 1950 [84] contribuent à faire intérioriser aux filles des modèles de comportement différents de ceux offerts aux garçons. La ségrégation se poursuit pendant l'adolescence au moment des choix des filières et, plus tard, à l'université où les voies sans issue leur sont proposées. Le dernier rapport demandé par le ministre de la Fonction publique, monsieur Émile Zuccarelli, révèle que dans 92,3 % des cas les hommes sont choisis pour les postes de pouvoir pour une même promotion de l'ENA [85]. Ces chiffres se retrouvent dans tous les autres secteurs : Polytechnique, Ponts et Chaussées, les Mines, les grands corps, les corps d'inspection, les directions des administrations centrales. Sur 109 préfets, 5 femmes [86]. Une seule femme occupe le poste de directeur de cabinet [87]. L'État devrait donner l'exemple mais, qu'il s'agisse du secteur public ou du secteur privé, les chiffres se valent. Aux postes de responsabilité des 5 000 premières entreprises installées en France, seulement 6,3 % de femmes [88].

Après dix ans de travail, 75 % des salariées occupent toujours le même emploi contre 45 % des hommes [89]. Où sont les femmes chefs d'orchestre, architectes, sculpteurs ? La France n'en compte-t-elle pas ? Les femmes se détournent-elles de ces métiers ou bien sont-elles mises sous le boisseau ? Enfin, chacun sait que l'égalité des salaires reste formelle. À diplômes et capacités identiques, les femmes, y compris les sportives de haut niveau, perçoivent 72 % du salaire alloué aux hommes [90]. Dans la Fonction publique, les primes font toute la différence. Multiples et multiformes, diverses et diversement nommées, elles s'assortissent d'avantages occultes mis en évidence par le rapport de la Cour des Comptes pour l'année 1999. Dans cette nébuleuse, comment contrôler l'égalité de traitement entre les hommes et les femmes ? Dans le monde du travail, la grande question a toujours été de savoir comment faire travailler les femmes tout en les distinguant des hommes pour les payer moins. Quant aux loisirs, ils se révèlent très réduits pour elles. À l'ambition scolaire des filles succède la désillusion sociale.

Quel que soit le secteur d'activité, les femmes se heurtent à la permanence des comportements, aux pressions familiales dès lors qu'il s'agit de leur promotion ou de leur mobilité. Les conséquences de l'activité professionnelle des femmes sont moins bien acceptées par leur entourage que celles des hommes. Les Troisièmes Rencontres internationales de Gif-sur-Yvette mettent en évidence que, bien plus que les enfants qui servent de paravent, ce sont les carrières des époux qui constituent les véritables obstacles à celles des femmes. Lorsqu'il s'agit de prendre certaines décisions pour favoriser une promotion, c'est toujours des femmes qu'est attendu le sacrifice de légitimes ambitions [91].

Que signifient les chiffres cités quand le nombre de femmes admises dans les grandes écoles augmente, quand une réserve suffisante de femmes aptes à occuper des postes supérieurs existe ? Ils signifient que les pratiques et les habitudes acquises jouent pleinement contre elles : les promotions parallèles, la cooptation, les appartenances politiques, le jeu des réseaux, des clubs et des amitiés. Les décideurs, lorsqu'un poste est à pourvoir, consultent leurs carnets d'adresses [92]. Les femmes n'y figurent pas.

Cette division du travail perpétue les pratiques d'une société où le pouvoir et la culture restent, de droit, dans les mains masculines.

La France compte 6 % de femmes à l'Assemblée Nationale, 5,6 % au Sénat, soit une moyenne de 5,9 % au Parlement, contre 5,7 % en 1945 et 6,8 % en 1946. Dans les Conseils généraux, 5,1 % ; dans les Conseil municipaux, 21,7 %, mais 7,6 % d'entre elles sont premier magistrat d'une ville et 29,9 % au Parlement européen (chiffres pour 1994). Lanterne rouge de l'Union européenne quant à la place des femmes aux postes politiques, au plan mondial, la France vient après l'Ouganda, les Philippines et le Soudan [93].

Rarement une idée n'a émergé aussi vite que celle de la parité et mobilisé autant médias, juristes, politiques et intellectuels. Dans *Femmes, si vous saviez...*, Béatrice Majnoni d'Intignano [94] démontre la nécessité, pour les femmes, de se battre afin d'obtenir la modification du mode de scrutin de l'élection au Parlement. Tant que subsistera le scrutin uninominal à un ou deux tours, les femmes aboutiront au pénible 6 % d'élues. Le projet de loi sur la parité entre les hommes et les femmes dans les postes de pouvoir se trouve bien en deçà du rapport de Dominique Gillot, car il n'impose ni contrainte ni condition ni obligation de résultat, qu'une sanction touchant les subventions attribuées aux partis politiques [95]. Le Parlement réuni en Congrès vient d'inscrire le principe de la parité dans la Constitution. Il reste à savoir comment les partis et les acteurs politiques vont tricoter ces listes, et comment réagiront les entreprises, au cours de l'hiver 2000, quand interviendra le vote de la loi instituant la parité dans leurs instances dirigeantes.

Comme voici trente ans, les femmes mariées attachées au respect de leur patronyme se battent toujours contre une administration obstinée. Quinze ans après le vote du texte instaurant le nom d'usage [96] pour les hommes, les femmes et les enfants, les imprimés, qui devraient présenter pour tout le monde les rubriques « patronyme » et « nom d'usage », restent inchangés et offrent toujours des formules inadaptées quand ce n'est pas l'archaïque « nom de jeune fille » ou deux nouveaux venus, « le nom de naissance » et « le nom marital ». Les femmes mariées qui s'adressent aux services fiscaux ou au Chèque Emploi Service reçoivent des réponses qui prouvent à l'évidence le refus de l'administration d'appliquer les lois votées par le Parlement. « Les personnes mariées sont soumises à une imposition commune [...] établie au nom de l'époux précédé de la mention monsieur ou madame » selon l'article 6 du Code général des impôts en contradiction avec les textes de 1985 [97].

Pour les défendre ou les représenter, les femmes eurent un Secrétariat d'État à la condition féminine, un Ministère des Droits de la Femme, un Secrétariat d'État aux Droits de la Femme. Leurs responsables successifs se plaignent : « Je n'ai aucun moyen politique pour faire avancer le droit des femmes. Je n'ai pas d'administration, pas de budget, pas de pouvoir dans l'appareil d'État [98]. » Certes, mais le silence des organismes officiels impressionne. Celui des femmes également. La distance entre le droit et la réalité s'explique par la survivance des schémas comportementaux traditionnels chez les hommes comme chez les femmes. Elles pratiquent l'autocensure, se refusent l'ambition, se sentent coupables vis-à-vis de leur entourage de vouloir progresser. Elles se privent d'adapter leurs stratégies au but à atteindre. « Alors que les hommes sacrifient tout pour leur carrière et utilisent toutes sortes de moyens, francs-maçons, clubs de sport ou de fumeurs, les femmes négligent les relations publiques voire les complicités professionnelles [99]. » Elles se font discrètes et personne ne vient les chercher dans leur tour d'ivoire. Les femmes politiques continuent de propager le discours masculin soutenant que les mandats locaux, le social, le terrain conviennent aux femmes parce qu'il s'agit de gérer la vie quotidienne alors que « la grande politique » revient aux hommes. Quand le maire de la capitale s'occupe des cantines ou des déjections canines est-ce de « la grande politique » ? Les femmes en vue répondent à l'image que les hommes attendent d'elles, encouragées en cela par les médias... et c'est Claudie André-Deshayes se repoudrant délicatement le nez devant les caméras à sa descente de fusée. Pour beaucoup, l'idée que les femmes veuillent investir les très symboliques bastions masculins et exercer un pouvoir, politique ou économique, relève de l'incongruité absolue. Leurs revendications suscitent encore des remarques de mauvais aloi ou des suggestions à classer au rang des paroles inoubliables. « Toutes les femmes qui veulent avoir l'investiture doivent être baisables » aurait dit un élu selon une porte-parole des Chiennes de garde [100].

Entre égalitarisme et différentarisme [101], les courants féministes sont divisés. Depuis vingt ans, ils sont surtout muets. Ils délèguent leurs actions et leur pouvoir aux instances officielles auprès desquelles circulent, éminences plus ou moins grises, quelques intellectuelles qui soufflent des solutions. Les femmes de la rue, elles, se taisent. Trouvent-elles satisfaction à ce qui est proposé ? Elles ont tout maintenant, disent les hommes. Nous avons obtenu l'essentiel, répètent-elles en écho. Partout, il est proclamé que le combat féministe a perdu toute légitimité. Néanmoins, il reste en cours bien des chantiers : celui de la transmission du patronyme de la mère aux enfants quand les parents sont mariés. Si les enfants peuvent le porter en tant que nom d'usage depuis 1985, ils ne peuvent le transmettre. Or, cette question soulève un tollé dès qu'elle est évoquée, les tenants de la tradition refusant de reconnaître que la France perd une richesse patronymique évaluée à 70 000 noms par an. Le deuxième sujet brûlant concerne les impôts dont l'établissement sur le couple en cas de mariage, et bientôt de PACS, et le mode de calcul constituent une discrimination importante pour le travail des femmes. Reprendre la formule « un homme, une voix » et l'appliquer aux déclarations fiscales, « un individu, une feuille d'impôts » ne paraît pas acquise. C'est pourtant la seule voie vers l'égalité.

Ce qui frappe, c'est la dualité des mesures et des discours. Ainsi du congé parental qui pose une fois de plus, pour les femmes, la famille contre le travail en substituant, de façon insidieuse, à la division sexuelle du travail une division sexuelle du temps de travail, temps plein pour les hommes, partiel pour les femmes. Où sont les 300 000 crèches qui figurent au nombre des 101 propositions du candidat François Mitterrand en 1981 ? Ainsi des allégements de charges sociales pour les frais de garde des enfants à domicile (l'AGED) et le personnel de maison diminués par madame Aubry ce qui pénalise les femmes qui travaillent à temps plein ? Pourquoi cette distorsion entre pratique et discours dès qu'il s'agit de laisser aux femmes l'accès à des postes de pouvoir ? Une grande majorité des Françaises (86 %) et des Français (77 %) approuvent la nomination de madame Édith Cresson au poste de Premier ministre en 1991 [102]. Un sondage CSA pour *Le Parisien*, en avril 1994, souligne que 80 % des hommes comme des femmes sont prêts à voter pour une femme.

Les femmes qui réussissent sont brandies comme des oriflammes. Elles servent de caution à l'idée républicaine d'égalité. Les pouvoirs, politique, économique, des médias, souhaiteraient que leur victoire fasse oublier la réalité des petits boulots, l'inégalité des chances entre les filles et les garçons face à l'éducation et au travail, les injustices, les situations piégées, toutes les embûches cachées derrière les lois censées les réduire. Rose-Marie Lagrave constate « une quasi-corrélation entre l'inflation des discriminations et l'inflation des discours savants sur la ségrégation. Plus on énonce et on dénonce les inégalités en les analysant, en les calculant, plus elles continuent de s'ourdir et de sourdre dans le champ social [103]. » Or, actuellement, le discours savant abonde et le sens commun proclame acquise l'égalité des sexes, en dépit de l'écart entre les lois et les faits.

Le silence des loges

Les obédiences masculines françaises commencent à s'éloigner du combat politique entre les deux guerres. Cette orientation se confirme après 1945. Depuis, tous les Grands Maîtres successifs soutiennent cette position sous prétexte de préserver la liberté d'opinion de chacun et la franc-maçonnerie elle-même. Alors que font-ils dans leurs loges, les francs-maçons, s'interroge-t-on ? Ils réfléchissent à l'initiation, aux rituels, à la démarche initiatique. La nouvelle tendance est au symbolisme.

Le Grand Orient de France dont les loges réunissent des frères majoritairement à gauche – de l'extrême gauche à la droite modérée – ce qui n'exclut ni les nuances ni les exceptions, jusqu'à maintenant, se détache un peu de ce mouvement mais, loin des grands combats d'antan, il s'en tient au rappel des principes républicains et à des communiqués de presse lors de quelques moments forts tels que les attentats, la montée des intégrismes ou de l'extrême droite. Il organise une journée nationale contre le racisme en 1979, soutient Solidarnosc, lance un appel commun avec les associations laïques et de gauche au moment de la question scolaire dans les années 1981-1983, se félicite, pendant la présidence de François Mitterrand, de la suppression de la peine de mort et de la Cour de Sûreté de l'État, du vote des lois de décentralisation ou sur le travail, sujets débattus depuis longtemps dans les loges. Tant dans les ateliers, qu'aux convents ou dans les réunions internationales, les migrations, les pays en voie de développement, la crise, les minorités culturelles, les relations internationales, la nouvelle société, l'éthique, la génétique, la solidarité concentrent son attention. Toutes questions importantes et utiles. Rien de très saillant.

À la Grande Loge de France, les questions fondamentales telles que l'homme face aux contraintes, les libertés, le travail droit fondamental ne sont pas exclues mais l'obédience concentre sa réflexion sur la signification de la tradition, du symbolisme et de l'initiation.

Si les obédiences masculines suivent diversement l'attrait exercé par les études symbolistes, en revanche, l'ensemble de la franc-maçonnerie masculine se tait sur les femmes et sur leurs droits. De 1981 à 1998, *Humanisme* accueille trois articles dus à des femmes sur des sujets généraux [104], un article intitulé

« Choix de nom, choix de société [105] », un article sur « la famille, une structure qui disparaît [106] » et enfin un article d'Henri Caillavet : « IVG et dons d'organes [107] ». Trois articles en 17 ans, soit une moyenne d'un article tous les six ans. Loin de la profusion d'autrefois, cette fréquence révèle un intérêt tout juste poli.

Du côté des femmes, que se passe-t-il ? Par choix délibéré pour le Droit Humain, par manque d'habitude ou peut-être parce que, au départ, elles n'en voyaient pas la nécessité, les sœurs n'ont jamais cherché à divulguer dans la société le résultat des travaux de leurs loges. Elles adhèrent peu aux fraternelles, mixtes pourtant, qui regroupent les francs-maçons selon leurs métiers ou leurs fonctions. Ainsi se privent-elles, sur le plan personnel, d'ouverture et de possibilités de rencontres, de relais et de relations pour faciliter leurs carrières professionnelles. Les femmes ne sont pas stratèges.

Elles participent aux émissions de France Culture, le dimanche matin, à 9 h 30, mais ces causeries radiodiffusées, voix officielle des obédiences masculines ou féminines, se limitent à expliquer, sur un mode consensuel et un ton moralisateur, les grands principes de la franc-maçonnerie. À celles et ceux qui attendent davantage, il est répondu que le cadre ne se prête qu'à des généralités.

Les sœurs manifestent rarement dans les rues. Sont à noter, pour la Grande Loge Féminine de France, deux exceptions : en 1980 à la suite de l'attentat de la rue Copernic et en 1990 pour l'affaire des tombes profanées de Carpentras. Les obédiences mixtes, présentes également lors de ces manifestations, participent en outre au défilé du 16 janvier 1994 pour l'école publique. Cependant, jamais les obédiences féminines ou mixtes n'interviennent ès qualités. Elles invitent leurs membres à s'exprimer en tant que citoyen, à titre individuel. Jeanine Augé, Grande Maîtresse de la Grande Loge Féminine de France au début des années 1990, souhaite une plus grande extériorisation, que les femmes parlent publiquement des grands sujets de société. Elle échoue dans cette ambition. Hostilité des membres du Conseil Fédéral ou apathie des troupes ? Discrétion voulue et cultivée ou force d'inertie ?

Tout ne relève pas d'un choix délibéré. Pendant longtemps, alors que les obédiences masculines bénéficient d'une conférence de presse à l'issue de leurs convents annuels, la Grande Loge Féminine de France et le Droit Humain en sont privés. La première conférence de presse, pour le Droit Humain, a lieu en 1984 et après avoir dépensé beaucoup d'énergie à l'obtenir. La Grande Loge Mixte Universelle et la Grande Loge Mixte de France, qui se veulent un laboratoire d'idées, se montrent plus offensives en ce qui concerne l'extériorisation. Mais ni les unes ni les autres ne possèdent une revue telle qu'*Humanisme* qui ouvre ses colonnes à tous, francs-maçons ou non. Discrétion des sœurs, silence des loges. À celles qui se plaignent de ce manque d'audience, à celles qui s'inquiètent des possibles conséquences de leur silence pour la société, pour elles-mêmes, pour la franc-maçonnerie, il est invariablement répondu qu'il n'appartient pas à l'Ordre de se mettre en pleine lumière.

Ce qui frappe l'observateur est l'absence de travaux en commun entre l'obédience féminine et les obédiences mixtes. La Grande Loge de France, à une ou deux reprises, s'est alliée à la Grande Loge Féminine de France pour conduire une réflexion. Il arrive au Droit Humain et au Grand Orient de France de se rapprocher mais aucune manifestation d'envergure – colloque ou journée d'études – n'a rassemblé la Grande Loge Féminine de France et les obédiences mixtes. Susceptibilités, poids de l'histoire ancienne ou remous de l'histoire récente ? Après la scission de la Grande Loge Mixte Universelle, les relations entre le Droit Humain et la nouvelle obédience mettent du temps à s'établir. Après la création de la Grande Loge Mixte de France, en 1984, le Droit Humain juge prudent d'observer un délai avant d'entrer en relation avec la dernière-née. Regrettable, ce manque de collaboration révèle, une fois de plus, leur dédain ou leur ignorance des rapports de force ou des jeux de pouvoir qui régissent la société et les prive d'un poids qu'elles ne peuvent avoir isolément.

La Grande Loge Féminine de France et le Droit Humain, bannissent les questions politiques et soulignent, à chaque occasion, qu'elles s'en tiennent à des questions sociales en vertu du fait que tout ce qui appartient au domaine social est exclu du champ politique selon une subtile dialectique soutenue par les dirigeants de ces obédiences. En outre, les femmes de la Grande Loge Féminine de France défendent l'idée qu'elles ont une approche spécifique du monde et une sensibilité particulière. Elles pensent qu'elles sont plus aptes à s'impliquer dans leur entourage immédiat tandis que les hommes se trouvent plus à l'aise dans une action extérieure ; qu'elles possèdent le pouvoir de faire et les hommes celui de concevoir. Est-ce en raison de cette vision de leurs aptitudes qu'elles s'en tiennent encore, pour beaucoup, aux domaines réputés féminins de l'école, de la solidarité, de la paix, des questions familiales ? Voulues, pensées, imaginées singulières par les hommes, elles-mêmes se veulent telles. Se sont-elles interrogées sur les conséquences et sur le sens à donner à leur démarche, sur cette manière qu'elles ont de cultiver leurs particularismes ? Pour l'heure, l'identité de la franche-maçonne et l'approche spiritualiste de leur engagement les occupent. Le mouvement de repli vers le symbolisme observé dans les obédiences masculines a gagné la franc-maçonnerie mixte et féminine. Depuis le début des années 1980, et résultat des tournants antérieurs, les loges du Droit Humain abandonnent de plus en plus l'invocation à la Gloire de l'Humanité pour choisir celle au Grand Architecte de l'Univers. Plus de la moitié des loges utiliseraient maintenant l'invocation déiste.

Le Droit Humain compte 70 % de femmes ; la Grande Loge Mixte de France et la Grande Loge Mixte Universelle environ 50 %. La quarantaine révolue, alors que dans les obédiences masculines le gros des troupes se situe entre 25 et 55 ans, fonctionnaires, médecins, juristes, architectes, chefs d'entreprise, commerçantes, artistes, policières ou enseignantes, ni le haut ni le bas de l'échelle, plutôt les cadres moyens et les classes moyennes supérieures. La plupart de ces femmes viennent chercher dans les loges des valeurs fondamentales, une écoute, une tolérance mutuelle, une réflexion constructive, un épanouissement personnel mais aussi la compensation de frustrations pénibles et nombreuses : familles trop pesantes, époux dominateurs, schémas sociaux asservissants, rôle astreignant. Elles attendent de la franc-maçonnerie une solution à leur solitude, à leurs insatisfactions, des rencontres, une ouverture d'esprit ou tout simplement le bonheur offert par un lieu de sociabilité. Pourtant, qu'elles soient déçues ou militantes, elles parlent peu des droits des femmes et manifestent encore moins. Est-ce parce que les droits des femmes relèvent du domaine politique qu'elles s'abstiennent d'aborder le sujet ?

Dans le quart de siècle qui vient de s'écouler, seules deux grandes questions mobilisent une petite minorité de femmes : leur identité et la parité. À l'aube des années 1980, quelques intellectuelles réfléchissent à l'identité de la Femme et à son approche spécifique du monde. Encore faudrait-il savoir si l'une et l'autre existent. À la fin de la même décennie, Anne Le Gall et Françoise Gaspard (GLFF) revendiquent une égalité réelle des hommes et des femmes dans les assemblées politiques. Force d'inertie et volonté délibérée se conjuguent pour maintenir les femmes en dehors des sphères de décision et de pouvoir politique ou économique. En 1989, le Conseil de l'Europe consacre un colloque à « la démocratie paritaire ». En 1991, la Commission européenne organise une réflexion sur la question. Le réseau Femmes pour la parité qui coordonne les actions de plusieurs associations soutient que seule l'adoption d'une loi organique inscrite dans la Constitution française permettra de faire évoluer la situation. Yvette Roudy (GLFF) crée, en 1993, l'association l'Assemblée des Femmes pour soutenir le mouvement. Une loge de la Grande Loge Féminine de France organise une tenue blanche sur la question avec, pour orateurs, Françoise Gaspard et Paulette Laubie, présidente du Conseil national des femmes françaises (CNFF). Une fois encore, il s'agit d'une toute petite minorité agissante, de quelques personnalités. Dans les ateliers, à peine 15 % des femmes se prononcent en faveur de la parité maintenant votée et inscrite dans la Constitution.

Cette désaffection des femmes vis-à-vis des questions qui les intéressent au premier chef est-elle due à leurs désillusions personnelles, à la recherche symboliste, à leur mise en marge volontaire par rapport aux questions politiques ou à la moyenne d'âge élevée des candidates à l'initiation ? En 1970, 31,9 % des candidates ont moins de 30 ans contre 12,6 % en 1989. En 1970, 36,7 % des membres ont dépassé la quarantaine contre 51,7 % en 1989 [108]. Les images traditionnelles héritées des siècles passés, exprimées encore aujourd'hui par nombre de femmes, irritent celles qui ne partagent pas ces points de vue. « Il faudrait peser sur les décisions politiques, défendre les droits des femmes. Il y a des menaces sur les acquis. Le courant conservateur et le symbolisme empêchent tout [109]. »

Ce désintérêt quant aux droits des femmes fait pendant à celui observé vis-à-vis de la société.

Marianne, ma sœur...

Pour savoir où en est depuis vingt ans la question de l'initiation des femmes, il faut maintenant, privilège de l'Histoire immédiate, écouter ce qu'en disent les francs-maçons [110]. La nature des femmes, leur beauté, leurs défauts, leur rôle ne font plus l'objet d'études, de rapports, de comptes rendus, de poèmes, de polémiques. Le silence entoure la question comme pour l'enterrer, comme pour la faire disparaître. Enfouir n'est pas résoudre et certains événements indiquent qu'elle existe toujours, prête à réanimer les ardeurs et les passions.

Une loge du Grand Orient de France créée en 1979 par les Gens du voyage, porte le nom enchanteur de l'héroïne de Victor Hugo : Esméralda. Cette loge a pour particularité de faire intervenir une jeune femme, artiste de métier, chargée d'un rôle éminent et actif dans toutes les manifestations et les fêtes de la loge. Interrogés sur leur sentiment vis-à-vis de cette création, les francs-maçons se montrent heureux de l'initiative, indifférents ou agacés. « C'est encore une demi-mesure ; ça ne sert à rien. » « Pourquoi une seule femme ? Pourquoi pas deux ou dix ou cent ? » « C'est une fantaisie sans importance. » Beaucoup ignorent l'existence de cet atelier. La jeune femme, initiée dans une loge du Droit Humain, reste affiliée à son obédience d'origine : elle ne fait pas partie du Grand Orient de France. Pour intéressante qu'elle soit, cette initiative originale ne change pas le caractère masculin de cet atelier ou de l'obédience. Esméralda reste une exception, une parenthèse poétique. Aucune autre présence féminine n'est venue mettre fin au statut de fille unique de cette sœur et la loge n'existe plus.

Hasard ou non, dans le même temps, le Grand Orient de France permet, à ses ateliers qui le souhaitent, d'accueillir toutes les femmes des autres obédiences qui désirent assister à leurs réunions [111]. Bon nombre d'ateliers refusent aux sœurs le bénéfice de cette mesure. Un grand nombre s'ouvre immédiatement ; d'autres apprécient que la pratique s'officialise car ils invitent déjà des sœurs en catimini. « En province, quand on est loin..., bien des choses sont possibles. » Certes. Sauf lorsqu'un mécontent dénonce ses frères aux autorités.

Enfin, toujours à la même époque, apparaît, au sein du Grand Orient de France, le Collectif pour la liberté d'initier des femmes (CLIF) créé par une vingtaine de loges parisiennes réunies autour de l'atelier Ni maîtres ni Dieux dont le titre, malgré les variantes apportées à la formule, indique assez bien les orientations. Le CLIF présente fréquemment des vœux en faveur de la mixité de l'obédience et tente de faire voter, par le convent, la modification des statuts du Grand Orient de France dans le but d'introduire le principe de l'initiation des femmes par les loges de l'obédience. Ce mouvement d'idées qui met en avant le principe de la mixité, poursuit cette stratégie jusqu'en 1985 environ. En vain. Vœux, études des loges, rapports des congrès régionaux s'ajoutent les uns aux autres au fil des années. Dans les ateliers, les conversations et les échanges de vues se poursuivent. Les francs-maçons se montrent diserts. Les jeunes se plaignent : « Dès qu'on parle d'initier des femmes et de créer des loges mixtes, on se fait jeter. » Les plus âgés soutiennent que ce sont les jeunes qui refusent la mixité pour l'avoir trop subie et trop péniblement vécue depuis leur tendre enfance. Ainsi chacun rejette-t-il sur l'autre la responsabilité du blocage de la situation. Si les loges du Grand Orient de France qui le souhaitent continuent d'accueillir les sœurs en visiteuses, le Conseil de l'Ordre et la grande majorité des membres de l'obédience choisissent le *statu quo*. Cependant, le débat reste ouvert. Il l'a toujours été.

Aujourd'hui, ce sont les obédiences masculines les plus récentes qui sont les plus intransigeantes quant à l'exclusion des femmes.

À la Grande Loge Nationale Française « Bineau », issue d'une scission du Grand Orient de France en 1913, et seule obédience française reconnue et décrétée régulière par la Grande Loge Unie d'Angleterre, la question de l'initiation des femmes, pas plus que celle de la mixité, ne se posent. En vertu de l'aphorisme selon lequel la franc-maçonnerie est solaire et les femmes lunaires auquel s'ajoute l'argument de la masculinité de l'homme et de la féminité de la femme, ils en concluent à la nécessité de deux types de rituels très différenciés. En vertu également de la bonne vieille méthode infaillible qui consiste à se prononcer en lieu et place des intéressés, les membres de la GLNF « Bineau » ont décrété que les symboles des maçons et de la construction ne convenaient pas aux femmes qui ne peuvent être initiées qu'à des rites féminins. Visites des sœurs, *a fortiori*, initiation dans leurs loges sont tout bonnement exclues. Toute discussion sur le sujet bannie.

Née d'une scission de la Grande Loge Nationale française « Bineau » en 1958, la Grande Loge Traditionnelle Symbolique « Opéra », spiritualiste, très pointilleuse quant au respect de la discrimination qui atteint les femmes, adopte les mêmes raisonnements et la même attitude.

La situation de la Grande Loge de France se révèle moins tranchée. La Grande Loge de France ne reçoit les femmes que sur invitation, de façon parcimonieuse, lors de tenues particulières et selon des règles strictes. Voici pour la règle, mais de temps en temps des visiteuses sont conviées sans qu'il en soit référé aux autorités, en prenant quelques libertés avec le règlement. « Il suffit de ne rien dire, de se faire discret... » « S'il fallait demander l'autorisation pour tout, on n'en sortirait pas. » Les frères de la Grande Loge de France sont accueillis dans toutes les obédiences féminines ou mixtes et ils ne se privent pas d'aller en visite. Ils apprécient généralement la qualité de l'accueil et des travaux. La question de la mixité ne se pose pas. « Il existe des obédiences masculines, mixtes et une obédience féminine. Le choix existe, chacun se détermine selon ses goûts » répond l'un des anciens Grands Maîtres dans une conférence publique récente.

Cette position n'exclut pas une évolution de la situation. L'actuel Grand Maître de la Grande Loge de France vient d'écrire à la Grande Maîtresse de la Grande Loge Féminine de France pour lui proposer de créer des Commissions interobédiencielles mixtes afin de travailler à des questions intéressant tous les francs-maçons. La Grande Loge de France souhaite également que les sœurs assistent à certaines cérémonies organisées par ses ateliers. Rumeur ou réalité ?

À la Grande Loge Féminine de France, la possibilité d'initier des hommes n'est pas évoquée même par les sœurs les plus insatisfaites de l'ostracisme dont elles sont victimes. S'il n'est pas question d'initier des hommes, en revanche, il est beaucoup parlé des frères. Un certain nombre de sœurs de la GLFF souhaiteraient que le Grand Orient de France devienne mixte. Elles rejoindraient alors cette obédience soit en quittant la leur, soit en ayant la double appartenance. Mais il semble que le plus grand nombre suive ce qui se dit ou se fait au GODF sans avoir d'opinion arrêtée à propos de la mixité de cette obédience.

Face aux propositions de la Grande Loge de France quant à des travaux communs, les femmes se montrent divisées. Certaines s'en réjouissent sans trop y croire. « Ça bouge ! Mais qu'est-ce que ça veut dire ? » s'interroge l'une d'elles. L'Histoire montre en effet quel sens se cache parfois derrière les mots. Elles souhaitent davantage de tenues et de travaux communs car elles apprécient de conduire une réflexion avec des hommes. Elles voudraient aussi être reçues de façon moins solennelle et moins exceptionnelle dans toutes les loges masculines comme cela se pratique dans bon nombre d'ateliers du GODF. D'autres redoutent tout changement. Au nom de la vision dichotomique du monde que le XIXe siècle aurait voulu imposer, les hommes d'un côté, les femmes de l'autre. La Grande Loge Féminine de France ne rejoindrait sans doute pas en bloc une obédience masculine optant pour la mixité car les sœurs sont attachées à la survie de leur obédience et bon nombre d'entre elles désirent « rester entre femmes ». C'est bien d'ailleurs ce que leur reproche le groupe de celles qui pensent à la mixité. Elles les accusent de « ronronner douillettement entre femmes. Elles sont dans de la ouate ; elles s'endorment sur leurs sujets philosophico-ésotérico-je-ne-sais-quoi. Elles n'ont même pas l'idée d'étudier les questions féminines qui restent en rade. Et au DH, c'est pareil. » Pourtant, la plupart des impatientes ou des insatisfaites n'envisagent pas d'aller dans une obédience mixte.

Il n'y a donc que les loges du Grand Orient de France pour continuer avec toujours autant de constance à mettre la question de la mixité à l'ordre du jour en toute légalité, en déposant des vœux au convent, ou en tentant des actions audacieuses.

Au printemps 1999, une loge du GODF initie une femme. Les autorités de l'obédience radient le vénérable et l'orateur et suspendent l'atelier. Comme Maria Deraismes en 1882, la sœur se retrouve franc-maçon mais sans loge et le Conseil de l'Ordre refuse de lui délivrer le certificat authentifiant son initiation, car accéder à sa demande équivaudrait à reconnaître sa validité. Si cette personne veut poursuivre sa carrière maçonnique, elle devra vivre une deuxième initiation dans une obédience mixte ou féminine.

Au cours du convent 1999 du Grand Orient de France, il se produit un incident. Vingt-cinq ateliers déposent sur le bureau du convent une motion collective visant à faire voter la mise à l'étude des loges d'une question relative à la liberté pour les ateliers d'initier ou d'affilier des femmes. Le vendredi 3 septembre, sur proposition de la Commission nationale des Vœux et Règlements, la motion est soumise au vote des délégués des ateliers qui décident son envoi à l'étude des loges comme Question supplémentaire. Le soir même : coup de théâtre. Le Président du Conseil de l'Ordre déclare unilatéralement la nullité de ce vote et décide de clore les débats. Le lendemain, il annonce qu'il sera procédé à un autre vote concernant la Question supplémentaire après y avoir ajouté un amendement non évoqué la veille. Les vingt-cinq loges à l'origine de la Question supplémentaire ne peuvent admettre cette entorse sérieuse au débat et aux procédures démocratiques. Elles portent l'affaire devant la Chambre Supérieure de Justice Maçonnique qui donne raison aux vingt-cinq ateliers : la Question supplémentaire sera proposée à l'étude des loges mais des vénérables auraient refusé de la communiquer aux membres de leurs ateliers.

Le Collectif pour la liberté d'initier des femmes, au cours de ces dernières années, a renouvelé son discours et sa stratégie. Il s'est réorganisé et fait un important travail d'information. Phénomène parisien au départ, le CLIF s'appuie maintenant sur les loges de la province et se dit fort d'environ deux cents ateliers. Il s'est doté d'un site Internet pour recueillir le résultat des débats et diffuser les nouvelles. Le Collectif a entrepris également une réflexion et un effort de conceptualisation à l'origine de la réorientation de son discours. Désormais, il met en avant non plus le principe de la mixité en elle-même fondé sur la notion d'égalité des sexes, mais celui de la liberté de chaque loge d'initier ou de ne pas initier des femmes, sur le modèle de la liberté de conscience en quelque sorte : le maçon libre dans la loge libre qu'il s'agisse de croyance ou de non-croyance, de mixité ou de non-mixité. La proposition actuelle du CLIF diffère de la voie choisie en 1901 par la Grande Loge Symbolique Écossaise n° 2 et de la Grande Loge Mixte de France en 1988. Elle permettrait, au sein du Grand Orient de France, la cohabitation de loges masculines et de loges mixtes mais pas la création de loges féminines [112]. Les ateliers adhérents du CLIF conduisent également une étude sérieuse sur le plan du droit. Le juriste Henri Jullien, dans son ouvrage *Régularité exotérique et tradition ésotérique* [113] avait, déjà en 1973, examiné un à un tous les articles des Constitutions d'Anderson. Cet auteur est formel. Plus un n'est respecté à la lettre et selon son sens originel sauf...

celui concernant l'exclusion des femmes. Le Manifeste pour la liberté des loges d'initier des femmes ou d'affilier des sœurs produit par le CLIF met l'accent sur la nécessité d'une mise en conformité des pratiques du Grand Orient de France avec les règles de droit en vigueur en France et dans l'Union Européenne. Le refus d'initier des femmes n'est en effet pas conforme aux principes fondamentaux de la République et se révèle incompatible avec le Préambule de la Constitution qui renvoie à la Déclaration des Droits de l'Homme. De plus, en vertu de la hiérarchie des textes juridiques, le sujet mérite d'être rapproché de la législation européenne et soumis à la Cour Européenne des Droits de l'Homme. Le CLIF, soutenu par les chapitres de Rite français qui se sont prononcés officiellement pour l'initiation et l'affiliation des femmes en 1997, se dit prêt à explorer la voie juridique. Cela veut dire que le CLIF se montre déterminé, si le Grand Orient de France persiste dans son refus de la mixité pour les loges qui le souhaitent, à initier des femmes, à attendre une condamnation collective par les autorités du GODF puis à porter l'affaire devant les tribunaux français et européens. Ferme détermination ou paroles d'intimidation ? Si, dans les Règlements généraux du Grand Orient de France, rien n'autorise l'initiation des femmes, rien non plus ne l'interdit, pas même l'article 76 qui définit les conditions d'admission des candidats à l'initiation. Les juristes interrogés se montrent partagés car la législation sur la discrimination sexiste est, bien évidemment, à rapprocher des textes qui régissent les associations relevant de la loi de 1901.

Pour l'heure, les francs-maçons du Grand Orient de France attendent le convent qui aura lieu au mois de septembre 2000. Personne ne peut dire ce qu'il en adviendra. Il existe trois possibilités : soit la question de la mixité des loges sombre dans l'indifférence générale comme cela s'est produit maintes fois, submergée par l'actualité politique, l'affaire des Corses, les remous provoqués par la démission du Grand Maître au printemps 2000. Soit, contre toute attente, le convent vote pour la mixité des loges qui le souhaitent. Des coups de théâtre de ce type se sont déjà produits. Il arrive qu'un rapporteur ou qu'un

Grand Orateur sachent retourner l'opinion de la salle. Soit le convent, fidèle à sa ligne de conduite observée depuis plus de cent ans, renvoie l'affaire, une fois de plus, à l'étude des loges en demandant d'approfondir le sujet.

Le débat avance mais les préjugés sont difficiles à vaincre. Cependant, beaucoup de frères ont fait un grand pas. Certains, parmi les aînés, en 10 ou 20 ans, ont changé d'opinion vis-à-vis de l'initiation des femmes. D'abord opposés à toute présence féminine, ils ont constaté grâce aux visiteuses venues dans leurs loges qu'elles n'apportaient à leur suite ni perturbations, ni cataclysme. « La vie évolue, les mœurs aussi. Il faut suivre » disent-ils. « C'est un problème de fond. Il faut le résoudre. » C'est effectivement un problème de fond qui empêche les francs-maçons du Grand Orient de France de progresser. « Si des femmes entrent chez nous, ce sera la rupture ; des loges partiront. » Faux argument puisque la mixité ne serait réalisée que par les ateliers qui le désirent. Et s'il ne se passe rien au convent 2000, si la mixité ne se fait pas ? Que fera le CLIF ? Les opposants à la mixité pensent-ils à l'effet désastreux causé par des initiations illégales suivies d'un procès devant les tribunaux ? Quelles seraient les conséquences d'une condamnation du Grand Orient de France qui ferait jurisprudence ? Que feraient les obédiences masculines et la Grande Loge Féminine de France ? Elles se sabordent ou elles s'inclinent ? À cette question, les autorités maçonniques affirment réfléchir mais avouent ne pas avoir trouvé de solution. Une mixité imposée remettrait-elle à l'ordre du jour la question de l'unité et de la fusion des obédiences ? Ceux des francs-maçons qui craignent que l'initiation des femmes n'entraîne une rupture ne voient-ils pas qu'elle existe déjà entre les ateliers qui militent pour la mixité et ceux qui la refusent ? Il n'est pour cela que d'examiner les comptes rendus présentés aux congrès régionaux du printemps 2000. Les arguments allégués pour refuser l'initiation et l'affiliation des femmes sont les mêmes qu'il y a cent ou deux cents ans. Les frères partisans de l'initiation des femmes évoquent, quant à eux, l'actualité et l'avenir. Ils font principalement ressortir qu'avec 40 000 adhérents, le Grand Orient de France n'occupe plus une place prépondérante au sein de l'Ordre maçonnique français. Au début du siècle il réunissait 90 % des francs-maçons. Cent ans plus tard, il ne représente plus que 40 % de l'effectif global. Le refus de la mixité nuit à son image. « À l'aube du troisième millénaire, on passe pour des pithécanthropes », disent certains. De plus, les francs-maçons peuvent-ils encore longtemps tenir un discours prônant l'humanisme, le progressisme, l'universalisme en refusant d'initier les femmes ? C'est le sujet de la question B à laquelle les loges de l'obédience furent invitées à réfléchir au cours de cette année 1999-2000 et qu'elles présenteront au convent de septembre 2000. Non, il n'est plus possible de soutenir ce discours répondent les partisans de la présence féminine. L'ambition de contribuer au progrès politique, social, économique de la société, l'héritage humaniste qui prend pour fin la personne humaine et son épanouissement, la volonté universaliste de s'adresser à tous les êtres, sans distinction, forment l'identité du Grand Orient de France, sa raison d'être et son essence. « Pourrons-nous longtemps être vraiment nous-mêmes, rester fidèles à notre vocation, sans accepter d'initier les femmes ? » Les transformations de la société française, la fragilisation de toutes les institutions, l'accélération de la prise de conscience féminine de leur valeur et de leur poids interdit maintenant aux francs-maçons toute prétention à réfléchir seuls au nom des femmes et en les excluant. La position n'est plus tenable et apparaît en total décalage avec la société et les mentalités actuelles. Enfin, l'intérêt de la mixité se situe principalement sur le plan du rayonnement. Les ex-pays dits de l'Est se sont ouverts. Tout se joue maintenant sur la scène internationale, voire mondiale. Seule une obédience mixte, forte et laïque fera contrepoids à la puissance maçonnique anglo-saxonne masculine et dogmatique qui n'abandonne rien de son impérialisme. Le Grand Orient de France ouvrira-t-il ses portes aux femmes ? L'interrogation pose, de fait, celle de l'avenir de la franc-maçonnerie laïque.

Le jour où une grande obédience masculine permettra à celles de ses loges qui le souhaitent d'initier des femmes, quels bouleversements ce changement entraînera-t-il dans les mois ou dans les années à venir pour l'Ordre maçonnique français ? Des structures de 1 000 à 2 000 membres telle que la Grande Loge Mixte de France, ou plus petites encore, comme la Grande Loge Mixte Universelle, iront-elles se fondre dans cette obédience d'un genre nouveau ? L'histoire et les particularités du Droit Humain, y compris son caractère international, le préserveront-ils de tentations semblables ? Se produira-t-il un effet d'entraînement ? D'autres obédiences masculines ou féminines suivront-elles la même voie ? Comment réagiront les obédiences dogmatiques françaises et étrangères si crispées sur cette question ? Se retrouvent, à cette occasion, les mêmes interrogations, les mêmes incertitudes, peut-être les mêmes réactions qu'en 1877 lorsque le Grand Orient de France vota, au convent, la suppression de l'invocation au Grand Architecte de l'Univers. Finalement, le choc de la surprise une fois passé, quelques loges changèrent d'obédience, mais le désastre annoncé n'eut pas lieu. En revanche, ce vote du convent 1877 fit beaucoup pour la franc-maçonnerie laïque qui affirmait ainsi son caractère propre par une action positive et volontaire. Gageons que pour la question de l'initiation des femmes, il en sera de même. L'élément féminin ne constituera pas une déferlante telle que le Grand Orient de France en vacille ou pire, en soit défiguré ou corrompu. Il a, au contraire, tout à gagner sur le plan de la notoriété.

Quelles femmes rejoindraient les ateliers mixtes du Grand Orient de France ? Les sœurs qui s'irritent de ne pas vivre en maçonnerie la mixité qui existe partout ailleurs, les femmes déçues par les obédiences mixtes auxquelles elles appartiennent ? Combien, dans la société civile, attendent la création d'une structure réellement novatrice parce qu'elles ne se reconnaissent ni dans une franc-maçonnerie féminine, ni dans les obédiences mixtes existantes ? Il y a quatre obédiences mixtes. À partir de quels critères les femmes choisissent-elles l'une plutôt que l'autre, la Grande Loge Féminine de France plutôt que des loges mixtes ? Dans l'ordre de leurs motivations, la mixité vient-elle en premier ou après le rite, les actions, la philosophie, le rayonnement de l'obédience ? Seule une enquête approfondie menée auprès de toutes les sœurs permettrait de répondre à cette préoccupation de façon rationnelle et objective.

Que signifierait pour les femmes le choix de la mixité par une grande obédience masculine ? Qu'elles soient initiées importe pour l'Ordre maçonnique, son image et son caractère de modernité, pour le mouvement féminin qui lira dans l'événement une promotion et une reconnaissance. La reconnaissance non de la Femme irréelle et imaginée ou celle d'une femme, des femmes considérées en tant qu'individu ? Elles restent un enjeu politique. Cependant, à l'heure actuelle, parce qu'elles sont de plus en plus nombreuses à contrôler leur avenir et leur image, les stéréotypes se brouillent. Parce qu'elles sont de plus en plus nombreuses à décider par elles-mêmes et pour elles-mêmes, les voies de leur accomplissement ne cessent de se multiplier. Individualisée, complexe, la situation des femmes change aujourd'hui tellement vite que cette mutation ne peut se mesurer. C'est dire que la question du sens de la mixité de la franc-maçonnerie s'adresse autant aux hommes. Une grande obédience mixte et laïque constituerait un espace véritablement nouveau, commun aux hommes et aux femmes où seule l'égalité de tous préserverait la différence des identités. Que veulent les femmes ? Que veulent les hommes ? L'avènement d'un monde où la fraternité « à la française » ne repose pas sur l'exclusion des sœurs par les frères, où la somptueuse Marianne à la poitrine ceinte du cordon orné de l'équerre et du compas, présente dans certains temples, ne représente pas que la moitié de l'Humanité.

NOTES

1. Yves Lequin, sous la dir. de, *Histoire des Français*, A. Colin, Paris, 1984, 2 tomes, p. 311.
2. Anonyme.
3. *Idem.*
4. *Idem.*
5. Bacot Jean-Pierre, *Les Filles du Pasteur Anderson*, éd. Edimaf, Paris, 1988, 134 p.
6. *Bulletin International*, 12ᵉ année, n° 7, août-septembre 1906, p. 104-105.

7. Benchetrit Karen, Louart Carine, *La Franc-maçonnerie au féminin*, éd. Belfond, Paris, 1994, 339 p. ; p. 197.
8. Il existe également des obédiences mixtes ou féminines de moindre importance et plus que discrètes : l'Ordre initiatique et traditionnel de l'Art royal (O.I.T.A.R.), Heptagone, la Grande Loge Indépendante Symbolique, la Grande Loge Œcuménique de l'Orient et de l'Occident, la Grande Loge Indépendante et souveraine des Rites Unis (GLISRU). Ces ordres peuvent être éphémères. Combien subsistent à ce jour ?
9. *Humanisme*, n° 67, janvier-février 1968, p. 46-49.
10. *Bulletin du Centre de documentation du G.O.D.F.*, par le F∴ A.B. n° 8, 1957, p. 29-44.
11. *Bulletin du Centre de documentation du G.O.D.F.*, n° 31, janvier-février 1962, p. 65-70.
12. Baud Raymond, *La Pilule, échec au roi*, éd. Robert Laffond, Paris, 1968, 293 p. ; p. 79.
13. Rabaut Jean, *Histoire des féminismes français*, éd. Stock, Paris, 1978, p. 320.
14. Guerrant R.H., *La libre maternité 1896-1969*, éd. Casterman, Paris, 1971, 165 p.
15. BGO BR 391, Rapport sur la promotion de la femme moderne, s. l., s. d., (1966), 10 p ; p. 4.
16. *Idem*, p. 4.
17. *Ibid.*, p. 8.
18. *Ibid.*, p. 9.
19. *Ibid.*, p. 10.
20. BGO 55419 2e Journée d'étude, « Le rôle de la femme dans la société moderne », 11 mai 1968, 110 p.
21. *Humanisme*, mai-juin 1974, n° 101, « la loi maintient des couples fantômes », par Jean Lachowski, p. 9-11.
22. *Humanisme*, n° 84, janvier-février 1971, non signé, p. 63-67.
23. *Humanisme*, n° 86, mai-juin 1971, non signé, p. 48-55.
24. *Humanisme*, n° 100, mars 1974, « 255 députés ont voté la mort de 200 femmes », Gisèle Halimi, p. 39-41.
25. BGO 60013, Grand Orient de France, Contraception – Avortement : la parole est aux femmes, Paris, 9-10 mars 1974, 210 p. ; p. 201.
26. Benchetrit Karen, Louart Carina, *La Franc-maçonnerie au féminin*, *op. cit.* ; p. 225-226.
27. Le député Henri Caillavet avait déposé un premier projet de loi devant l'Assemblée nationale en 1951. Il avait été rejeté. Il en avait proposé un second, également rejeté, en 1971.
28. *Humanisme*, n° 101, mai-juin 1974, « Divorce, la loi maintient des couples fantômes », Jean Lachowski, p. 9-11.
29. *Le Globe*, compte rendu de la fête d'adoption du 15 mars 1828, loge la Clémente Amitié.
30. *L'Univers maçonnique*, compte rendu de la fête d'adoption de la R∴ L∴ EC∴ de la Vraie Réunion en 1803, p. 506.
31. *Idem*.

32. BGO f.a. 5428, *Discours*, « De la Femme » du F∴ Desrivières de Montmorillon, R∴ L∴ les Trinitaires à l'Or∴ de Paris pendant les années 1846, 1847 et 1848, Paris, 1848, p. 129.
33. *Idem*, p. 129.
34. *Ibid.*, p. 130.
35. *Ibid.*, p. 133.
36. BGO 5440 Chemin Dupontès J.-B., *Travaux maçonniques et*, 1819, p. 199.
37. *Deux siècles de franc-maçonnerie*, vol. du jubilé, 1719-1917, Bureau international de relations maçonniques, Berne, imp. Blücher et Cie, 1917, 247 p. ; p. 165.
38. BN imp. Hp. 1154, Fête d'adoption 9 mars 1866, Discours prononcé par le F∴ A. Veil Picard, Or∴ de Besançon, 1866, p. 6-7.
39. *Idem*.
40. *Discours du frère Desrivières de Montmorillon...*, op. cit., p. 137.
41. *Idem*, p. 137.
42. *Ibid.*, p. 138.
43. *Mémorandum du S.C.*, n° 91, 2e trim. 1886, p. 1 *sq*.
44. *Mémorandum du S.C.*, n° 98, 1er trim. 1888, p. 24-25.
45. *Discours* du F∴ Desrivières de Montmorillon, p. 128.
46. *Idem*, p. 134.
47. *Ibid.*, p. 148.
48. *L'Acacia*, 1906, 2e vol., p. 124.
49. BN imp. Hp 364, Discours d'inauguration de la loge Les Amis de la Tolérance par le frère Callot, vénérable de la loge, 1869, p. 3.
50. BN imp. 8°R 6897, Le Solitaire [i.e. le Frère Beauchery], *La femme ne doit pas travailler*, Paris, 1886. Le titre de l'œuvre d'Alexandre Weil n'est pas noté par l'auteur. A. Weil a écrit plusieurs livres sur le sujet ; il est ami de Maria Deraismes.
51. *Le Monde Maçonnique*, janvier 1860, p. 563.
52. BGL a.n.c. Question soumise à l'étude des loges, « Entrée de la femme dans la franc-maçonnerie », 1920.
53. BGL anc, archives de l'obédience, 1920.
54. *Idem*.
55. BGO Henri Thiriet, *Esquisse d'une doctrine positive de la Franc-maçonnerie*, 1927, p. 167.
56. Compte rendu aux Ateliers...., compte rendu, convent du GODF 1934, p. 135-136.
57. Boyau Rémi, *La Fédération française du Droit humain*, op. cit., p. 399.
58. *Humanisme*, n°s 92-93, n° spécial 1972, « Le Grand Orient de France et les femmes », Fred Zeller, discours prononcé à la clôture du convent de la Grande Loge Féminine de France le 17 septembre 1972, p. 91-94 ; p. 92.
59. *Études traditionnelles*, n° 269, juillet-août 1948, « Initiation féminine et initiation de métier », René Guénon, p. 185-190.
60. *Idem*.
61. Anonyme.

62. *Tribune des Annales*, n° 4, mars 1981, « Contre la mixité au G∴O∴D∴F∴ », p. 14.
63. Anonyme.
64. Bernardin Charles, *Notes pour servir à l'histoire de la Franc-Maçonnerie à Nancy jusqu'en 1905*, imp. L. Bertrand, Nançy, 1909, 200 p. ; p. 74.
65. Lantoine Albert, *Les Lézardes du temple*, éd. Du Symbolisme, Paris, 1939, 297 p ; p. 114.
66. Anonyme.
67. *Idem*.
68. *Idem*.
69. *Idem*.
70. *Humanisme*, n°s 92-93, n° spécial 1972, « Le Grand Orient de France et les femmes », *op. cit.* ; p. 91.
71. *Idem*, p. 91.
72. Anonyme.
73. *Idem*.
74. *Idem*.
75. BGL anc. Question soumise à l'étude des loges, 1920.
76. BGO 62419, *CLIPSAS, Trente Ans*, hier, aujourd'hui, demain, éd. Du CLIPSAS, Genève, 1992, 58 p. ; p. 30-31.
77. *Idem*, p. 37-39.
78. *Le Monde*, 26-27 novembre 1995, « Les femmes manifestent à Paris leur attachement au droit à l'avortement et à l'emploi », Michèle Aulagnon.
79. *Le Monde*, 6 mars 1999, « Le gouvernement veut corriger les incohérences de la politique familiale », Virginie Malingre.
80. *Économie et Statistiques*, n°s 316-317, 1988, « Devenir cadre dès trente ans : une approche longitudinale de la mobilité sociale », Galland Olivier, Rouault Dominique.
81. *L'Emploi en Europe*, 1993, Commission des Communautés européennes, Bruxelles.
82. *INSEE Résultats*, n°s 492-493, chiffres pour 1996, 203 p.
83. *Le Monde diplomatique*, mai 1999, « Sexisme ordinaire au travail », Martine Bulard.
84. *Les vacances de Nanette*, éd. Le livre d'or. L'émission de France Inter, L'as-tu lu mon p'tit loup ?, présente au cours du mois d'octobre 1999 un livre pour jeunes où il est question d'une petite fille qui, après avoir essayé divers métiers, médecin, astronaute, pompier, et avoir échoué partout, décide de rester à la maison.
85. Rapport au ministre de la Fonction publique, de la Réforme de l'État et de la Décentralisation, « L'encadrement supérieur de la Fonction publique : vers l'égalité entre les hommes et les femmes », Colmou Anne-Marie, La Documentation française, 1999, 170 p.
86. *Le Monde diplomatique*, mai 1999, Martine Bulard.
87. Rapport au ministre de la Fonction publique, de la Réforme de l'État et de la Décentralisation, « L'encadrement supérieur de la Fonction publique... », *op. cit.*
88. *Le Monde diplomatique*, mai 1999, « Sexisme ordinaire au travail », Martine Bulard.

89. Troisièmes Rencontres scientifiques internationales de Gif-sur-Yvette, « Les femmes ont-elles la tête moins scientifique que les hommes ? », Hélène Cardin, CNRS, 3 février 2000.
90. Rapport au ministre de la Fonction publique, de la Réforme de l'État et de la Décentralisation, « L'encadrement supérieur de la Fonction publique... », *op. cit.*
91. Troisièmes Rencontres scientifiques internationales de Gif-sur-Yvette, « Les femmes ont-elles la tête moins scientifique que les hommes ? », Hélène Cardin, CNRS, 3 février 2000.
92. Rapport au ministre de la Fonction publique, de la Réforme de l'État et de la Décentralisation, « L'encadrement supérieur de la Fonction publique... », *op. cit.*
93. *E.N.A. Mensuel*, n° 272, mai 1997, « Femmes et pouvoirs », p. 11.
94. Majnoni d'Intignano Béatrice, *Femmes, si vous saviez...*, éd. de Fallois, Paris, 1996, 400 p.
95. *Le Monde*, « Le gouvernement prévoit une parité globale, mais sans condition d'ordre », Clarisse Fabre, 9 novembre 1999.
96. Loi du 6 Fructidor an II reprise par l'article 57 du Code civil, loi du 23 décembre 1985 n° 85-1372 et circulaire du 26 juin 1986 relative à sa mise en œuvre. D'où il ressort : 1. Le mariage n'opère aucun changement de nom pour les personnes. 2. Toute personne majeure ou mineure – homme, femme, enfant – peut se choisir un nom d'usage. 3. Le nom d'usage est soit celui du conjoint utilisé seul ou ajouté à son patronyme, soit un nom constitué de son patronyme et de celui du parent qui ne lui a pas été transmis. 4. Porter un nom d'usage, et lequel, relève de la seule volonté de l'intéressé.
97. Direction générale des impôts, 16 janvier 1996. Autre exemple, le Chèque Emploi Service qui répond à la réclamation d'une femme qu'elle peut s'adresser à l'URSSAF. Autrement dit d'aller voir ailleurs.
98. Saint Cricq Régine, Prévost Nathalie, *Vol au-dessus d'un nid de machos*, éd. Albin Michel, Paris, 1993, 199 p. ; p. 63-64.
99. *E.N.A. Mensuel*, mai 1997, *op. cit.*, p. 19.
100. *L'Événement*, n° 777 du 23 au 29 septembre 1999, « Les Chiennes de garde », p. 49-55.
101. L'égalitarisme, issu des Lumières et revisité par le marxisme, soutient qu'Histoire et nature doivent être renvoyées dos à dos au profit d'un sujet désincarné. Le différentarisme veut abolir l'image de la Femme construite par les hommes au profit de la mise en évidence de la « vraie nature des femmes » c'est-à-dire de leurs réalités spécifiques génératrices d'un rapport au monde différent.
102. Perrot Michèle, Duby Georges, *Histoire des femmes*, *op. cit.*, « Droit et démocratie », Mariette Sineau, t. 5, p. 488.
103. *Id.*, *op. cit.*, « Une émancipation sous tutelle », Rose-Marie Lagrave, p. 460.
104. *Humanisme*, n°s 141-142, mai-juin 1981, « La laïcité et les femmes », Gisèle Halimi ; *Humanisme*, n° 193, octobre 1990, « Femmes, religions et laïcité », Gisèle Halimi ; *Humanisme*, n° 204, mai 1992, « Femme et citoyenneté », Elisabeth Chamboredon.

105. *Humanisme*, n°s 167-168, « Choix de nom, choix de société » d'Alain Houlon, p. 10-14.
106. *Humanisme*, n° 174, juin 1987, « la famille, une structure qui disparaît ? » par Edmond Corcos.
107. *Humanisme*, n°s 194-195, « IVG et dons d'organes », Henri Caillavet, p. 59-62.
108. Étude interne de la Grande Loge Féminine de France, 1990
109. Anonyme.
110. Anonyme pour toute cette partie.
111. Circulaire n° 4 du Grand Orient de France, Conseil de l'Ordre du 14 octobre 1981, modification au Règlement général adoptée par le Convent 1981, Article 57 : Tenues et réunions spéciales « Tenues mixtes : avec l'appareil maçonnique comme pour les tenues d'obligation, les SS initiées dans les obédiences féminines et mixtes reconnues par le Grand Orient de France ». Ceci à l'exclusion des cérémonies d'initiation, d'augmentation de salaire et d'installation des officiers. Toutefois, les ateliers qui le désirent sont également libres d'admettre en visiteuses les SS à ses tenues particulières.
112. Lorsque le Grand Orient de France avait transmis les patentes du rite français à la Grande Loge Féminine de France, il s'était engagé à ne pas créer de loges féminines.
113. Jullien Henri, *Régularité éxotérique et tradition ésotérique en Franc-Maçonnerie*, éd. Du Prisme, Paris, 1973, 218 p.

CONCLUSION

Il apparaît que la question de l'initiation des femmes s'est refermée et durcie : au XVIIIe siècle, les francs-maçons accueillent les femmes dans leurs loges au nom du respect des coutumes et de la culture françaises. Aujourd'hui, la grande majorité d'entre eux refusent de les initier dans leurs ateliers par égard pour la franc-maçonnerie anglaise et la tradition chrétienne. Les obédiences masculines, la Grande Loge Féminine de France, un grand nombre de frères du Grand Orient de France écartent ou veulent ignorer toute idée de mixité.

Et pourtant, la question de l'initiation des femmes est là, tenace et bien vivante, simple rappel au bon souvenir des frères ou présence irritante, irrésistible, selon les années. Elle les oblige à s'interroger sur les préjugés, les partis pris, les opinions toutes faites, à s'aventurer dans le champ de la psychologie, à se confronter à leur propre vie, aux images pérennes de la Mère-femme-épouse qui viennent de si loin, de l'enfance et bien au-delà.

Elle les conduit à se pencher sur leur passé, à retrouver une mémoire occultée par une histoire partielle ou partisane, vision oublieuse de la présence des femmes dans les loges françaises, vision erronée de leur rôle sur la scène maçonnique.

Elle les engage à réfléchir à la portée de leurs arguments. Si les symboles sont, par nature, universels et intemporels, enracinés dans les structures de l'imaginaire, leur sens varie selon les temps, les sociétés et les hommes. Leur interprétation doit donc prendre en compte le mouvement historique, le milieu culturel et leur rôle particulier ici et maintenant [1]. Cette réflexion ne devrait-elle pas inciter les francs-maçons à relire d'un œil critique les interprétations avancées par leurs auteurs symbolistes ? Sauf une frange de francs-maçons, plus personne aujourd'hui n'ose soutenir l'idée qu'hommes et femmes sont complémentaires et qu'au nom d'un ensemble de caractères répondant à une image sociale, l'initiation doit être refusée aux femmes. Et de quelle tradition parlent-ils ? Celle des anciens Devoirs dont de multiples exemples prouvent qu'il y avait des femmes dans tous les métiers de la construction [2] ? Celle des Constitutions d'Anderson de 1723 si tardivement connues en France [3] ? À moins qu'il ne s'agisse de la tradition sacrée qui se perd dans la nuit des temps, commune à tous les peuples et à toute forme de société. Comment alors en exclure les femmes sauf à soutenir qu'elles ne font pas partie de l'humanité ? Le refus d'initier les femmes contredit les coutumes ancestrales de la France, celles de l'amour courtois et de la galanterie venues jusqu'à nous par-delà les siècles. Les traditions forgent une mentalité, façonnent un caractère national, soudent un peuple. Est-il possible de se réclamer d'une tradition qui soit en opposition avec des habitudes anciennes et qui, en l'occurrence, s'inscrit dans une logique de communautés juxtaposées, voire opposées, les femmes d'un côté, les hommes de l'autre ? Cette conception de la société n'est pas celle de la France.

La question de l'initiation des femmes est toujours là, prégnante, et elle progresse. De plus en plus d'ateliers viennent se joindre aux loges pionnières du Collectif pour la Liberté d'initier les femmes (CLIF). Imposer de poursuivre la réflexion constitue déjà une victoire considérable. Le discours du Collectif s'est renouvelé. L'initiation des femmes n'est plus revendiquée au nom de l'égalité des sexes mais au nom de la liberté. Là réside la modernité de cette proposition : à la loi de la majorité qui prévaut généralement dans un cadre collectif, le CLIF oppose des voies qui relèvent d'un choix individuel.

Les francs-maçons et les hommes en général attendent des femmes qu'elles mènent de front leurs enfants, leur maison, leur carrière, leurs amours. S'interrogent-ils suffisamment sur leur place dans la société ? Invitent-ils leurs compagnes à la remettre en cause ? Comme hier, ils les convient à maîtriser leur situation, pas à la reconsidérer ; comme hier, ils les invitent à se penser en femmes, jamais en individus autonomes pour qu'enfin hommes et femmes marchent d'un même pas. Cependant, les réactions des francs-maçons devant cette question de l'initiation des femmes traduisent une interrogation, un trouble, une prise de conscience grandissants. Exemplaires et singuliers francs-maçons français qui recherchent tellement la présence féminine, qui ont tellement besoin de la féminité, cette part d'eux-mêmes qu'ils aiment et repoussent à la fois, mais qu'ils sont de plus en plus nombreux à accepter et à revendiquer. La question de l'initiation des femmes, par la force des choses, trouvera bien un jour sa résolution.

Cet ouvrage montre la place effective et permanente occupée par les femmes au cours de ces trois siècles de présence dans les ateliers maçonniques. Il dépasse le récit de l'initiation et de la place des femmes dans les loges maçonniques françaises. Les mots, les images, la vie sociale et politique, les mœurs tout autant que le monde maçonnique y montrent que le rapport entre les sexes repose sur une relation construite et sans cesse reconstruite, effet et moteur de la dynamique sociale. Le rapprochement du discours tenu sur les femmes et de la réalité vécue dans les loges comme dans la société civile bâtit une Histoire qui éclaire combien l'image rêvée de la Femme et le quotidien pèsent l'un sur l'autre, combien ils se révèlent complémentaires et dépendants. En un mot, combien l'histoire des femmes est autant celle des hommes.

NOTES

1. Chevalier Jean, Gheerbrant Alain, *Dictionnaire des symboles*, éd. Robert Laffont/Jupiter, coll. Bouquins, Paris, 1982, 1 060 p.
2. *La Franc-maçonnerie*, éd. Desclée de Brouwer, coll. Notre histoire, Paris, 1996, 199 p.
3. Ligou Daniel, *Constitutions d'Anderson, op. cit.*

ANNEXES

ABRÉVIATIONS

Abréviations bibliographiques

A D	Archives départementales
A M	Archives municipales
A N	Archives nationales
a n c	archives non cotées
A V P	Archives de la Ville de Paris
B Ars.	Bibliothèque de l'Arsenal
B D H	Bibliothèque de l'obédience mixte le Droit Humain
B G L	Bibliothèque et archives de la Grande Loge de France
BGLNF	Bibliothèque de la Grande Loge Nationale Française
B G O	Bibliothèque et archives du Grand Orient de France
B H V P	Bibliothèque de la Ville de Paris
B I F	Bibliothèque de l'Institut de France
B. Mun.	Bibliothèque municipale
BN imp.	Bibliothèque nationale – département des imprimés
BN mss	Bibliothèque nationale – département des manuscrits
BN per.	Bibliothèque nationale – département des périodiques

Abréviations maçonniques

F∴ FF∴	frère frères
S∴ SS∴	sœur sœurs
G∴ L∴ C∴	Grande Loge Centrale
G∴ L∴ D∴ F∴	Grande Loge de France
G∴ L∴ S∴	Grande Loge Symbolique
G∴ L∴ S∴ E∴	Grande Loge Symbolique Écossaise
G∴ O∴ D∴ F∴	Grand Orient de France
L∴ LL∴	loge, loges
Or∴	orient

R∴ E∴ A∴ A∴   Rite Écossais Ancien Accepté
S∴ C∴   Suprême Conseil du Rite Écossais Ancien et Accepté ou Suprême Conseil de France
Vén∴   vénérable

LEXIQUE MAÇONNIQUE

Affiliation : un franc-maçon ou une loge devient membre d'une autre loge ou d'une autre obédience.
Attache favorable : prise en considération d'une demande.
Atelier ou loge : groupement d'un certain nombre de francs-maçons organisé selon le rite choisi.

Baptême maçonnique ou adoption d'enfant ou protectorat maçonnique : cérémonie par laquelle des frères ou une loge deviennent les parrains d'un ou plusieurs enfants.
Batterie : applaudissements rituels qui marquent un événement.

Cahier d'architecture ou livre d'architecture : cahier où sont consignés les comptes rendus des réunions.
Chapitre : atelier de francs-maçons pourvus de hauts grades.
Climat : rangées de sièges disposés face à face, terme utilisé dans les loges d'adoption.
Communication : l'initié reçoit les grades sans cérémonie rituelle.
Convent : réunion annuelle du pouvoir législatif d'une obédience.
Correspondance : synonyme d'obédience.

Degré ou grade : désigne les étapes successives de l'évolution initiatique des francs-maçons. Ces degrés sont en nombre variable selon les rites.
Démolition de loge : une loge est exclue de l'obédience et rayée des listes par les instances dirigeantes.
Don gratuit : cotisation due par les adhérents d'une obédience.

Écossisme : ensemble des rites écossais ou des obédiences qui les pratiquent.
Élévation de grades : cérémonie d'initiation pour faire passer un franc-maçon d'un grade à l'autre.

Être sur les colonnes : être présent dans un atelier lors d'une réunion.

Fête d'adoption : il ne s'agit plus de loges organisées et permanentes mais de fêtes occasionnelles.
Fête de famille : fêtes occasionnelles où sont invitées les femmes, mais aussi les enfants et l'entourage des francs-maçons.
Fête d'ordre : fête que donne une obédience une fois par an et à laquelle elle invite avec solennité les obédiences amies.
Fête solsticiale : fête d'une obédience ou d'une loge au moment d'un solstice.
Frère servant : frère chargé de la préparation matérielle de la loge, du ménage, des repas.

Garants d'amitié : frère spécialement chargé des bonnes relations entre obédiences ou entre loges.
Grade : voir degré.
Grades symboliques : l'expression désigne les trois premiers degrés, apprenti, compagnon, maître, de l'échelle symbolique.
Grande Loge ou Grande Loge Symbolique : pouvoir législatif d'une obédience constitué des représentants élus de chaque loge, organisé comme une loge avec un président et des officiers et chargé de l'administration de l'obédience.
Grand Maître : président d'une obédience.

Hauts grades : tous les grades du 4e au 33e dans le REAA, du 4e, au 7e dans le Rite français, etc., c'est-à-dire tous les degrés au-dessus du 3e.

Initiabilité : néologisme créé par l'auteur.
Initiation : série d'épreuves subies par les francs-maçons pour entrer dans une obédience et au cours de leur cheminement maçonnique.

Loge : voir atelier.
Loge-mère : loge fondatrice.
Loge provisoire : réunion de plusieurs francs-maçons en vue de constituer une loge définitive.
Loge symbolique ou loge bleue : loge qui ne comprend que les trois premiers degrés de la franc-maçonnerie (apprenti, compagnon, maître).

Loge d'adoption : loge où sont admises les femmes selon des conditions et un rituel particuliers.
Lowton : enfant de franc-maçon adopté par une loge.

Maçonnerie blanche : voir tenue d'adoption.
Mère loge : loge de base apte à fonder d'autres ateliers.
Mise en sommeil d'une loge ou d'un franc-maçon : suspension momentanée volontaire ou par décision des instances dirigeantes d'une obédience, d'une loge ou d'un franc-maçon.
Morceau d'architecture : travail, discours ou conférence présentés en loge.

Obédience : groupement organisé d'un certain nombre de loges.
Office : poste nécessité par la vie et la bonne marche de l'association (secrétaire, trésorier, etc.).
Officier : personne qui occupe un poste.
Ordre : ensemble des obédiences qui existent sur un territoire ou dans le monde.
Orient : désigne la ville où est située une loge.

Planche : lettre ou tout écrit destiné à des francs-maçons.
Profane : adjectif qui désigne, par opposition, tout ce qui n'est pas maçonnique.

Réciprocité : accord entre loges ou obédiences pour se recevoir.
Reconnaissance : légitimation des obédiences entre elles.
Reconnaissance conjugale : un frère peut faire « adopter » son épouse par sa loge.
Régularité : règles auxquelles se soumettent les obédiences pour être reconnues régulières par la Grande Loge Unie d'Angleterre.
Régulier : loge ou obédience qui répond à un certain nombre de critères définis par des textes.
Rite : ensemble de pratiques et de symboles.
Rite écossais : ensemble de rites organisés selon 33 degrés.
Désigne par extension le Suprême Conseil ou la Grande Loge de France qui n'ont qu'un seul rite : le rite écossais. Il est possible également de trouver l'expression « maçons écossais » pour désigner les frères affiliés au Suprême Conseil ou à la Grande Loge de France.
Le Grand Orient de France est une fédération de rites, c'est-à-dire que les loges pratiquent le rite de leur choix. Le rite officiel du Grand

Orient de France, celui de la majorité des loges, des convents et des cérémonies officielles est le rite français.

Rite français : ensemble de rites organisés selon 7 degrés.

Rituel : le terme désigne à la fois les pratiques et le livre où elles sont consignées.

Sac aux propositions : boîte ou sac qui circule à la fin de chaque réunion pour recueillir, par écrit, les observations diverses.

Tableau de loge : liste des membres d'un atelier.

Temple : désigne la loge ou le bâtiment abritant une ou plusieurs loges.

Tenue : réunion de travail d'une loge ou d'une Grande Loge.

Tenue d'adoption : tenue à laquelle des femmes, des enfants, des profanes sont conviés.

Tenue de comité : réunion d'une commission restreinte.

Tenue de famille : même sens que la tenue de comité.

Tuilage ou tuiler : interrogation rituelle pour vérifier si un visiteur est bien franc-maçon.

Tronc de la Veuve : boîte ou sac qui circule à la fin de chaque réunion pour recueillir l'obole de chacun destinée à des œuvres philanthropiques.

Vénérable : président d'une loge.

Visiteur : franc-maçon qui assiste aux réunions dans une autre loge ou une autre obédience que la sienne.

DOCUMENTS

Document 1

Diplôme de loge d'adoption du XVIIIe siècle
Avec l'autorisation de la Bibliothèque Nationale.

Document 2

Discours prononcé à la loge de la Concorde le vingt-cinquième jour du onzième mois de l'an de la Vraie Lumière 5781, par la S. Présidente de Daix, après sa réception au grade de Compagnonne. Archives historiques du Grand Orient de France. Extraits.

« Ô mes sœurs !... qu'il m'est doux de prononcer ce nom ! qu'il m'est doux de former avec vous de nouveaux liens, ou de resserrer ceux qui nous unissaient déjà ! Ô mes sœurs ! jouissons d'un honneur qui venge notre sexe des injures multipliées qu'on lui a faites si longtemps. Applaudissons-nous d'avoir trouvé des hommes justes, qui au lieu de nous offrir cette condescendance, cette soumission apparente, gages trop certains de l'orgueil et de la supériorité, nous présentent une association, un partage, signes précieux de l'estime et de l'égalité. Justifions leur Jugement, faisons voir que nous ne sommes pas condamnées aux seuls égards que la bonté accorde à la faiblesse, aux seuls hommages que la distraction prodigue à la frivolité, ou que la séduction prépare à la vanité. Montrons-nous supérieures à toutes ces petites rivalités qu'on nous a trop légèrement et trop généralement reprochées. Prouvons enfin que le charme de la Concorde, que le lien de l'estime, que le sentiment céleste de l'amitié, que les soins touchants de la bienfaisance, que les travaux sévères de la raison ; en un mot, que jusqu'au mérite difficile de la discrétion, peuvent aussi devenir notre partage, et que comme il n'est pas de sexe pour les âmes, il n'en est pas non plus pour les vertus.

Pour moi, je l'avoue ; jamais je ne songerai à [cette] respectable loge, à celui qui la préside, à cet esprit sage qui la caractérise, et à cette modestie qui double en lui le mérite qu'elle s'efforce de voiler ; à cette Compagne de sa vie, qui est aussi celle de ses vertus et de ses travaux : et ce F∴ qui, dépositaire de vos pieuses largesses, les grossit en les répandant ; à sa candeur digne de l'âge d'or ; enfin à toutes les vertus qui remplissent cette loge et dont chacune mériterait un hommage particulier ; non, jamais je n'y songerai sans éprouver un attendrissement mêlé de respect. Animée par de si grands Modèles, j'oserai quelquefois prétendre à marcher de loin sur leurs traces ; et comme cet Artiste qui, saisi d'émulation à la vue d'un chef-d'œuvre de son Art, s'écriait, Et moi aussi, je suis Peintre ! je m'écrierai au sein d'un transport non moins vif, mais mille fois plus doux, Et moi aussi je suis Maçonne ! »

Document 3

Liste non exhaustive des loges d'adoption du Ier Empire

Recensées grâce aux documents suivants : *Le Code récréatif, Les Annales maçonniques, L'Univers maçonnique, Le Miroir de la Vérité.*

Par ordre alphabétique.
- L'Âge d'Or
- Anacréon
- Les Amis de la Paix
- Les Amis de la Vertu
- Arts et Amitié
- Les Bons Amis
- Le Centre des Amis
- Les Chevaliers de la Croix
- Les Cœurs Réunis
- Les Élèves de la Nature
- Les Frères Artistes
- Les Militaires Réunis
- L'Océan Français
- La Parfaite Réunion
- Saint Eugène
- Saint Joseph
- Sainte Caroline
- Sainte Joséphine
- Sainte Thérèse des Amis de la Constance
- Sincères Amis
- Thalie
- Thémis
- La Trinité
- L'Union
- La Vraie Réunion

Document 4

Le Temple des Familles :
Adhérentes ou conférencières.

• Angélique Arnaud-Bassin (1799-1884) républicaine socialiste proche des saint-simoniens, journaliste au *Droit des Femmes* de Léon Richer, romancière, critique d'art
• Madame Fagel, chapelle impériale
• Marie Guerrier de Haupt, romancière, traductrice (de James F. Cooper entre autres), grammairienne, historienne
• Jenny P. d'Héricourt, écrivain, féministe
• Albine-Hélène Le Vassal-Roger, ancienne sœur de Sainte Caroline, co-fondatrice de la Vie Humaine avec Luc-Pierre Riche-Gardon
• Mademoiselle Levert, chanteuse
• J. de Marchef-Girard, chroniqueur, pédagogue
• Maxime, actrice du Théâtre Français, épouse de Jean-Charles Fauvety
• Madame Piazzetta, pianiste
• Mesdames Brunel, Adèle Casdelar, Sophie Cattiaux, Goutté-Coudray, Guillermet, Hollendersky, Massé, Pillon, Bonnardel (épouse de Luc-Pierre Riche-Gardon), Secretan, Walther (épouse de Amédée Petit).

Document 5

Fondateurs de la loge les Libres Penseurs (GLSE) à l'Orient du Pecq d'après le Bulletin maçonnique de la Grande Loge Symbolique Écossaise, *n° 3, juin 1880.*

Les frères Daumont, Thockler, Hesse, Laurent, Lauvin, Fabre, Roux.

Document 6

Temples de la Grande Loge Symbolique Écossaise n° 2.

Siège social : 128, rue de Charenton puis 8, rue Rondelet, Paris
Loges :
• Diderot, 8, rue Rondelet avec l'Université populaire Diderot
• L'Idéal social, 103, quai de Valmy puis 10, rue Dupetit-Thouars
• La Jérusalem Écossaise, 51, rue Cardinal-Lemoine dans les locaux de l'obédience mixte le Droit Humain
• La Révolution Sociale, rue de Suffren
• Le Contrat Social, 5, rue Payenne
• Stuart Mill
• Les Inséparables de l'Arc-en-ciel
• La Philosophie Sociale

Document 7

Loge d'adoption le Libre Examen, au 29-5-1901, d'après les archives de la loge.

• Grande Maîtresse : S∴ Berthault
• Secrétaire : S∴ Lallement
• Trésorière : S∴ Braure

En 1902
Les hommes
• Vénérable : F∴ Pellé
• 1ᵉʳ Surveillant : E. Giet
• 2ᵉ Surveillant : R. Lamarque
• Orateur : G. Oudinot
• Secrétaire : G. Lallement
Les femmes
• Grande Maîtresse : S∴ Berthault
• Sœur Inspectrice : E. Muard
• Sœur d'Éloquence : R. Horst

- Sœur Dépositaire : L. Deulin (ou Duillin)
- Sœur Secrétaire : Lallement

Document 8

Sœurs de la Nouvelle Jérusalem Adoption d'après les archives de la loge.

- Louise Magne
- Sohn-Katz
- Palmyre Plaquet-Flament
- Laurence Agnard dite Argan
- Julie Macaire
- Delly Steens
- André Lorec (madame Levy-Oulmann)
- Ernestine Granjean-Gardès
- Thérèse Pech
- Cleyre Yvelin-Boucher

Document 9

Lettre de Madeleine Pelletier.

La S∴ PELLETIER AUX MM∴

Mes FF∴

En Avril 1904, après un entretien avec mon chef le Dr Legrain, je me décidais à demander l'init∴ à la G∴L∴S∴E∴. Depuis longtemps déjà je savais qu'il existait des LL∴ mixtes, mais, comme j'avais entendu dire qu'elles n'avaient pas de relations avec la grande Maç∴, je n'avais aucune idée d'y entrer.

Le Dr Legrain cependant, tout en leur adressant des critiques, m'assura qu'elles présentaient de l'intérêt et lorsqu'enfin, demi-persuadée, je lui demandai si une fois initiée je pourrais travailler efficacement à l'admission des femmes au G∴O∴, il me répondit affirmativement : c'est ce qui me décida.

Lors de mon entrée j'eus de la part des chefs de l'Obéd∴ un accueil très bienveillant, je sentais qu'on était content de m'avoir. Je dois avouer cependant que, très vite, j'eus lieu de n'être pas complètement satisfaite, car, à la façon dont le président de l'Ob∴ et le vén∴ me présentaient au public des ten∴bl∴ devant lequel on me demandait de parler, je sentais qu'on me traitait en inférieure, et cela *uniquement en raison de mon sexe*. Convaincue de la nécessité d'une hiérarchie pour la Maç∴ qui, par essence, doit être un ordre d'action, j'aurais obéi avec joie à tous ordres émanant de mes chefs maç∴, mais je comprenais clairement que ce n'était pas de cela qu'il s'agissait, j'étais traitée différemment d'un f∴ qui aurait eu ma situation scientifique, uniquement parce que femme, et, malgré les théories féministes qu'ils affichaient, les FF∴ susdésignés étaient convaincus qu'en m'admettant *ils me faisaient honneur et m'élevaient jusqu'à eux*.

Poussée cependant par un grand désir de réaliser ce que je m'étais assigné pour but : l'admission des femmes au G∴O∴ et, par suite, l'accès pour elles à la vie politique, j'oubliai ces froissements personnels et me consacrai de toute mon énergie à la G∴L∴S∴E∴. Deux mois environ après mon init∴, je faisais entrer Louise Michel, afin de me servir de sa notoriété universelle comme d'un puissant levier pour la propagande de mes idées et j'organisais seule, pendant le convent de 1904, des ten∴ exceptionnelles qui eurent, grâce en grande partie à Louise Michel, un succès sans précédent. C'est à la suite de ce succès que je fus nommée, à la rentrée, Sec∴ gén∴ de l'Ob∴.

Déjà, cependant, mon élévation rapide m'avait créé de nombreux ennemis ; les femmes me jalousaient sournoisement et les hommes trouvaient que c'était donner trop d'importance à une femme. Le Président d'alors, le f∴ R..., au lieu de m'encourager dans ma propagande, avait des paroles amères. Et d'abord, si on reprend les relations, me dit-il un jour, avec une colère contenue, ce n'est pas vous qui en profiterez, ce sera nous, *les hommes*.

Sur ces entrefaites, ce f∴ voulut faire affilier chez nous une s∴ discutable au point de vue des mœurs ; je m'indignai ; les LL∴ mixtes devaient être, à mon avis, des modèles de correction, afin de ne pas donner prise aux adversaires ; il ne fallait pas que l'énergie des uns fût annihilée par l'indignité des autres. Le f∴ R∴ ne voulut rien entendre, les femmes auxquelles je faisais allusion, disait-il (et il avait des partisans), étaient beaucoup plus *agréables* que celles qui oubliaient leur sexe. Je luttai jusqu'au bout et le f∴ R∴ perdit la présidence de la G∴L∴. Je m'étais aliéné cependant ma L∴ mère la *Philosophie sociale*, où le f∴ R∴ avait des partisans ; je la quittai donc et allai à *Diderot* qui, au bout d'un an, me nomma Vénérable.

Je continuais une propagande très active pour l'admission des femmes au G∴O∴ et je sacrifiais à cette propagande le souci de ma carrière scientifique. Par mes conférences, mes articles, mes correspondances nombreuses avec les FF∴ de province, je portais tous mes efforts à convaincre les LL∴ de la nécessité d'ouvrir leurs portes aux femmes. Parfois, dans mes discours, je prenais une forme un peu agressive vis-à-vis du G∴O∴, mais c'est que, minorité, je pensais que tout notre rôle devait consister à aiguillonner la majorité qu'il fallait convaincre. D'ailleurs en agissant ainsi, je servais l'intérêt de mes idées, contre mon intérêt personnel qui eût été au contraire d'adopter une tactique d'attente respectueuse, afin de me faire dans l'Ob∴ influente de nombreux amis.

Mais, loin de me remercier pour mon dévouement, la plupart des membres de mon Ob∴, des membres des LL∴ autres que la mienne n'avaient pour moi qu'une haine jalouse. Dans les discussions, des ss∴ allaient jusqu'à tenter d'entraver la tactique de propagande sous prétexte que les L∴ mixtes leur suffisaient. Plus je déployais d'activité, plus on me haïssait. Lorsque les LL∴ mixtes furent menacées au *B∴ H∴*, je fis tout ce qui était en mon pouvoir pour les sauver. D'une part, et afin de les faire craindre, je *persuadai* les vv∴ d'intenter un procès au *B∴ H∴*, et ils *approuvèrent tous* ; l'un d'eux, même, avocat, proposa un avoué de ses amis *qui ne prendrait pas cher* mais, comme dans le fond de moi-même je ne tenais à rien moins qu'à faire du mal au G∴O∴, et voulais seulement écarter les LL∴ mixtes de ce qui les menaçait, je fis des démarches officieuses au C∴ d∴ l'O∴ et j'obtins avec certaines concessions le maintien de ces LL∴ au *B∴ H∴*.

J'allai tout heureuse annoncer aux vv∴ des LL∴ le succès obtenu mais, au lieu de l'accueil que j'attendais, je ne reçus que des paroles de haine. Vraiment cette négociation me donnait trop d'importance, à moi, une femme ; on alla jusqu'à déclarer que le *B∴ H∴* était inutile et que les LL∴ mixtes seraient plus florissantes une fois exclues ; on s'appliqua à détruire tout ce que j'avais fait, et on réussit.

Cela n'empêcha pas, au reste, les dits ff∴ de me dénoncer aux ff∴ du G∴O∴ comme ayant voulu perdre cette Ob∴.

C'est alors que commença une campagne acharnée de calomnies contre moi : à l'instigation d'une s∴, employée des Téléphones, qui pensait aussi que « je tenais trop de place », on organisa une cabale et la L∴ *Nouvelle Jérusalem* me mit en accusation. Dans une ten∴ on me traita publiquement de sale femme, d'abcès purulent ; un f∴ sauta sur moi.

Ne trouvant rien de sérieux à me reprocher, on usa de l'intimidation. Si on ne f... pas Pelletier à la porte, disait-on aux ff∴ de *Diderot*, nous quittons l'Ob∴. Je dois avouer que j'ai tout lieu d'espérer que *Diderot*, fidèle à ses traditions, n'écoutera que la justice et ne tremblera pas devant la menace.

Mon jugement fut une honte pour la L∴ *Nouvelle Jérusalem* ; on y traîna des calomnies idiotes, on m'y accusa (en pleine L∴) de ne pas me laisser... (j'avoue que je ne soupçonnais pas que ce fût pour les ss∴ des LL∴ mixtes le devoir maç∴), autrement j'aurais choisi un milieu moins ignoble. Mais, devant l'affluence des visiteurs, on n'osa pas m'exclure, comme *d'avance* on avait déclaré à tous les échos qu'on le ferait, et j'allais être acquittée lorsqu'on demanda que, pour sauver l'honneur de la L∴, j'aie au moins le minimum, c'est-à-dire un mois de suspension.

De tout ceci, je vous en conjure, mes ff∴, ne concluez pas à la condamnation de la Maç∴ mixte. La femme est un individu, mal éduqué encore, mais enfin un individu, et le rôle de la Maç∴ est de l'émanciper comme elle émancipe l'homme.

Les faits écœurants que je viens de vous raconter ne prouvent qu'une chose, c'est qu'il faut veiller soigneusement au recrutement. Ne prenez comme ss∴ que des femmes dignes par l'intelligence, le caractère et la moralité ; ne prenez comme ff∴ que des hommes d'esprit élevé et voulant sérieusement l'émancipation de la femme, et la Maç∴, en élevant celle-ci à la *personnalité*, portera le coup mortel au cléricalisme.

Dr Madeleine PELLETIER.

Document 10

Ordre du jour portant l'affiliation des loges du Droit Humain et de la Grande Loge Symbolique Écossaise n° 2.

OBÉD∴ MAÇON∴ MIXTE UNIVERSELLE

S∴ L∴ Affil∴
DIDEROT
Ten∴ 8, rue Rondelet
3ᵉ Vendredi

A∴ L∴ G∴ D∴ L'H∴
ORDO AB CHAO
LIBERTÉ — ÉGALITÉ — FRATERNITÉ

S∴ L∴ Affil∴
LA PHILOSOPHIE SOCIALE
Ten∴ 5, rue Payenne
3ᵉ Mercredi

OBÉD∴ MIXTE FONDÉE A L'OR∴ DE PARIS, LE 4 AVRIL 1893, E∴ V∴
PAR LA S∴ Maria DERAISMES, ET LE F∴ Docteur Georges MARTIN
S∴ FÉRESSE-DERAISMES Vén∴ d'Honneur *ad vitam*.

La Fr∴-Maç∴ Mixte groupe sous sa bannière, les humains de toutes Races, Nationalités et Religions, afin de rechercher en commun et continuellement, les moyens d'assurer à chacun la plus grande somme de bien être matériel, et de bonheur moral pendant sa vie.

Les Religions s'occupent des relations que les humains doivent entretenir avec la puissance divine, pour mériter et obtenir le bonheur éternel après leur mort.
Les religions divisent les humains, la Fr∴-Maç∴ Mixte veut les unir.

GR∴ L∴ SYMB∴ ECOSS∴ DE FRANCE
LE DROIT HUMAIN
51, rue du Cardinal-Lemoine

Adresse de la Gr∴ L∴ chez la Gr∴ Maît∴   Or∴ de Paris, le 15 Mars 1901, E∴ V∴

T∴ C∴ F∴ — T∴ C∴ S∴

Notre R∴ At∴ se réunira en **Tenue solennelle**, le Dimanche 24 courant, à **deux heures très précises du soir**, en son Temp∴ **54, rue du Cardinal-Lemoine**.

Nous comptons sur votre activité Maç∴, et vous prions de nous apporter le concours de vos lumières, en venant resserrer nos liens de solidarité frat∴, et de bonne amitié.

La Gr∴ Maît∴, Vén∴ Tit∴ Présid∴ de l'Ob∴
S∴ Marie Georges MARTIN
20, rue Vauquelin

La 2ᵉ Surv∴   Le 1ᵉʳ Surv∴
S∴ Émilie DRECQ   F∴ Auguste BUBEN

Le Gr∴ Orat∴   Le Trés∴   La Gr∴ Chancel∴ Secrét∴
F∴ Docteur Georges MARTIN   F∴ PIRON   S∴ Maria MARTIN
                               91, rue Broca   31, rue Fraucœur

1ʳᵉ TEN∴ SOLENN∴   2ᵉ TEN∴ SOLENN∴
2ᵉ Samedi   4ᵉ Dimanche
à 8 h. très précises du soir   à 2 h. très précises après-midi

ORDRE DES TRAVAUX

Ouverture des Trav∴ au 1ᵉʳ deg∴ Symb∴ à deux heures très précises du soir — Procès-verbal et Correspondance.
Entrée des FF∴ Visiteurs après tuil∴ régulier.
Lecture des rapp∴ sur les FF∴ et les PProf∴ en instance — Affil∴ et Init∴ s'il y a lieu.
Allocution du F∴ G∴ Orat∴ aux nouveaux affil∴ et init∴.
Circulation du F∴ de Bienfaisance et du sac aux prop∴ — Récréation. — Visite au plat∴ du F∴ Trésor∴.
Communication du mot de semestre pour 1901 E∴ V∴
Impressions Maçon∴ de la S∴ V∴
Affaires diverses.
Clôture des Trav∴ à **six heures** rigoureusement précises.

Tous les AApp∴ init∴ avant le 1ᵉʳ janvier dernier peuvent demander le Comp∴ pour la Ten∴ d'Avril. Ceux qui voudraient prendre en même temps la Maît∴ devront pour ce dernier grade demander une dispense à la Gr∴ Maît∴ s'ils n'ont pas été reçus App∴ antérieurement au 1ᵉʳ Octobre 1900. Le Comp∴ est de 20 fr. et la Maît∴ de 30 fr.; mais pour le mari ou la femme, les enfants de maç∴, ou les frères et les sœurs qui appartiennent à notre Obéd∴, une réduction de moitié est de droit pour chaque grade.

2411, Imp. 5, r. Soufflot, Paris

La Gr∴ L∴ Symb∴ publie un **BULLETIN MENSUEL** dont l'abonnement annuel est de 2 fr. et donne droit aux convocations aux Ten∴ de la Gr∴ L∴ — S'adresser à la S∴ **Émilie DRECQ**, 46, rue Lamartine, pour les abonnements.

— Omnibus et Tramways traversant la rue du Cardinal-Lemoine ou aboutissant à 100 mètres :
Omnibus. — Pl. Pigalle, Halle aux Vins — Jardin des Plantes, Batignolles — Bd Saint-Marcel, Notre-Dame de Lorette — Square Montsouris, Pl. de la République — Bd de l'Hôpital, Square Montholon — Bastille, Grenelle.
Tramways. — Vitry, Châtelet — Pont de l'Alma, Gare de Lyon — Porte-Rapp, Bastille — Square Monge, La Chapelle. — Choisy-le-Roi, Châtelet — Ivry, Châtelet — Villejuif, Châtelet —
— Les Halles, Petit-Ivry.

Document 11

Principales lois en faveur des femmes depuis 1975.

• 1975 : loi interdisant toute distinction entre les hommes et les femmes dans la Fonction publique et toute discrimination à l'embauche

• 1978 : création du Ministère délégué à la Condition féminine

• 1979 : les limites d'âge pour l'accès aux emplois publics ne sont pas opposables aux femmes seules ayant au moins un enfant à charge.

• 1980 :
* les mères de trois enfants peuvent se présenter à tous les concours de la Fonction publique sans condition de diplôme
* interdiction de licencier une femme enceinte

• 1981 : création du Ministère des Droits de la Femme

• 1982 : loi sur l'égalité d'accès à la Fonction publique

• 1983 : loi sur l'égalité professionnelle entre les hommes et les femmes

• 1985 :
* loi sur le patronyme et le nom d'usage
* les cotisations sociales des femmes divorcées et sans protection sociale restent à la charge de l'ex-époux s'il a pris l'initiative du divorce (mesure du Conseil des ministres du 30 avril)
* égalité totale des hommes et des femmes dans la gestion des biens communs du ménage
* recouvrement des pensions alimentaires impayées depuis deux mois par les Caisses d'allocations familiales

• 1999 : modification de la Constitution pour y inscrire le principe de la parité des hommes et des femmes

BIBLIOGRAPHIE COMMENTÉE

En raison de l'importance de cet ouvrage, il fut décidé de présenter des notes détaillées à la fin de chaque chapitre accompagnées d'une courte bibliographie commentée.

Les amateurs de détails piquants n'ont trouvé, dans cette étude, aucune page sur les sociétés badines, bachiques et parodiques du XVIIIe siècle. Depuis l'abbé Larudan, l'habitude fut prise, par les historiens, de rapprocher ces groupes pittoresques et les loges d'adoption de l'Ancien régime. La présence de quelques francs-maçons parmi les membres de l'Ordre des Fendeurs ou de la Félicité paraît insuffisante pour justifier cette association. Ou alors il faut lier l'histoire de ces sociétés à celle de l'Ordre dans son entier. Les lecteurs avides de légendes n'ont rencontré aucune des femmes initiées en France, en Irlande ou ailleurs par méprise ou pour les punir d'une faute grave : la curiosité. Francs-maçonnes par défaut en quelque sorte. Ces légendes vivent de l'absence d'archives et perpétuent les images attachées aux femmes. Elles permettent d'allonger la liste déjà longue des femmes dites d'exception qui vise à renvoyer les autres à leur obscurité. La confusion entretenue pendant trois siècles entre sociétés badines, légendes et réalité des loges qui promène le lecteur à l'intérieur d'une zone floue entre androgynat et mixité, aux frontières de l'anormal, invite à se demander quelles intentions cache ce mélange des genres. Les auteurs rejettent par là l'histoire des femmes dans l'anecdotique, le particulier, et font d'elles un objet d'histoire. Cette étude s'en tient à la question de l'initiation des femmes dans le cadre des loges d'adoption et de la franc-maçonnerie mixte strictement définies.

Elle repose sur les collections possédées par les Archives nationales, la Bibliothèque nationale, site Richelieu pour les manuscrits et site François Mitterand pour les périodiques, les imprimés et les documents récents, auxquelles s'ajoutent les donations particulières telles que le fonds Baylot. Une grande part de la documentation est conservée aux sièges des obédiences, Grand Orient de France, Grande Loge de France, Grande Loge Féminine de France. Les autres obédiences ne possèdent pas ou plus d'archives ; d'autres ne les ont jamais classées. Le Droit Humain n'a pas répondu au courrier sollicitant l'autorisation de consulter ses collections.

Pour la part la plus ancienne de l'étude, il existe les documents collectés par le Grand Orient de France et réunis sous forme de recueils, les cahiers d'architecture, les rituels, les archives des ateliers, les séries FM², FM³, FM⁴ et Baylot de la Bibliothèque nationale. Les préambules, les épîtres, les observations qui introduisent les rituels se révèlent riches de renseignements en particulier sur les raisons de la création des loges d'adoption au XVIIIe siècle.

À partir du début du XIXe siècle, il existe des livres généraux consacrés à l'Ordre maçonnique dus aux contemporains des faits : C.A. Thory, J.C. Bésuchet, F.E. Bazot, F.T.B. Clavel, L. Amiable, A. Lantoine, G. Martin, etc. Tous ces ouvrages sont à consulter avec précaution en raison de leur ancienneté et de la démarche polémique ou partisane de leurs auteurs. Les recherches d'H.F. Marcy, de R. Le Forestier demandent à être complétées par les sources découvertes ou retrouvées au cours de ces dernières années. Il convient donc de privilégier les études les plus récentes, celles de Pierre Chevallier, Daniel Ligou, André Combes, Françoise Jupeau Réquillard qui intègrent les sources nouvelles et sont menées selon les méthodes actuelles de la recherche. Sont également à consulter les ouvrages de Paul Gourdot qui donnent la vision d'un ancien Grand Maître du Grand Orient de France sur cette obédience et sur l'Ordre maçonnique. Les articles des dictionnaires historiques généraux ou spécifiques complètent utilement ces ouvrages. Pour le XIXe siècle, les documents abondent : archives officielles des obédiences, presse maçonnique, archives des loges. Il faut tenir compte de leur caractère officiel ou non, de leur provenance, du contexte, de la part de passion qui s'y attache. Quelques archives départementales ou municipales recensées par Jacques Léglise (*Catalogue des manuscrits maçonniques des Bibliothèques publiques de France*, éd. S.E.P.P, 1984) possèdent des documents parfois uniques. Les informations émanant des instances maçonniques internationales sont également utilisées pour cette étude.

La presse maçonnique comporte deux types de publications : des revues spécifiques telles que les *Compte rendu aux Ateliers des Travaux....* où paraissent les circulaires, les décisions, les rapports, les comptes rendus des convents etc. et des revues générales (*Le Globe*,

La Revue Maçonnique, *Humanisme*, etc.) qui offrent les débats, les événements, les affrontements, bref, la vie quotidienne des loges. Les productions antimaçonniques, sachant que toutes les informations doivent être vérifiées, procurent une autre vision et une autre appréhension de la question.

Aux documents maçonniques s'ajoutent les ouvrages généraux sur l'histoire des femmes et du féminisme, en particulier l'œuvre récente conduite par Michèle Perrot et Georges Duby, *Histoire des femmes* (éd. Plon, Paris, 1991, 5 tomes) et des études spécifiques consacrées à une période telles que *L'Égalité en marche* (Laurence Klejman, Florence Rochefort, éd. Presses de la FNSP, éd. Des femmes, Paris, 1989, 356 p.), *L'Identité masculine en crise au tournant du siècle* d'Annelise Maugue (éd. Rivages-Histoire, Paris, 1987), ainsi que les œuvres des féministes, Clémence Royer, Maria Deraismes, Nelly Roussel et Madeleine Pelletier. Il est indispensable également de consulter les mémoires ou les thèses de Lucile Lasveaux, d'Anne Codaccioni, de Sylvette Néguiral dont le Grand Orient de France possède des exemplaires. Enfin, il convient de ne pas omettre la presse nationale qui se fait l'écho des grands événements maçonniques.

Plus l'étude se rapproche de la période actuelle, plus les documents se raréfient. Faute d'archives, l'auteur abandonne la démarche de l'historien pour adopter celle du sociologue : enquête, conversations, entretiens. Cette méthode demande que l'anonymat soit respecté. Seuls les noms des Grands Maîtres et de quelques francs-maçons rendus publics par la presse apparaissent. De plus, elle exige de la prudence dans la transcriptions des informations recueillies.

Tous ces documents s'additionnent pour nourrir la recherche et la réflexion.

TABLE

Introduction	11
Liminaire	16

L'accueil galant 27
  Une maçonnerie d'exception 27
    Une aimable tutelle 27
    Lumières plurielles 31
    Une sagesse point trop sévère 37
    « Tout le monde en est » 40
  Les spécificités françaises 43
    Le souhait des femmes 43
    Hiram et Vénus : les raisons de l'alliance 46
    L'ambivalence du discours masculin 49
    Le triomphe de la courtoisie 51

La fin du joli temps 59
  Le mineur, le fou et les femmes 59
  Sous les auspices de Joséphine 63
    Mondanités 63
    Évolutions 66
    Deux loges peu communes 67

L'accueil festif 71
  Les fêtes maçonniques de la Restauration 71
    En grand apparat 71
    Les prémices d'une évolution 74
    « Je suis femme » 76

Le chant du cygne des loges d'adoption	77
La Jérusalem des Vallées égyptiennes	77
Esprit français et modernité	79

Les femmes : une ambition — 86

Des loges d'adoption aux tenues blanches	86
Cours et conférences maçonniques	88
Léon Richer et Maria Deraisme	88
Des initiatives souvent controversées	90
Le Temple des familles	92
Origine et organisation	92
Les buts des fondateurs	93
Émancipation et régénération	96
Ne pas contrevenir à l'ordre universel	96
Laïques et citoyennes	100

Les femmes : une préoccupation — 106

Travaux de loges et de convents	106
Sujets d'études	106
Les vœux en faveur des femmes	108
Des tentatives audacieuses	109
L'initiabilité * des femmes	111
Arguments liés à la femme	111
Arguments liés à la franc-maçonnerie	113
Le féminisme bourgeois	115

Les offensives en faveur de la mixité — 120

Le scandale de la mixité	120
« Il n'y a pas de fatalité de nature »	120
L'initiation de Maria Deraismes	124
Les limites de l'événement	125
Humeurs et affrontements	128
Le temps du soupçon	128
Nouvelles tentatives ; nouveaux échecs	129
Le heurt des volontés	132

L'émergence de la mixité 136
  La Grande Loge mixte n° 1, le Droit Humain 136
    Une obstination récompensée 136
    Illusions et désillusions de Georges Martin 138
    Les femmes d'élite du Droit humain 139
  La Grande Loge Symbolique Écossaise maintenue
  (ou GLSE 2) 141
    Une nouvelle obédience 141
    Socialisme libertaire et néomalthusianisme 144
  Les loges d'adoption de la Grande Loge de France 147
    La restauration des loges d'adoption 147
    La politique de la Grande Loge de France vis-à-vis des
    loges d'adoption 151

Impossibles alliances 156
  Les rendez-vous manqués du féminisme et de la franc-maçonnerie 156
    Le féminisme de la Belle Époque 156
    Les femmes et l'engagement maçonnique 159
    Les acquis de la Belle Époque 162
  Deux obédiences ; deux politiques 165
    Madeleine Pelletier : de la théorie à l'action 165
    Georges Martin : une certaine idée de la Femme 168
    Alliance et rupture des deux obédiences mixtes 169
  L'Ordre maçonnique et la mixité 173
    Les mesures drastiques du Grand Orient de France 173
    Les dispositions diversifiées des obédiences de Rite Écossais 180
  La systématisation du discours 182
    Le poids des mots 182
    Les représentations de la femme émancipée 185
    L'inévitable désordre 186

La Bonne Fille de la République 192
  Antimaçonnisme, antiféminisme 192
  Stratégies maçonniques 197
    Les sœurs de la Grande Loge de France 197
    Impatiences et résistances 200

   Les tournants de l'obédience mixte internationale le Droit Humain 204
   Les tentations du Grand Orient de France 210
  Restaurer l'ordre ancien 213
   Des enfants pour la France 213
   Les travaux d'Hiram 216

Les femmes en marge 224
  Citoyennes... mais toujours sous tutelle 224
  Sans choix, pas de liberté 226
   La liberté pour récompense... 226
   ... Mais un choix plus que restreint 230
  Les francs-maçons et l'émancipation des femmes 235
   Un engagement parcimonieux 235
   Le repli 241
  Permanences 245
   Arrêt sur images 245
   Fidélités 250
   La course à la reconnaissance 254
  Vingt-cinq ans après 258
   Égalité de droit, inégalité de fait 258
   Le silence des loges 264
  Marianne, ma sœur... 270

Conclusion 287
Annexes 291
 Abréviations 293
  Abréviations bibliographiques 293
  Abréviations maçonniques 293
Lexique maçonnique 299
Documents 295
 Document 1 299
 Document 2 300
 Document 3 301
 Document 4 302
 Document 5 302
 Document 6 303

Document 7	303
Document 8	304
Document 9	304
Document 10	308
Document 11	309
Bibliographie commentée	310

Cet ouvrage a été imprimé par la
SOCIÉTÉ NOUVELLE FIRMIN-DIDOT
Mesnil-sur-l'Estrée
pour le compte des Éditions du Rocher
en octobre 2000

Éditions du Rocher
28, rue Comte-Félix-Gastaldi
Monaco

Imprimé en France
Dépôt légal : octobre 2000
CNE section commerce et industrie Monaco : 19023
N° d'impression : 53144